# 성심리의 이해

천성문 김정남 남정현 전은주 최희숙
심운경 설정희 이금희 고혜경 공저

양서원

# 머리말

오늘날 10대와 20대의 젊은이들은 이전 세대에 비해 성에 관한 표현을 함에 있어 적극적이고 자유로운 편이다. 커플의 길거리 키스와 포옹은 한때 그러지 못했던 어른들에게는 부러움이 되기도 한다. 사람들의 시선을 아랑곳하지 않고 그 순간의 감정을 그대로 표현하는 장면은 성이라는 존재의 아름다움과 가치를 그대로 보여준다. 성적 표현의 자유뿐만 아니라 남녀 성행위에 필요한 기술들을 직접 가르치는 인터넷 방송이 있을 정도로 성문제를 기꺼이 공개하여 논의하는 것이 지금의 성의 현주소이다. 또 한편으로는 넘쳐나는 포르노 웹사이트와 끊임없는 성범죄로 인해 불안과 두려움, 분노가 우리를 압도하기도 한다. 이러한 시대적 상황 때문인지 이른 시기부터 성교육의 필요성이 강조된다. 저자들이 학교를 다닐 때의 성교육은 남녀 몸의 구조 차이나 2차 성징을 대비하기 위한 교육 정도였다. 그 외는 몸의 경험을 통해서 성을 알아가는 것이 전부였다. 아무도 성적 반응이나 오르가슴에 대한 생물학적 관련 지식에 대해서 가르쳐주지 않았다. 지금이라고 해서 다를까? 그렇지 않다고 본다. 특히 자신의 성폭력 피해 사실을 밝히는 미투 운동이 확산되면서 성문제의 개선책이 마련되나 싶었지만 불안감을 낮추기는 부족했고 성별 갈등처럼 비쳐지는 면도 있다. 이러한 과정이 젊은 세대의 새로운 성문화를 형성하는 과정에서 마땅히 겪는 갈등이라 하더라도 성의 어두운 면을 어떻게 건강하게 변화시켜 나갈지 걱정이 되기도 한다. 이에 올바른 성의식 함양에 보탬이 되고자 성의 가치를 제대로 심어주는 교재가 필요하다고 생각하여 이 책을 쓰게 되었다.

대학생 시기는 발달 단계상 파트너와의 성적 접촉이 증가하고 다양한 성행동을 경험하는 시기이다. 인기몰이를 하고 있는 로맨틱 드라마는 혼전 성관계, 동거, 원나잇 등에 대한 대학생들의 자유롭고 개방적인 성태도의 한 단면을 반영하고 있다. 그러나 성지식이 매우 낮거나 성적 관계에 미숙한 일부 대학생들은 성행위에 대한 사회적 제재와 개인적 불안으로 인해 혼란을 겪기도 한다. 이러한 점들로 볼 때 대학생들이 성태도와 성 가치관, 성적 판단과 행동을 잘 할 수 있도록 대학 성교육은 매우 필요하며 중요하다.

따라서 이번 집필에서는 성지식, 성행동, 성태도를 중요하게 생각하였다. 성기관의 구조, 임신 및 출산, 성폭력 등 성에 관한 정보는 자신의 성행동에 신중을 기하는 데 도움이 될 것이다. 일반적인 상식과 통념에 대해 비판적으로 사고하여 자신의 가치를 확립하였으면 하는 마음에 각 장마다 "생각을 나누어 봅시다"를 넣었다. 토의 학습을 통해 자신의 파트너와 일상적인 대화나 성에 관한 의사소통이 훨씬 더 깊은 수준이 되었으면 한다. 또 학기말이 되었을 때 대부분의 학생이 성의 다양성을 인정하고 성에 관한 균형 잡힌 시각을 가졌으면 한다. 끝으로 이 책이 나올 수 있도록 도와주신 양서원 박철용 회장님과 직원 분들에게 감사드린다.

2019년 8월

저자 일동

# 차 례

머리말 … 2

Chapter 01 성심리의 이해

1. 성이란? ........ 12
2. 성에 대한 이해 ........ 13
   1) 심리학 이론 … 13
   2) 생물학과 진화이론 … 14
   3) 사회학 이론 … 16
   4) 여성주의 이론 … 16
3. 성 연구의 역사 ........ 17
   1) 킨제이 보고서 이전 … 17
   2) 알프레드 킨제이 … 19
   3) 윌리엄 매스터스와 버지니아 존슨 … 20
   4) 최근의 연구들 … 21

Chapter 02 성의 개념

1. 역사 속 '성' ........ 28
2. 성 개념의 흐름 ........ 30
   1) 생물학적 성(Sex) … 32
   2) 사회문화적 성(Gender) … 35
   3) 섹슈얼리티(Sexuality) … 40

Chapter 03

## 몸의 이해


1. 여성의 몸 ... 49
   1) 여성의 생식기관 … 49
   2) 여성의 생리 현상 … 55
2. 남성의 몸 ... 59
   1) 남성의 생식기관 … 59
   2) 남성의 생리 현상 … 63
3. 간성의 몸 ... 65
4. 성적 흥분과 반응 ... 68
   1) 자위 … 69
   2) 성 반응 주기 … 70
   3) 성 자극과 반응 … 71
   4) 성 문제와 사회 현상 … 73


Chapter 04

## 몸의 권리


1. 임신과 출산 ... 80
   1) 수정의 과정 … 80
   2) 임신의 진단 … 82
   3) 산전 관리 … 83
   4) 출산 … 86
   5) 산후 조리 … 87
2. 피임 ... 88
   1) 영구적 피임법 … 88
   2) 일시적 피임법 … 89
   3) 응급 피임법 … 97
3. 유산 ... 98
   1) 낙태(인공 유산) … 99
   2) 유산의 심리적 문제 … 100
   3) 생명의 기준 … 100

4. 성 전파성 질환 ........ 103
1) 성 전파성 질환의 유형 … 104
2) 성 전파성 질환의 예방 … 110

Chapter 05
성적 지향과 성 정체성

1. 성 정체성에 대한 개념적 이해 ........ 116
1) 생물학적 성과 젠더 정체성 … 116
2) 성적 지향 … 119
3) 성적 표현 … 119
4) 종합적 이해와 성소수자 … 120
2. 성 정체성 형성과정 ........ 122
3. 성 정체성 드러내기 ........ 125
4. 동성애 ........ 128
1) 동성애의 정의 … 128
2) 역사적 배경 … 129
3) 동성애의 원인 … 130
4) 빈도 … 136
5. 양성애 ........ 138
6. 이성애 중심주의와 호모포비아 그리고 인식의 변화 ........ 140

Chapter 06
사랑

1. 사랑이란 ........ 150
1) 사랑의 세 가지 구성요소 … 150
2) 사랑의 유형 … 152
2. 사랑과 애착 ........ 158
3. 사랑 그 시작과 끝 ........ 161
1) 사랑의 시작 … 161
2) 사랑의 유지 … 164
4. 성과 사랑의 관계 ........ 166

Chapter 07
성과 의사소통

1. 의사소통이란 무엇인가? 174
   1) 어떻게 소통할 것인가? … 174
   2) 나의 의사소통 방식 살펴보기 … 177
2. 성적 의사소통이란 무엇인가? 182
   1) 성적 의사소통 요인 … 183
   2) 성적 자기주장 … 186
   3) 나의 성적 자기결정권 살펴보기 … 187

Chapter 08
인간의 발달과 성적 특성

1. 성과 생애주기 194
2. 인간발달과 성의 이슈 195
   1) 태아기와 영아기 … 195
   2) 유아기 … 195
   3) 사춘기 전기 아동 … 197
   4) 사춘기 청소년 … 198
   5) 성인기 … 202
   6) 노년기 … 205

Chapter 09
이상 성행동

1. 정상과 이상 성행동의 구분 212
2. 성도착증이란 무엇인가 212
3. 성도착증의 진단기준 214
4. 성도착증의 유형 214
   1) 물품음란증 … 215
   2) 의상도착증 … 216
   3) 성적 가학증 … 216
   4) 성적 피학증 … 217
   5) 접촉마찰 도착증 … 219
   6) 관음증 … 220

7) 노출증 … 221
8) 소아기호증 … 222
9) 기타 성도착증 … 223
5. 성도착증의 원인과 치료 224
1) 원인 … 224
2) 치료 … 227

Chapter 10

## 성폭력과 심리

1. 성폭력이란 무엇인가? 234
2. 대학 내 성폭력 유형 237
1) 디지털 성폭력 … 237
2) 그루밍 성폭력 … 239
3) 데이트 성폭력 … 241
4) SNS 성희롱 … 243
3. 성폭력피해경험자에게 미치는 영향 244
1) 몸에 미치는 영향 … 244
2) 자존감에 미치는 영향 … 245
3) 정서에 미치는 영향 … 245
4) 친밀성에 미치는 영향 … 248
4. 성폭력 대처하기 250
1) 지금 여기, 나의 상태 체크하기 … 250
2) 내가 원하는 목표 세우기 … 251
3) 자신의 '힘' 키우기 … 253

찾아보기 … 256

Chapter 01

# 성심리의 이해

성이란?

성에 대한 이해

성 연구의 역사

# 성심리의 이해

Chapter 01

# 성심리의 이해

성사회학자인 제프리 윅스는 인간은 자연적 특성처럼 '성(性)'을 사고하고 사회적 관계 형태로 성을 이야기하였다. 역사적 성은 자연주의 성을 토대로 사회적으로 조건 지어진 형태의 역사적 구성물로 취급하였다면 새로운 성은 사회학, 과학이라는 학문적 결합과 더불어 문화화되어 성의 통합, 해체과정으로 시도되는 성의 해체 시대에 접어들었다고 한다. 본 장에서는 역사적 성에서 새로운 성으로 성심리의 전반적 이해를 돕기 위해 '성(性)'의 의미와 성을 과학적으로 연구한 학자들의 이론을 탐색해 보고자 한다.

# 1. 성이란?

인간은 생물학적 동물임과 동시에 심리사회적 · 문화적 존재로서 개인과 조직, 사회, 자연과 교감하고 관계하는 특성이 있다. 인간은 물질생활, 성생활 그리고 정신생활을 기본적으로 영위하고 있으며 이 세 가지 생활을 균형적 · 항상적으로 유지하고 싶어 한다. 특히 인간은 태어나서 죽을 때까지 성에 대해 관심을 가지지만 물질생활과 정신생활에 비해 성생활을 드러내서 이야기하기 주저한다. 서양에서는 산업화로 인한 도시화 · 사회화 · 경제화 이후, 동양에서는 1960년대 이후 성에 대한 의식이 변화하였다. 우리나라의 경우 1990년대 이후 대중매체, 문화, 예술 등에서 성적 자극이 범람하고 성에 대한 권리의식이 높아지면서 성인권, 성평등, 성적 자율성에 대한 가치관의 혼돈과정을 거친 후 20세기 후반 한국인의 성적 행동과 태도가 크게 달라졌다.

성은 크게 생물학적인 성(biological sex)과 사회적인 성(gender), 섹슈얼리티(sexuality)로 구분한다.

생물학적인 성, Sex는 라틴어로 'secare', 영어의 'seco'는 '자르다', '나누다'라는 의미로 남녀를 구분할 경우 사용하며 이는 개인이 태어나면서부터 구분된 선천적이고 생물적인 성별을 뜻한다. 이후 18세기부터는 그 의미가 다소 변형되어 종족보존의 과정, 구체적으로 성기 또는 성기의 접촉에 의한 행위를 포함하고 있다.

사회적 성이라고 부르는 젠더(gender)는 생물학적 성을 기반으로 하여 사회심리학적으로 학습된 행동과 그에 준하는 기대를 따르는 문화적 속성을 일컫는다. 젠더는 그 사회의 문화적 가치와 규범들을 통하여 '남성성'과 '여성성'으로 거듭나는 것이다. 여성답다, 남성답다는 개인이 속한 사회, 문화의 고유한 방식으로 정의한다.

섹슈얼리티(sexuality)는 성적인 것의 전체를 의미하며 성욕, 성욕을 충족하는 방법이나 수단, 성 정체성, 성적 가치관, 성과 관련된 사회적 제도나 관습, 개인의 성격, 감정, 행동뿐만 아니라 성적인 존재 및 성별 등을 나타내 주는 포괄적인 의미이다. 섹슈얼리티는 일반적으로 성행위뿐만 아니라 성에 관한 신념, 태도, 가치관, 지식, 그리고 개인의 성행동까지 포함하며 인간이 성적인 존재로서 성을 경험하고 자기 자신을 표현하는 것을 포함한다.

## 2. 성에 대한 이해

인간의 성에 대한 연구는 심리학, 성과학, 생물학, 신학, 의학, 사회학, 인류학, 철학 등 다학문적 관점에서 연구되었다. 각 학문마다 접근방식은 다르지만 어떤 접근방식이 옳다고 하기보다 서로 보완하는 접근에서의 성에 대한 이해가 필요하다.

### 1) 심리학 이론

성에 대한 심리학적 이론의 출발은 프로이트의 정신분석 이론이다. 프로이트는 인간의 삶에서 성충동을 가장 강력한 힘으로 생각하였고 그에 관한 연구를 시도하였다. 프로이트는 인간 행동은 성적 동기인 리비도(libido)와 공격적 동기인 타나토스(thanatos)에서 근원한다고 보았다. 한 사람의 성격발달은 리비도 에너지가 활동하는 독특한 성감대의 발달과정으로 이루어지며 구강기, 항문기, 남근기, 잠재기, 생식기의 심리성적 발달단계에 따라 발달한다고 보았다. 심리적 발달단계에 따라 모든 행동은 무의식적 욕구에 의해 갈등을 경험한다고 보았다. 무의식적 욕구인 원욕, 자아, 초자아 사이에 불안이라는 갈등이 발생하며 구강기, 항문기, 남근기에서 어떤 경험을 했느냐가 개인의 성격발달에 영향을 미치고 성인기까지 지속된다고 보았다. 프로이트 이론은 아이들이 태어날 때부터 성적이며 이성 부모에 대한 갈망을 가지고 있으며 성격적으로 결정된다는 심리성적 결정론을 주장하였다.

행동주의 이론에서는 성욕을 강화와 처벌에 의해 학습된 행동의 결과로 본다. 강화는 유쾌한 자극과 연합시켜 행동이 증가하는 것이고, 처벌은 어떤 불쾌한 자극과 연합시켜 행동을 감소시키는 것이다. 행동주의자들은 행동수정을 통해 바람직하지 않은 성욕에 대한 행동을 수정하고자 하였다. 예를 들면 성적 충동을 줄이기 위해 혐오치료를 하는 것이다.

사회학습 이론에서는 사회적인 모방활동이 성욕 발달에 영향을 끼치며 적절한 발달행동에 도움이 된다고 보았다. 예를 들면 소년, 소녀들은 동성 부모들을 동일시하고 모방함으로써 성역할 정체성을 확립하고 발달시킨다. 가족뿐만 아니라 사회 조직 구성원에게도 인정받기 위한 행동을 할 수 있으며 미디어, 예술활동을 통해서도 행동을 모방한다. 즉, 반복된 학습과정이나 관찰학습, 모델링을 통해 성적 학습을 조건화하여 성적 부적응의 행동을 수정할 수 있다고 보았다.

인지이론에서는 인간의 정보처리 방식이 다르기 때문에 한 개인이 주변에서 발생한 일을 어떻게 경험하고 지각하느냐에 따라 다르다고 본다. 인지이론가들은 성적인 각성은 생각에서 비롯된다고 보았다. 비합리적 생각에 대한 오류를 인정하여 성적 부적응을 적응기제로 변화시키고자 하였다.

## 2) 생물학과 진화이론

생물학 이론은 성의 생물학적 과정을 강조한다. 성교 행동, 호르몬 방출, 배란, 사정, 임신과 낙태, 출산, 수정 등 생리적인 현상을 다룬다. 생물학적 이론가들은 개인의 성욕 차이는 뇌 구조, 호르몬, 신경화학물질, 생리적인 이유에서 생겨난다고 본다. 또한 성적 기능의 문제들을 생리적 원인에서 찾으며 성적 취향도 호르몬, 유전, 뇌 구조 등으로 설명하려고 한다.

진화이론은 성욕을 이해하기 위한 진화이론과 사회학 이론을 통합한 방식이다.

인간의 성행위는 동물 연구에서 비롯되어 진화 경향에서 연구되고 있다. 성욕은 종의 재생산을 의미하며 생존에서 살아남는 동물만이 다음 유전자를 생존시킨다. 성적 활동들은 생존을 보장하기 위해 진화되며 사회에 살아남을 수 있는 종만 진화하는 것이다. 가령, 오르가슴이 진화된 이유는 성교를 즐겁게 만들어 성교를 증가시켜 출산 가능성을 높이기 위함이다. 또한 남성의 정자는 하루 수억 개 생산되지만, 여성의 난자는 매달 한 개만 생산되는 차이가 있다. 남성은 재생산을 위해 '씨를 뿌리려고' 노력하는 반면 여성은 9개월 동안 생물학적으로 책임져야 하는 진화적 입장에서 난자 생산량이 적을 수밖에 없다는 것이다.

최근 생물학적 진화이론에서는 모든 종이 유전적으로 다양하게 진화하는 것으로 보고한다. 유전적 다양성에 의해 종들이 번식하고 번식하지 못하는 문제는 성에 의한 것이냐 성에 의하지 않는 것이냐에 따라 달라진다. 종들이 진화를 거듭하기 위해서 성을 이용할 경우 개체 증식이 증가하였고, 성 없이 복제만으로 번식하는 무성생식 종은 진화의 막다른 골목에 와 있다고 한다. 암컷만 존재하는 무성색식 종들은 척추동물 집단에서 발견되며 성 개체가 제한적인 것에서 알 수 있다. 1960년대 칠면조와 닭의 품종 개량을 위해 암컷만으로 이뤄진 종을 만들었고, 복제를 통한 번식을 실험해 왔지만 성과는 미비했다. 성을 복제하여 번식하는 유성생식은 개량하면서 최상의 종을 유지하기 위해 성을 적극적으로 이용한다. 유성생식의 성은 어느 종의 유전자를 지속적으로 균형을 잡아주고 보존하도록 계획해준다. 또한 종의 생존은 언제나 얻을 수 있을 만큼의 다양성을 어떻게 확보하는가에 달려 있다. 생물학적 진화이론에서는 성이 암컷과 수컷이라는 생물학과 종의 보존의 의미를 넘어 유전적 다양성에서 출발한다는 점을 강조한다.

### 3) 사회학 이론

사회학자들은 사회가 인간의 성행위와 성욕에 어떤 영향을 미쳤는지에 관심을 둔다. 사회마다 사회적 제도에 따라 성역할, 성태도, 성욕 등에 차이가 있다. 한 사회에서 정상적인 행동이 다른 사회에서는 비정상적일 수도 있다. 남태평양 망가이아 섬에서는 여성이 성적인 활동을 주도하는 반면 아일랜드 이니스비그에서는 여성은 오로지 출산만을 위한 것으로 성을 가르친다. 사회학자들은 사회제도들이 성적인 표현에 대한 규칙들에 영향을 미치는데 여기에는 가족, 경제, 종교, 의학, 법, 미디어 등이 포함된다고 보고하였다. 가족은 개인의 성적 가치관을 판별하는 데 결정적 영향을 미친다. 종교의 경우 동성애, 낙태, 자위 등의 반대 등으로 성행동에 영향을 미친다. 성매매, 성과 관련된 서비스 등은 경제적 논리에 따라 개인의 성적 행동에 영향을 미친다. 의학의 경우 오래전 자위는 영구적인 정신장애로 본 질병 개념이었다면 현대 의학에서는 정상적인 행위로 본다. 현대사회에서 법은 성행위의 옳고 그름에 대한 가치판단과 사회규범을 설정하여 성행동의 법적 위배, 제한, 수용 등을 평가한다. 인간의 성행위와 생물의 변화는 사회제도에 따라 차이가 있다.

### 4) 여성주의 이론

여성주의, 페미니즘(feminism)은 여성해방을 옹호하는 사상이자 그것을 실현하고자 하는 운동으로서 프랑스 혁명 과정에서 등장했고 3세대를 거쳐 발전·변화되었다. 1세대 페미니즘은 급진적, 자유적 페미니스트로 여성의 투표권과 참정권에 대한 권리를 주장하였다. 2세대 페미니즘은 성/성별 체계를 여성 억압의 근본 원인으로 사유하는 급진적 페미니스트였다. 이들은 제도상 결함이 여성에게 가장 큰 억압이 된다는 자유주의 페미니스트들과는 달리, 사회로 인해 내면화된 성별

규범과 가부장제가 여성을 억압하는 가장 뿌리 깊은 문제라고 지적한다. 3세대 페미니즘은 1960년대 이후 정신분석학, 해체주의, 탈구조주의, 탈식민주의 이론이 제공하는 통찰을 페미니즘의 목적에 맞게 비판하면서 평등보다는 차이를 말하였다.

한국의 여성학은 1970년대 중반 이화여자대학교 '여성학' 강좌가 최초로 개설되면서 시작되었다. 1980년대 민주화 과정을 거치면서 여성 노동자들의 인권문제가 표면화되어 여성주의 이론이 형성되었고, 2000년대에는 호주제 폐지와 같은 정책과 제도를 위한 페미니즘의 성격을 띠게 되었다. 현재는 메갈리아와 같은 여러 운동이 페미니즘을 보고하며 여성주의가 혼란과 다양성을 경험하는 포스트모던과 급진적 페미니즘이 통합된 다양한 형태로 변화하고 있다.

여성주의는 여성의 인권을 신장하려는 목적으로 성행동에 대한 지나치게 의학적이고 생물학적인 견해를 제외하여 여성들이 사회적으로 성역할 불평등의 존재로서 남성들의 권력의 전유물로 종속되어 왔음을 강조하는 사상이다. 여성주의자들은 여성을 억압하는 젠더 불평등과 여성의 사회적 인식과 지위를 사회적으로 공정하고 평등하게 구성하는가에 집중한다. 남성중심사회, 성폭행, 성학대, 성희롱, 성매매, 가부장제, 편견, 성적 대상화는 여성을 억압하고 있으며 여성주의는 이를 개혁하고 교체해야 한다고 주장한다.

## 3. 성 연구의 역사

### 1) 킨제이 보고서 이전

1859년 다윈의 진화론 발표 이후 크라프트 에빙, 엘리스, 프로이트 등이 등장하였고 19세기 말부터 성에 대한 심리학, 사회학, 생물학, 발생학 등에 대한 연구가 시도되었다. 이런 연구는 20세기 연구의 원동력이 되었고, 산업화 이후 성행동에 대한 연구들의 초석을 마련하였다.

근대의 성 연구의 개척자로 크라프트 에빙을 꼽는다. 에빙은 1886년 『성의 정신병리학』을 출간하면서 성을 자연적 본능, 억제할 수 없는 충동적 힘으로 정의하였다. 그는 성 문제의 원인을 자위행위로 꼽았고, 변태성욕에 대한 일탈행위를 분류하고 저술한 연구자이다. 에빙은 경찰서에 잡혀온 부랑자들을 대상으로 연구하였기 때문에 연구대상자들이 제한되었다는 비판을 받았다.

엘리스는 영국의 의사로 성과학의 두 번째 모델을 제시하였다. 성은 억제할 수 없는 충동이며 더 나아가 존재와 관계되어 있다고 보았으며, 기질과 성격에 대한 연구로 나아갔다. 아동 성교육과 피임 등의 성행위와 관련된 것에 관심을 두고, 성의 심리학에 대한 연구 등을 저술하였다. 그는 동성애와 자위행위 등의 심리적 현상에 대해 저술하였고 동성애를 성행동의 정상 범위로, 자위행위는 정신이상과 관련 없음을 보고하여 비판받았다.

프로이트는 'sexuality'라는 용어를 최초로 사용하였고, 무의식의 욕구가 유아기부터 억압된 성 본능에서 출발함을 밝혔다. 그는 성을 생물학적 차원을 넘어서 사회규범과 제도와의 관계에서 작용한다는 점과 신체구조와 심리구조, 사회적 규범 특징 안에서 이해하였다. 하지만 성을 인간의 생리적 현상으로 규정지은 결과 심리학적 환원주의의 한계에 대해 비판받았다.

허쉬펠트는 독일의 의사로 이성의 복장을 착용한 동성애자였다. 그는 1897년 동성애자 권리운동조직을 결성하여 동성애를 범죄로 취급하는 동성애 금지법률 폐지와 인간적 처우에 대한 운동을 전개하였다. 면접질문을 통하여 성의식을 조사하는 등 성을 과학으로 발전시키는 데 공헌하였고, 성 연구에 대한 최초 학술지 'Yearbook for Sexual Intermediate Stages'를 발간하고, 1921년 성 연구에 대한 국제회의를 조직하였다. 또한 성과학이라는 용어를 최초로 사용하였다.

## 2) 알프레드 킨제이

20세기의 성행동 연구의 가장 영향력 있는 학자는 킨제이(Alfred Kinsey, 1894~1956)이다. 킨제이는 미국 인디애나 대학교 동물학 교수로 1938년 여학생회의 사랑과 결혼에 대한 강좌를 맡으면서 인간의 성에 대한 자료가 너무 부족하다는 것에 놀라 성에 대해 연구하기 시작했다. 하지만 성경험에 관한 개인의 과거사 수집에 대해 반발과 항의를 받아 연구를 중단하기도 했다. 그는 과학적인 방법으로 성욕을 연구하였으며 그의 연구는 성욕에 대한 많은 가치를 바꾸는 결정적 역할을 하였다. 그는 1940년대부터 5,300명의 남성과 5,940명의 여성으로부터 성행동에 대한 면접을 실시하였다. 남녀의 성역할과 성차별, 한쪽 성의 편견 등을 보고하여 『남자의 성행동』(1948), 『여자의 성행동』(1953)을 출간하였다. 이는 남성과 여성의 성과학에 대한 정보를 제공함으로써 성욕에 대한 신화와 혼란을 없애는 데 도움을 주었다. 그의 연구 업적은 첫 번째로 연구조사법에서의 변화이다. 이전의 사례연구에서 표본조사로 전환하여 1 : 1 면담과정을 통해 표본의 보편성과 특수성을 고려한 연구를 도출하였다. 두 번째로 자위에 대한 새로운 이해이다. 미국 남성 37%가 정신질환으로 여기던 동성과의 성경험이 있고, 죄라고 규정한 자위행위 경험을 보고하였다. 세 번째는 여성의 성적 지위 향상을 꾀했다. 1953년 여성 성행동 보고서에서 여성을 성을 표현하고 성욕이 있는 성적 존재임을 보고하였다. 네 번째는 동성애에 대한 재발견이다. 게이를 혐오하는 미국 사회에 동성애가 존재함을 밝혀냄으로써 동성애가 정상 범위 내의 성에 대한 표현임을 밝혀냈다. 다섯 번째는 개인적인 성생활에 대한 연구이다. 부부 성관계 연구를 통해 다양한 체위와 전희의 유형들이 '정상적인 성생활' 범주로 들어갔고, 수치를 통해 성생활의 표준과 다른 점을 예측할 수 있게 되었다. 또한 오르가슴에 대한 연구에서 계측 가능한 과학적 방법을 제시하였다.

**킨제이 보고서**

- 1948년과 1953년에 보고된 남녀의 성행동에 대한 보고서이다.
- 남성의 약 46%가 성인기에 동성애와 이성애를 모두 경험한 적이 있다.
- 남성의 21%가 16세 이전에 순결을 잃은 반면 여성은 6%였다.
- 성인의 70%가 성교 중에 남성 우위 체위만을 사용했다.
- 결혼한 남성의 50%가 불륜을 경험했지만 여성은 26%였다.
- 92%의 남성과 62%의 여성이 자위를 경험하였다.
- 69%의 백인 남성은 한 번 이상 창녀와 성경험을 가졌다.
- 68%의 남성과 40%의 여성이 자위행위를 통해 첫 번째 오르가슴을 느꼈다.

출처: Kinsey, Pomeroy, & Martin, 1948; Kinsey, Pomeroy, Martin, & Gebhard, 1953.

### 3) 윌리엄 매스터스와 버지니아 존슨

매스터스(William Mesters)와 존슨(Virginia Johnson)은 실험실에서 성교행위를 관찰하고 측정한 최초의 성행동 과학자들이다. 그들의 주요 관심사는 남녀가 성행위 시 어떻게 반응하는가이다. 276쌍의 부부와 106명의 독신 여성, 그리고 36명의 독신 남성들을 대상으로 성교할 때 일어나는 생리적 반응과 성적 긴장, 개인적인 심리적 의견 등을 연구하여 『인간 성행동과 성적 부적응』을 출간하였다. 이들의 연구는 여성은 여러 번 오르가슴을 느끼며, 음핵과 질 모두에서 오르가슴을 느낀다고 보고했다. 성욕은 노년기에도 감퇴하지 않으며 남성 배우자가 성기능 장애를 가지고 있을 경우 여성 배우자도 성문제가 있음을 보고했다. 이들은 의학적 관점에서 실험하여 비윤리적이고 비도덕적이라는 비난을 받았다.

## 4) 최근의 연구들

동성애가 병이 아님을 처음 주장한 사람은 초창기 성과학자인 허쉬펠트(Hirshfeld)이지만 이들에 관한 과학적 실험과 연구들은 1950년대의 후커(Evelyn Hooker, 1907~1996)에서부터이다. 후커는 남녀 동성애자 집단의 생애사, 성격, 심리 평가 정보를 토대로 연구하였다. 후커의 연구결과는 남녀 동성애자 집단의 근본적인 심리적 차이는 없으며 동성애를 정신장애로 보는 견해는 잘못되었음을 보여주었다. 벨(Alan Bell)과 버그(Martin Weinberg)는 『동성애』라는 책을 발간하여 동성애자는 아동을 성적으로 학대하거나 사회적인 관계형성을 못하는 것이 아니라 일반적 이성애자들과 매우 유사함을 밝혀냈다.

최근의 성에 대한 심리학, 정치사회학 연구로 마르쿠제와 푸코가 있다. 마르쿠제는 마르크스와 프로이트 이론을 통합한 이론을 제시하였고, 인간의 성이 에로스적 특성을 갖고 있으며 본능적 성에너지는 직접적 성감대를 넘어서 자기초월을 시도한다는 점에서 동물과 다름을 시사했다. 또한 인간의 성이 성기 중심적으로 국소화되는 것에 대한 생물학적인 필연성이 아니라 문화적이고 사회적인 산물이라고 주장하였다.

푸코는 성 연구의 새로운 지평을 연 학자로 'Sexuality'라는 개념을 사용하여 성이 어떻게 인식의 영역에서 구성되었는지 밝혔다. 그는 성적 욕망과 사회학의 권력 구조 분석을 연결하여 성을 이해하려고 시도하였다. 또한 성을 심리 · 신체적 경향 또는 생물학적 재생산의 측면이 아닌 사회 · 역사적 구성물로 파악하고 역사적 배경에서 권력이 성을 사회 · 문화적으로 억압한다고 지적했다. 『성의 역사』라는 저서에서 성은 '권력을 실어 나르는 모세혈관', '남성에서 성이란 자기확인과 자신의 주도권 확립에 필요한 자기의 기술체계'라고 밝혔다.

## 생각을 나누어 봅시다

**1-1** 이 과목에서 당신은 무엇을 배울 것이라고 생각하는가? 또 무엇을 배우고 싶은가? 도움이 된다면 어떻게 도움이 되겠는가?

**1-2** 성이라는 단어를 들었을 때 제일 먼저 어떤 생각이 드는가? 그것은 인간의 성적 특성에 대한 관점(생물학적, 심리학적, 여성주의 관점 등) 중 어느 것에 해당하는가?

# 참고문헌

강영계 외(2000). 성의 과학적 이해를 위하여. 건국대학교 출판부.

강승귀, 권병두(2001). 성문화 보고서. 도서출판 지수.

윤가현, 양동욱(2006). 성문화와 심리. 학지사.

조안 러프가든(2010). 진화의 무지개. 뿌리와 이파리.

Janell, L. Carroll(2009). 성심리학. 오영희 외 편역. 시그마프레스.

# Chapter 02

# 성의 개념

역사 속 '성'

성 개념의 흐름

# 성의 개념

Chapter 02

# 성의 개념

'성(性)'이란 무엇인가? 인류라는 종족을 보존하게 하고 육체적 · 정신적으로 쾌감을 주며, 관계의 친밀감을 만들어 주고 있는 '성'은 과연 무엇인가? 그리고 인간에게 '성'은 어떤 의미를 갖는가? 이 오래된 질문에 많은 학자들이 답을 하고자 하였으며, 아직도 진행 중이다. 성은 인간이 자신을 이해하고 설명하는 데 매우 중요한 개념이기 때문이다. 이에 본 장에서는 역사 속에서 성은 어떻게 나타나고 있는지 그리고 성을 설명하는 몇 가지 개념에 대해 살펴보고자 한다.

## 1. 역사 속 '성'

성은 시대에 따라 성적 욕망과 성적 행위 그리고 성과 관련된 사회제도와 규범이 다르게 구현되어 왔다. '성'을 언급한 최초의 자료는 메소포타미아 유적지에서 발견된 점토판에서 나왔다. 메소포타미아인들은 삶과 사랑, 그리고 성을 별개의 것으로 생각했다. 결혼한 부부에게 성은 도덕적인 문제가 아닌 남성의 일방적인 소유물로 여겨 아내의 출산을 남편의 재산으로 간주했으며, 여성의 간통은 남편에 대한 강력한 범죄로 인식하여 정부는 절도범으로 취급했다.

그리스·로마 시대에 이르러서는 '성'에 대한 표현이 매우 자유로웠으며 이성애·동성애·양성애가 용인되었다. 그리스인들은 성을 양성애적(bisexual)인 것으로 인식하여 이성 간의 섹스와 동성 간의 섹스 모두 정상인 것으로 간주하였으며, 그것이 가족제도를 위협하지 않는 경우 용인되어 오랫동안 지속되었다. 그리스에서는 소년을 좋아하는 동성애가 발달하여 성인 남자가 청소년기의 남성을 연인으로 삼고 학생으로 맡아 지도하는 문화가 있었으며, 플라톤이나 아리스토텔레스 등은 남성 간의 사랑만을 인간관계에서 최고의 사랑이라 했다. 그리스의 여성들은 노예보다 많은 권한을 갖지 못했으며 결혼 전과 후에도 남성의 권위에 지배받아 남편의 재산으로 간주되었다. 당시 여성은 역할이 다른 세 계급이 있었는데, 남편에게 자녀를 생산해 주는 부인, 남성의 사교나 성 파트너가 되어 주는 학식이 높은 성매매 여성, 단순히 남성의 성적 쾌락만을 위한 성매매 여성이다.

고대 로마인들은 성적으로 무절제한 것으로 알려져 있으나 이는 보통의 로마 시민이 아니며, 로마 황제나 지배계층에 의해 성적 월권이 이루어진 것이다. 로마인들은 가정을 로마제국의 강력함을 이루는 바탕으로 보았기 때문에 가정이 위협받을 때는 남성 간의 동성애를 승인하지 않았으나 대다수의 로마 황제는 양성애자로서 동성애를 즐겼다. 로마의 황제 칼리굴라의 경우에는 난교파티를 후원하고 수간과 가학증을 포함한 성행위를 하였고, 상류층에서는 간통과 간음이 만연했다.

로마 시대의 여성들은 그리스에 비해 남편의 사회생활을 더 많이 공유하기는 했으나 여전히 남편의 재산이라는 점에서는 차이가 없었다.

중세시대에는 기독교적 성윤리로 인해 성행위는 죄를 범하는 것이라는 인식이 지속되었다. 교회 지도자인 어거스틴 주교는 아담과 이브의 에덴동산에서의 원죄를 성적 욕망과 결합시켜 성적 욕망을 부끄럽게 여기도록 했으며, 부부간의 성적 표현도 악한 것으로 받아들여 금욕을 강조했다. 뿐만 아니라 12~13세기의 교회와 법정은 교회에서 정해 놓은 성도덕을 지키지 않으면 교수형에 처하는 등 어떤 범죄보다 엄하게 다스렸다. 모든 성행위는 출산을 목적으로 해야 했으며, 출산에 반하는 이혼 · 피임 · 동성애를 금지하였다. 또한 성행위의 경우 남성 상위 체위가 아닌 성행위는 자연을 거역하는 죄라고 규정하였으며, 이를 어겼을 때는 살인보다도 더 큰 참회를 해야만 했다. 이러한 이유는 결혼제도가 없어지면 교회를 지원하는 사회구조가 위태로워진다고 생각했기 때문이었다.

15세기 르네상스 시대의 사람들은 결혼과 성에 대한 개념을 다시 정립하기 시작했다. 부부간의 성관계를 중시했으며, 동성애가 만연하여 소년과 청년들에게는 동성애를 치료할 유일한 치료책으로 매춘을 허용하기도 했으며, 여성과 남성에게 성욕을 자제하는 방법을 가르쳤다.

섹스를 죄라고 인식했던 중세의 성 개념은 16세기 종교개혁으로 바뀌었다. 마틴 루터는 결혼은 먹고 마시는 것처럼 자연스러운 인간 본성의 한 부분으로, 성직자도 결혼하여 자녀를 키울 수 있도록 허용해야 한다고 했다. 종교개혁은 성직자에게 결혼은 허용했으나 성적인 모든 행위를 허용한 것은 아니었으며, 이전 교회가 암묵적으로 허용했던 매춘은 종교개혁자에 의해 금지되었다.

18세기 계몽운동으로 여성들은 비록 짧은 기간이었지만 존중을 받았다. 영국의 울스턴 크래프트는 저서 『여성 권리의 정당화』를 통해 여자아이에게 책 대신 인형을 주는 것이 여성의 성역할을 제한하는 것이며, 남성처럼 여성에게도 성적 만족은 중요하고 혼전 성교와 혼전 정사는 죄가 아니라고 주장하였다.

19세기 빅토리아 시대에는 기독교 논리를 신봉해 성적으로 정숙과 순결을 강조했고, 결혼한 부부도 건강을 위해 월 1회 이상의 성교는 금지되었다. 또한 성적 내용이 포함된 책을 금지시켰으며 몰수하거나 파기하기도 하였다. 남녀 모두에게 자위행위를 병리적으로 인식시켰고 동성 간 성행위는 풍기문란으로 간주되었다. 여성의 경우 처녀성을 잃을 경우 결혼을 금지시켰으며, 기독교 논리를 적용시켜 남성을 유혹하지 않도록 신체 부위를 가려야 했고 윤리강령에 의해 성관계 대상은 남편으로 국한시킨 반면 남성의 경우에는 제재를 가하지 않았다.

1960년대 들어 경구피임약, 자궁 내 기구, 살정제 등의 피임법은 여성들에게 임신에 대한 두려움을 줄이면서 성적 쾌락을 누릴 수 있게 했으며, 1973년 임신중절 합법화로 성적 활동과 출산을 분리하게 되었다. 현대는 이성애, 동성애, 양성애 등 다양한 성행위가 공존하며, 성에 대한 표현이 자유로워졌다.

이렇듯 성은 시대와 관습, 문화에 따라 다르게 해석되고 취급되었다. 사회가 발달하면서 '성'은 심리적 · 사회적 · 문화적 요소들이 포함되어 더욱 복잡해졌고 이에 인간은 '성'의 의미를 해석하기 위한 개념적 용어들을 사용하기 시작했다.

## 2. 성 개념의 흐름

인간의 '성'을 설명하고 분석하는 입장으로 본질주의와 사회구성주의가 있다. 먼저 본질주의는 인간의 호르몬이나 생식 기능의 차이 및 유전자 등의 생물학적 요소, 혹은 정신 · 심리구조 등의 본질적 요소들이 변하지 않는 고정된 것이라고 본다. 따라서 역사와 문화에 영향을 받지 않으며 남녀의 차이나 성적인 선호의 차이 역시 고정불변으로 본다. 인간에게 바람직하고 자연적인 성은 남녀 간의 이성애적 관계 안에서 이루어지는 성기 결합적 성이라는 견해를 갖는다. 본질주의에 따르면 인간의 성욕, 남녀의 차이, 성의 의미와 가치, 개인의 성의식과 행동, 성과 관련된 관습, 제도, 이데올로기 등이 생물학과 생리학을 통해서 설명될 수 있다고 주장한다. 본질론적 관점에 대한 견해는 문화와 역사를 초월한 보편적 자질에 근거를 두고 있기 때문에 객관적이고 자연적인 설명으로 받아들여지는 경향이 있다.

성에 관한 연구들은 성행위와 성적 쾌락 등 에로티시즘, 성병 또는 성과 관련된 병력에 대한 과학적 연구 등을 하는 데서 출발하였다. 『성 도착(Sexual Inversion)』(1897)은 동성애에 대한 일련의 사례 연구를 드러냈고, 킨제이 보고서 "남성의 성 행위(Sexual Behavior in the Human Nale)"(1948)는 미국 성인 남성 37%가 동성애적 행위로 오르가슴에 도달한다는 통계 자료를 내놓기도 하였다. 하지만 이러한 보고는 동성애 반대 규범에 의해 묻혀버렸다.

1889년 게디스와 톰슨은 사회적 · 심리적 · 행동적 특성은 신진대사 작용에 의한 것이 아니라고 주장하였는데, 여성은 에너지를 보전하는 편이기 때문에 수동적이고 보수적이고 둔하고 안정적이며 정치에 관심이 없다는 것이다. 반면 남성은 에너지를 소비하는 편이기 때문에 열성적이고 힘과 열정이 넘치고 수시로 변화하며 정치적 · 사회적 문제에 관심이 많다는 것이었다. 이 주장은 여성에게 참정권을 부여하지 않는 데 이용되었다. 이러한 예들은 '성'이 성 자체로 존재하는 것이 아니라 사회 · 문화적 맥락 속에서 다르게 해석되고 존재한다는 의문을 가지게 한다.

사회구성주의는 인간의 성을 문화 의존적이며, 관계적이며, 주관적인 자질이라고 본다. 따라서 인간의 성적 정체성, 성적 욕망, 성적 관행들은 고정된 본질에 따라 정해지는 것이 아니라 개인이 처한 사회관계와 문화적 맥락에 따라 구성되는 것이라고 본다. 그러므로 사회구성주의에서는 성을 정상 대 비정상, 좋은 성 대 나쁜 성으로 구분하여 나누는 것이 불가능하다. 성의 개념 중 젠더와 섹슈얼리티는 사회구성론적 관점에서 바라볼 수 있다.

성전환을 연구하는 심리학자들이 한 사람 안에 보이는 여성성과 남성성 정도를 구별하기 위해 젠더를 사용하였으며, 페미니스트들 역시 사회문화적 성을 이야기하면서 섹스와 젠더를 구별하기 시작했다. 그러면서 성은 육체와 얼마나 관련 있고, 사회문화적으로 얼마나 관련 있는지 그리고 이것은 개별적인 것인지, 관계적인 것인지 등의 논의 속에서 섹스, 젠더, 섹슈얼리티라는 개념들이 등장하였다.

### 1) 생물학적 성(Sex)

섹스(sex)는 '자른다'(to cut)이라는 뜻을 지니고 있는데 이는 라틴어의 동사(secare)에서 유래되었다. 플라톤의 대화록 『향연』에 의하면 인간의 모습은 태양의 자손인 남자, 땅의 자손인 여자, 그리고 달의 자손인 양성체 인간의 세 가지 유형으로 구분된다. 신화 속의 양성체 인간은 남녀가 합해진 모습으로 몸은 둥글고 등은 함께 붙어 있으며, 얼굴이 두 개라 네 개의 눈이 사방팔방 못 보는 것이 없으며, 여덟 개의 손과 발을 이용하여 아주 빠르게 움직일 수도 있었다. 정신이나 신체적인 면에서 뛰어난 능력을 소유한 양성체 인간은 신에게 별로 뒤질 바 없다는 자만심으로 신들을 대했고, 신들도 위협을 느끼기도 했다. 제우스는 교만한 양성체 인간의 능력을 경감시키기 위해 남녀로 합해진 몸을 보통의 남녀로 분리시키기로 했다. 이러한 이유로 남자와 여자는 예전처럼 하나가 되려고 서로 다른 반쪽을 추구하게 되었다고 한다.

섹스가 남녀를 구분하는 의미로 쓰여진 또 다른 예로 14세기 희랍어, 히브리어, 라틴어로 전해오던 성경을 영어로 번역하는 과정에 대한 이야기가 있다. 종교개혁가들은 '노아의 방주'를 번역하는 과정에서 암수를 의미하는 영문 단어가 없어 붙어 있었던 상태의 남녀를 둘로 나누었다는 동사형 의미인 섹스를 차용하여 번역하게 되었다. 그 후로 섹스는 암수나 남녀를 의미하는 명사형 단어가 되었다.

섹스는 출생과 동시에 선천적으로 결정되는 성별을 생물학적으로 구분하기 위해 사용되는 용어로서, 본질론적 관점에서 보는 성을 말한다. 즉, 분만실에서 흔히 듣는 '아들' 또는 '딸'이라는 말이 의미하는 것은 인간의 생물학적 성별 섹스이다. 인간의 생물학적 성별의 구분은 대개 외생식기의 형태를 보고 판단하지만 실제 인간의 성별을 결정하는 데 영향을 미치는 요인은 성 염색체의 결정(XX인가 XY인가), 생식선(고환과 난소)의 결정 그리고 성 호르몬(테스토스테론과 에스트로겐)의 결정, 외생식기(음경과 음핵), 2차 성징과정(수염과 유방)이 있다. 성 염색체에 의해 남성 또는 여성으로 결정되면 각기 성의 특화된 장기인 자궁, 유방, 고환을 가지고 내생식기에서 분비되는 호르몬의 영향을 받아 남녀의 특징이 더 명확하게 드러나게 된다. 이러한 생리적인 차이는 주로 생식과 관련해서 남성과 여성 신체의 기능적 차이를 만들어 낸다.

이러한 생물학적 성 차이가 심리, 행동, 능력의 차이를 만들어 내고 오랫동안 남성과 여성은 완전히 다른 존재로 생각되어 왔다. 하지만 실제 인간사회를 들여다보면 남녀는 서로 다른 점보다는 비슷한 점을 더 많이 가진 편이다. 연구결과에 의하면 남성 집단과 여성 집단 간의 차이는 같은 성의 집단 내 차이보다 크지 않다. 예를 들어 키의 경우 성인 남성의 평균 키는 성인 여성의 평균 키보다 크지만 각각의 집단 내에서 키는 각각 개인에 따라 편차가 크며, 개인 남성들보다 키가 큰 개인 여성들도 많다. 이러한 경향은 언어능력, 공간지각능력, 수학적 능력 등 남성과 여성이 평균적으로 다르다고 주장되는 많은 특성에서도 비슷하게 나타난다. 이는 언어능력이 개인 여성보다 뛰어난 개인 남성 또는 수학적 능력이 개인 남성보다 뛰어난 개인 여성들이 있다는 것에서 알 수 있다.

그리고 새로운 과학적 사실들은 남성과 여성이라는 생물학적 구도에 균열을 내고 있다. 흔히 외생식기 형태로 남성, 여성을 결정하고 있지만 발생 초기 태아는 남아와 여아 모두 외관상 성기 모습은 동일한 상태로 수정된 후 6주까지는 내·외성기가 분화되지 않는다는 것이다. 또한 간성인(intersex)들의 경우 양성의 생식기를 모두 가지고 태어나거나, 외생식기의 모양은 남성 또는 여성으로 보이지만 반대 성의 특징을 보이기도 한다. 2018년 UN 통계조사에 따르면 세계 전체 인구의 1.7%가 간성인으로 태어나는 것으로 나타났다. 간성으로 태어난 아기들의 90% 이상이 자신은 성 정체성을 깨닫기 전인 영아기나 유아기에 부모의 결정에 의해 정상화 수술을 받는다. 이는 자기 자신의 성별을 어느 쪽으로 인식할지, 어느 성별로 살아가는 것이 행복할 것인지 등의 성적 자기결정권은 고려되지 않고, 남성와 여성으로만 구분하는 이분법적 사고와 간성을 수용하지 않는 사회적인 편견으로 인한 것이다.

간성으로 태어나 성 확정 수술을 받은 사람들 중에는 성 정체성 혼란으로 심리적·신체적으로 심각한 문제를 겪는 사람도 있다. 이러한 이유로 최근 서구사회에서는 성별을 반드시 남녀로만 구분짓지 않고 무성이나 간성을 인정하는 방향으로 나아가고 있다. 더불어 출생 시에 성별을 미리 확정짓지 않거나, 출생 시 외생식기의 성별과는 상관없이 2차 성징 이후인 청소년기에 자신만의 성 정체성을 스스로 결정지을 수 있도록 허용하기도 한다.

**타고난 성, 만들어진 성**

1965년 8월, 캐나다에서 태어난 브루스와 브라이언은 일란성 남자 쌍둥이다. 브루스는 생후 7개월경에 포경 수술을 받던 중 의사의 부주의로 인해 페니스를 잃는 사고를 당했다. 남자로 살아가면서 결혼도 하고 자식도 낳아야 하는 아들의 앞날을 걱정하던 부모는 우연히 TV에서 존스홉킨스 대학교에서 일하는 세계 최고의 성의학 전문의 존 머니의 인터뷰 장면을 보게 된다. 자신의 이론을 실증할 기회를 찾고 있던 머니는 부모에게 브루스의 성전환 수술을 열심히 권유했고, 마침내 1967년 브루스는 여성으로 성전환을 하게 되었고 이름도 브렌다로 바꾸었다. 브렌다라는 이름으로 다시 태어난 브루스는 철저하게 여자아이로 길러졌다. 예쁜 옷과 장신구들로 둘러싸인 환경이 조성되었고, 부모와 머니 박사는 강박적으로 여자답게 행동할 것을 강요했다. 머니 박사는 브렌다의 사례를 학계에 발표했고, 성적 정체성이란 선천적인 게 아니라 후천적인 환경에 따라 좌우된다는 보고서를 작성해 명성을 떨쳤다.

그러나 브렌다가 커가면서 문제가 생기기 시작했다. 브렌다는 남성적 성향으로 인형놀이보다는 전쟁놀이를 즐겼고 주변에서 기대하는 대로 여자답게 자라지 않았으며, 청소년기가 되자 여성 정체성을 받아들이지 못해 고통을 겪다가 결국 아버지로부터 어린 시절의 사고에 관해 듣게 되었다. 브렌다는 아버지에게 얘기를 들었을 당시 화가 나기도 했고 어리둥절하기도 했고 충격적이기도 했으나 가장 크게 느꼈던 것은 안도감이었다. 1981년부터 몇 차례 힘겨운 수술을 받고 남성으로 '되돌아' 갔으며, 이름도 데이비드로 바꾸었다.

브렌다는 머니 박사와의 성전환 치료와 상담 중 불편한 감정을 느꼈지만 너무 어려서 자신의 마음을 정확하게 표현할 수 없었다고 했다. 그리고 "내가 남자라는 걸 알았지만 인정하고 싶지 않았어요. 문제를 일으키고 싶지 않았거든요." 그리고 "당연히 그래야 하는 모습과 내가 얼마나 다르게 느끼는지, 실제로도 얼마나 다른지 알기 시작했어요."라고 얘기했다.

브루스 - 브렌다 - 데이비드의 육체적인 상처는 의료 사고를 낸 의사의 실수와 가부장적 사회에 순응한 부모의 섣부른 선택 때문이기도 하다. 그러나 그를 오랫동안 괴롭힌 정신적 상처나 머릿속의 전쟁은 무엇보다도 최초의 성전환 수술과정에 본인의 의지가 전혀 반영되지 않았다는 사실이었다.

출처: 존 콜라핀토(2002).

## 2) 사회문화적 성(Gender)

젠더는 주로 철학이나 언어학에서 사용되던 용어로 1955년 성과학자인 존 머니에 의해 '성별 구분이 확실치 않은 성기를 가지고 태어난 사람들의 성'을 포괄적인 개념으로 설명하기 위해 사용되었다. 그러나 1960년대 미국에서 여성운동이 전개되면서 후천적으로 남자와 여자를 구분하는 사회적 틀이 있다는 것을 지적하기 위한 맥락에서 사회적 성의 의미로 사용되기 시작했다. 그리고 1995년 북경에서 열린 UN 세계여성대회에서 젠더가 섹스를 대체하는 공식용어로 합의된 후 통용되기 시작했다. 페미니스트들은 남녀의 생물학적 차이는 인정하지만 사회적으로 차별받는 것은 부당하다고 생각하였으며, 섹스와 젠더의 구분을 통해 가부장적 사회질서를 변화시키고자 하였다.

젠더는 사회의 문화적인 환경과 훈련에 의해 학습된 후천적인 성으로 자신이 느끼는 남성성 또는 여성성을 말한다. 젠더는 우리가 양육되고 성장할 때, 타인과 관계를 맺을 때, 세상을 바라보는 가치관을 이야기할 때, 법과 제도를 만들 때 등 곳곳에 영향을 미친다(한국성폭력상담소, 2013).

우리는 일상적인 생활 속에서 '남성다움'과 '여성다움'에 대한 것을 보고, 듣고, 또한 보상과 처벌을 통해 성에 적합한 행동을 배움으로써 스스로 남성이 되는 것과 여성에 되는 것의 의미를 깨닫게 된다.

아이들은 어렸을 때부터 가족 내에서 젠더 규범에 대해 배운다. 부모는 남자아이는 씩씩하고 용감하고 책임감을 가질 수 있도록 양육하는 반면 여자아이는 착하고 온순하고 예쁘게 양육하는 경향이 있다. 남자아이는 어려서부터 '남자는 울면 안 된다'는 부모의 훈계에 의해 감정을 억누르는 연습을 해야 한다. 이는 남자는 아프거나 괴롭거나 슬퍼도 감정 표현을 함부로 해서는 안 되며 고통을 감내해야 된다는 사회적 압력이라 할 수 있다. 친구들과 어울려 축구를 한다거나 신체놀이를 즐겨하는 여자아이에게는 '여자애가 왜 남자애처럼 놀아? 여자는 여자답게 소꿉놀이나 인형놀이를 해야지'라고 한다. 신체활동보다 책을 읽거나 그림 그리기를 좋아하는 남자아이의 경우에도 '남자애가 밖에 나가서 씩씩하게 뛰어 놀아야지'라는 말로 남성과 여성의 역할이 다름을 인식시킨다. 젠더 차이는 성장과정에서도 계속되어 놀이방식이나 가사협조방식, 친구관계, 교육, 진로 등에도 각각의 성에 맞는 행동을 할 것을 권장한다.

젠더 차이는 학교, 또래관계, 대중매체에 의해 더욱 강화된다. 학교에서 교사들은 남학생의 경우 활동적, 모험적, 공격적, 독립적, 창의적, 진취적, 심지어 고집이 센 것조차 긍정적으로 평가하는 반면 여학생은 얌전함, 상냥함, 차분함 등을 긍정적으로 평가한다. 드라마, TV, 영화, 광고 등의 대중매체 속에서의 여성은 돌봄, 가사노동을 하고 남성은 가계 부양의 책임을 지는 모습이 많으며, 전문직, 관리자의 역할도 남성이 여성에 비해 압도적이며 여성은 보조적인 역할이 많다. 이렇듯 여성다워야 한다거나 남성다워야 한다는 사회적 기대는 그것이 남성에게든 여성에게든 선택과 행동의 자유를 제약한다.

K대학의 여성학개론 수업에 참여한 40여 명의 남녀 학생을 대상으로 실시한 젠더 관련 사례를 살펴보면 다음과 같다. 능력과 관련된 젠더 규범에 대한 남학생들의 사례는 '좋은 학점을 받기 위해서 시험기간이 아닐 때도 공부'를 하고, '열심히 취업 준비'를 하고 있으며, 리드(용감)와 관련된 젠더 규범에 대해서는 '학내 동아리를 비롯한 단체활동을 할 때 주도적으로 참여', '데이트가 있으면 좋은 장소, 맛집 검색', '특정 상황에 대면했을 때 겁먹지 않고 맞서려고 노력'하고, 키나 신체에 대한 젠더 규범에 대해서는 '키높이 깔창을 끼우거나 굽이 높은 신발 신기', '탄탄한 몸 만들기 위해 운동하기' 등으로 나타났다.

여학생들이 경험하는 젠더 규범 중 외모에 관련된 사례는 '간식 살 때 칼로리 계산', '성적보다 다이어트가 중요', '몸무게의 기준을 정해두고 식단 조절', '매일 화장하고 옷을 뭐 입을지 고민', '9시 수업이어도 화장', '안경을 쓸 때도 편한 사람 앞에서만' 등의 수많은 사례가 쏟아져 나왔으며, 상냥해야 한다는 젠더 규범에 대한 사례로는 '무뚝뚝하지 않게 보이려 한다', '상대방의 기분을 살핀다', '상냥하게 대하지 않았을 때 죄책감을 느낀다', '나이 든 어른들 앞에서는 얌전하게 행동한다'라고 답했다(정재원, 이은아, 2018). 이처럼 젠더 규범은 우리의 일상생활 속에서 영향을 미치고 있다.

그러나 젠더 규범은 고정불변의 진리가 아니며 시대에 따라 계속 변화한다. 아이들이 가지고 노는 장난감도 '젠더프리' 캠페인으로 남자아이 장난감과 여자아이 장난감에 대한 구분이 없어지고 있으며, 성인의 영역에서도 젠더의 경계가 점차 낮아지고 있다. 과거에 비해 화장이나 액세서리 등으로 외모를 꾸미는 남성이 증가하고 있으며, 패션도 성별 장벽을 허무는 '젠더리스'로 변화하고 있다. 직업에 있어서도 여성 중심의 간호사 영역에 남자 간호사가 점차 늘어나고 있으며, 남성 중심 문화인 군대에도 여군의 비율이 늘어나고 있고, 과거에는 군 법무관이나 간호장교 등과 같이 한정된 분야가 아닌 남군의 영역이라 생각되던 항공, 정보, 수송 등의 영역에도 진출하고 있다.

최근 들어 젠더 고정관념에 문제를 제기하는 다양한 움직임이 늘어나고 있다. 여성들은 긴 생머리, 날씬한 몸매, 짧은 치마 등으로 그동안 여성에게 요구되는 '여성다움'의 사회적 모든 고정관념을 벗어던지자는 뜻의 탈코르셋 운동을 벌이고 있다. 탈코르셋은 보정 속옷인 코르셋에서 벗어난다는 뜻으로 여성에게 암묵적으로 강요했던 미적 기준을 버리고 남의 시선에 얽매이지 않는 것을 목표로 하는 사회적 운동을 의미한다. 남성들 역시 슬퍼도 울지 말아야 한다거나 가족의 생계를 홀로 책임지는 중압감 그리고 힘들어도 다른 사람에게 요청하는 것이 나약한 모습으로 보여질까 참는 등 젠더 고정관념의 피해로 우울증을 겪기도 한다. 남성들의 경우 가부장제에서 남성에게 부과되는 '남성다움'에서 벗어나고자 하는 탈맨박스는 운동을 벌이고 있다. '맨박스(man box)'는 '남자는 쉽게 울어서는 안 된다', '여자처럼 행동하면 안 된다' 등 가부장제에서 남성에게 부과되는 '남성다움'에 대한 억압을 뜻한다. 이러한 움직임으로 인하여 그동안 사회에서 남성과 여성에게 강요되어 온 관습적 인식에서 벗어나 개인의 개성과 다양성이 더욱 존중되는 사회로 변화하게 될 것으로 보인다.

**젠더 정체성**

젠더 정체성(gender identity)은 생물학적 성별과는 별도로 자기 자신을 남성 혹은 여성 또는 그 밖의 제3의 성별로 인식하는 것을 말한다. 젠더 정체성을 규정하는 데 있어 생물학적 성과 사회문화적 성이 영향을 미치며 생물학적 성과 사회문화적 성이 일치하는 경우와 일치하지 않는 경우가 있다.

현재 우리나라는 남성과 여성으로만 구분되는 성별 이분법으로 두 개의 성별 중

하나를 선택하지만 외국은 우리와 달리 젠더 정체성의 다양성을 인정하는 방향으로 변화하고 있다. 호주는 최근 여권에 여성 또는 남성으로만 성별을 표기할 수 있었던 것을 변경해 다른 성을 표기할 수 있으며, 미국의 8개 주에서는 운전면허증과 신분증, 출생증명서 등에 '제3의 성'을 뜻하는 성 중립 선택지가 생겼다. 일본에서는 공립고등학교 입학원서에 필수로 들어가 있던 '성별 표기란'이 점차 폐지되고 있다. 젠더 정체성은 크게 시스젠더, 트랜스젠더, 젠더퀴어로 구분할 수 있으며, 성적 지향과는 다른 의미이다.

- **시스젠더(Cisgender)** : 자신의 생물학적 성(sex)과 성별 정체성(gender identity)이 '동일하다' 혹은 '일치한다'고 느끼는 사람을 뜻한다. 즉, 남성이 남성성을 추구하고 여성이 여성성을 추구하는 것이다.
- **트랜스젠더(Transgender)** : 자신의 생물학적 성(sex)과 성별 정체성(gender identity)이 불일치하다고 느끼는 사람으로 생물학적 성과 다른 성별 정체성을 지향하는 사람을 뜻한다. 즉, 남성이 여성성을 추구하고 여성이 남성성을 추구하는 것을 말한다.
- **젠더퀴어(Genderqueer)** : 생물학적 성(sex) 개념을 벗어나 사회·문화·심리적인 성(gender)이라는 개념이 생겼지만 젠더 역시 남성·여성으로만 구분하는 한계점이 있다. 이에 젠더를 남성적·여성적 둘로 분류하는 이분법적 사고를 벗어난 종류의 성 정체성을 모두 포괄한다.

## 생각을 나누어 봅시다

**2-1** 남성다움, 여성다움으로 인해 힘들었던 경험이 있다면 나누어 봅시다.

**2-2** 남성다움, 여성다움으로 인해 실제 자신과 다르게 행동해야 했던 때는 없는지 토론해 봅시다.

### 3) 섹슈얼리티(Sexuality)

섹슈얼리티는 19세기에 등장한 용어로 생물학과 동물학 분야에서 학술적 용어로 사용되어 왔다. 처음에는 영국 시인 윌리엄 쿠퍼의 『식물들의 삶』이라는 시집에서 식물 간의 접붙임을 '성적 특징 혹은 성교'로 표현하였고 이후 다양한 접두어가 결부된 형태들이 성적인 인간 유형 및 에로틱한 매력의 종류들과 연관되면서 확장되었다. 20세기 중반 이후에는 성별이나 성행위를 포함하여 개인의 존재가치까지 나타내 주는 포괄적인 의미로 사용되고 있다.

섹슈얼리티는 일반적으로 성행위뿐만 아니라 성에 관한 신념, 태도, 가치관, 지식, 그리고 개인의 성 행태까지 포함하며 인간이 성적인 존재로서 성을 경험하고 자기 자신을 표현하는 것을 포함한다(천성문 외, 2013). 즉, 섹슈얼리티는 생물학적 성뿐만 아니라 사회 · 문화에 따라 남성 또는 여성으로서 어떻게 생각하고 느끼는지, 몸에 관해 어떻게 느끼는지, 어떤 사람에게 성적으로 끌리며, 어떤 성적 욕망을 갖고 있고, 어떻게 자신을 성적으로 표현하며, 누구와 어떤 식의 성적 행위를 하는지 등이 포함된 매우 포괄적인 개념이라고 할 수 있다.

이렇듯 섹슈얼리티는 단일한 개념이 아니라 다양하며 포괄적인 개념으로 서로 다른 해석들을 통해 이해하고자 한다. 인간의 성적 욕망을 본질주의 입장에서 접근하는 성과학자들은 실제 성경험 자료를 바탕으로 성행동 유형을 분류하면서 '정상'적인 성행위와 '일탈'적인 도착을 구분하였으며 과학적 · 의학적 기준을 제공하여 섹슈얼리티에 대한 연구를 보다 광범위하게 확대시켰다. 정신분석학자인 프로이트는 인간 의식의 가장 개인적인 영역이라 할 수 있는 성적 본능에 관한 연구를 시도하였다. 프로이트는 여성의 히스테리에 관한 임상 분석을 통해 무의식적 충동이 성욕과 관련 있음을 밝혀냈다. 동성애, 사디즘, 마조히즘 등의 성적 이상증을 병이 아닌 인간 본성에 가까운 자연스러운 현상이라고 하였다. 또 유아기의 섹슈얼리티를 분석하면서 입, 항문, 생식기의 성 에너지의 집중 부위를 중심으로 인간의 발달이 단계별로 이루어진다고 하였다. 오이디푸스 콤플렉스와 거세 콤플렉스를 거치면서 자신의 일탈적인 성적 욕망을 억압하고 기존의 성적 규범과 체제에 적합한 성 정체성을 획득한다고 하였다. 이처럼 프로이트는 금기시되는 개개인의 욕망을 억압함으로써 성적 발달단계가 완성되고 사회적 성별을 획득한다고 보았다. 기존의 본질주의적 사고인 성과학이나 정신분석학적 접근과는 달리 미셸 푸코는 섹슈얼리티를 사회적인 구성물로 보았다. 푸코는 『성의 역사』 1권에서 국가에서 권력이 담론을 통해 제도화되는 과정을 설명하면서 인간의 성적 유형과 규범이 어떤 방식으로 국가의 통제와 제도적 규범과 연결되는지 설명하였다. 그리고 인간의 섹슈얼리티가 억압에 의한 것이 아니라 오히려 사회적 필요에 근거하여 확대되고 조장되어 형성된다고 하였다. 즉, 섹슈얼리티는 역사적 과정에 따라 변화해 온 구성물로 본질적인 성별(sex)뿐 아니라 인종이나 계급, 연령, 성적 선호, 규범, 제도 등에 따라 다양하게 구성된다는 시각을 소개하였다. 보드리야르는 오늘날 소비자본주의 사회의 특성을 분석하면서 소비로서의 섹슈얼리티가 또 다른 권력기제로 작용한다고 하였다. 보드리야르는 아름다움과 에로티시즘이라는 두 가지 코드를 통해 성담론을 유포·확산시킨다고 하였다. 아름다움이라는 코드는 남성은 남성다워지기 위해, 여성은 여성다워지기 위해 몸을 규격화시키고, 인간의 육체를 부분화시켜 상품화한다. 에로티시즘 또한 규격화된 성적 취향과 습관, 행동 등을 유발시킨다. 그러나 이는 소비자본주의 사회의 필요에 의해 유포되고 확산되어 특정 성담론을 부추기는 권력기제라 하였다(나수진, 2012; 이태숙, 2004; 이희영, 2010; 조심선희, 2006).

행동양식, 사고, 표현방식 등과 마찬가지로 섹슈얼리티 역시 사회가 허용하고 인정하는 사회적 규범과 도덕에 의해 제한을 받는다. 그러나 과거에 비해 현대의 섹슈얼리티는 다양한 성적 실천을 추구하고 육체와 정체성의 관계가 복잡해진 것처럼 미래의 섹슈얼리티 역시 지금의 모습에서 변화될 것이라고 보인다. 섹슈얼리티는 지극히 개인적인 인간의 자유와 연관된 것이기에 지나친 강제나 억압보다 다양성을 인정하는 것이 필요하다 하겠다.

# 참고문헌


나수진(2012). 몸의 확장성과 섹슈얼리티 이미지 연구. **무용예술학연구**, 35(2), 59-81.

이태숙(2004). **문화와 섹슈얼리티**. 예림기획.

정재원, 이은아(2018). 대학생 성 인지 감수성 향상을 위한 젠더트레이닝-여성학 교양수업 사례를 중심으로-. **교양교육연구**, 12(5), 11-35.

조셉 브리스토우(2000). **섹슈얼리티**. 이연정 역. 한나래.

조심선희(2006). 섹슈얼리티. **여성이론**, (14), 227-240.

존 콜라핀토(2002). **타고난 성, 만들어진 성**. 이은선 역. 바다출판사.

천성문 외(2013). **성심리의 이해: 성에 대한 재미있는 이야기들**. 양서원.

한국성폭력상담소(2013). **지금 시작하는 젠더감수성**. 한국성폭력상담소.

Chapter 03

# 몸의 이해

여성의 몸
남성의 몸
간성의 몸
성적 흥분과 반응

# 몸의 이해

Chapter 03

# 몸의 이해

건강하고 행복한 성을 영위하기 위해서는 자신의 몸을 잘 이해하고 관리하는 것이 매우 중요하다. 본 장에서는 2차 성징이 마무리된 성인의 몸을 중심으로 성을 설명하고자 하며, 생물학적 측면에서 몸의 차이를 구분하여 다루고 이해를 돕고자 한다.

몸을 이해하기 위해서는 먼저 발생학적 시선에서 인체를 살펴볼 필요가 있다. 우리의 몸은 태내기에 이미 성 분화를 시작하게 되는데 태내기의 성분화 과정이 이후의 몸의 변화와 성장에 큰 영향을 미치기 때문이다.

일반적으로 남녀의 차이를 초음파 등을 통해 외부에서 육안으로 구분할 수 있는 시기는 임신 20주경이다. 실제로 남아의 외부 생식기는 임신 14주경에, 여아의 외부 생식기는 임신 11주경에 발생이 완결되지만, 발생학적 측면에서 보면 6주 이전의 태아의 외생식기는 남녀가 정확히 일치하는 것을 알 수 있다(그림 3-1). 즉 처음에 모든 태아는 XY 염색체와는 상관없이 성별을 구분할 수 없는 동일한 성기관을 가진다. 물론 정자와 난자가 수정될 때 결합된 XY 염색체에 의해 유전적인 성(genetic sex)이 결정되기는 한다. 그러나 결정된 성이 분화되면서 표현형(phenotype) 성별을 가지게 되는데, 여기에는 다양한 유전적 요인과 호르몬이 관여하게 된다. 먼저 Y 염색체상의 성결정구역(Sex-determining Region of Y Chromosome: SRY) 유전자가 있는데, 이 유전자가 정소를 발생시키는 역할을 한다. 임신 7~8주경에 SRY 유전자가 발현되면 난소 분화에 관여하는 다른 유전자의 발현이 억제되면서 정소가 분화된다. 난소로의 분화는 임신 29주경에 X 염색체 위의 항정소인자(anti-testis factor)인 DAX-1 유전자가 결정적인 영향을 미친다. 또한 대표적인 두 유전자 이외에도 성적 분화에 관여하는 다른 관련 유전자의 영향을 받기도 하고, 스테로이드 형성 효소와 안드로겐 수용체 등의 호르몬에도 결정적인 영향을 받기 때문에 성 결정은 매우 복잡한 과정을 거치는 것으로 밝혀져 왔다.

이렇게 수정된 이후 개월 수를 더하면서 서서히 성별이 다르게 구분되는 것을 1차 성징이라고 한다. 즉 1차 성징은 XY 염색체가 유전자나 호르몬의 영향을 받아 최종적으로 외생식기의 모양이 달라지면서 생물학적 성이 결정되는 시기이다. 하지만 때로 수정된 태아가 가진 염색체가 XX나 XY를 구성하지 못하거나, XY라도 SRY 유전자가 없거나 DAX-1 유전자가 두 개인 경우 등 다양한 형태의 유전적 변이를 가질 수 있다. 이렇게 성별의 분화는 동일한 발생학적 형태에서 시작하여 매우 복잡한 과정을 거쳐 각각 다른 성기로 발전해 나가기 때문에 정확하게 남녀로 구분할 수 없는 외생식기를 갖고 태어나는 경우가 발생한다.

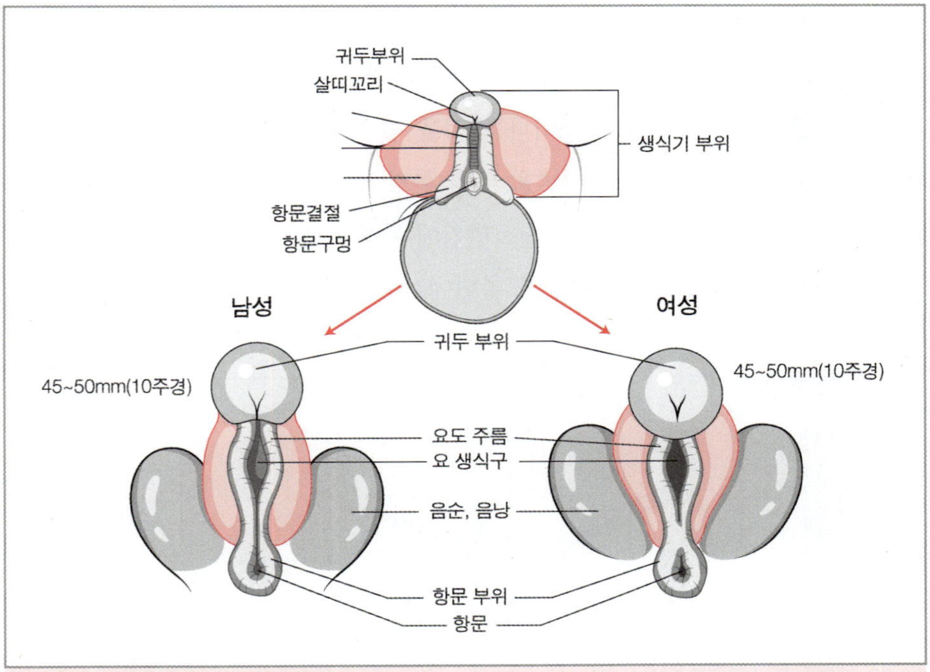


그림 3-1. 태내기 외생식기의 상동성

청소년기가 되면 남녀의 특징이 더 명확하게 드러나는 성장의 시기를 경험하게 되는데 이를 2차 성징이라고 한다. 2차 성징 시기에는 시상하부에서 분비되는 성선자극 호르몬에 의해 뇌하수체에서 난포자극호르몬(FSH)과 황체형성호르몬(LH)이 남녀의 내생식기인 정소와 난소에 각각 영향을 미치게 된다(그림 3-3). 이때 다시 정소와 난소에서 분비되는 호르몬의 영향을 받아 몸이 변화하면서 자신의 성 정체성을 확립하게 된다. 외생식기가 내생식기와 동일한 경우 남성은 남성 호르몬의 영향으로 남성의 2차 성징을 경험하게 되고, 여성은 여성 호르몬의 영향으로 여성의 2차 성징을 경험하게 되는 것이다.

그러나 내생식기가 외생식기와 일치하지 않을 경우, 또는 내생식기가 모두 있거나 부재하는 경우 등에서는 오히려 자신의 성 정체성에 대한 혼란을 경험할 수도 있다. 이런 경우에는 자신의 심리적인 성별이 더 중요한 영향을 미치게 된다. 그래서 최근 서구사회에서는 성별을 반드시 남녀로만 구분짓지 않고 기타의 성별을 도입함으로써 무성이나 간성을 인정하는 방향으로 나아가고 있다. 출생 시에 외생식기만을 보고 성별을 미리 확정 짓지 않는 것이 과학적으로 타당할 뿐만 아니라, 2차 성징 이후인 청소년기에 자신의 성 정체성을 스스로 결정지을 수 있도록 허용하는 것이 인권적 측면에서도 당연하기 때문이다.

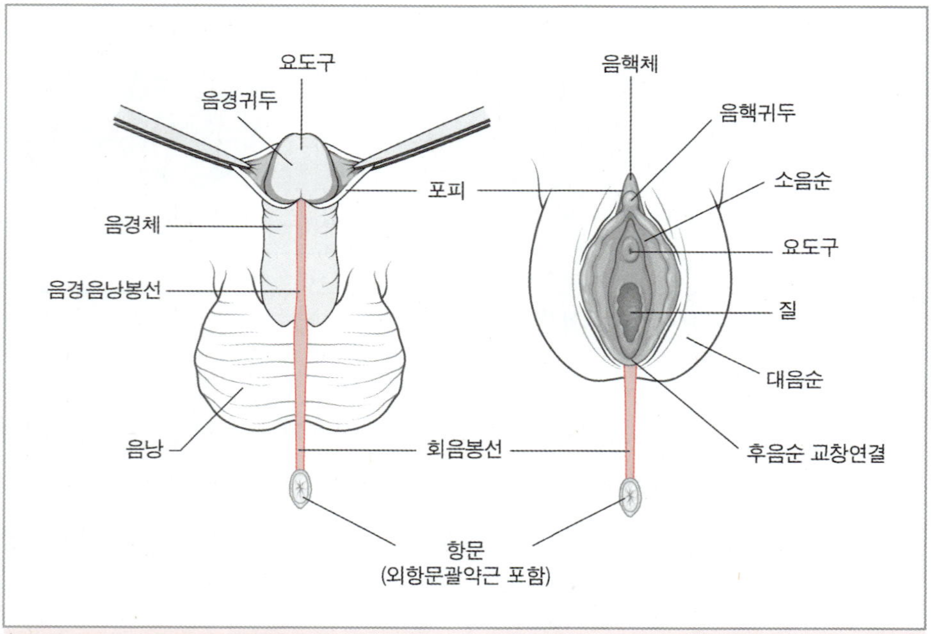


그림 3-2. 남녀 성기의 유사점과 차이점

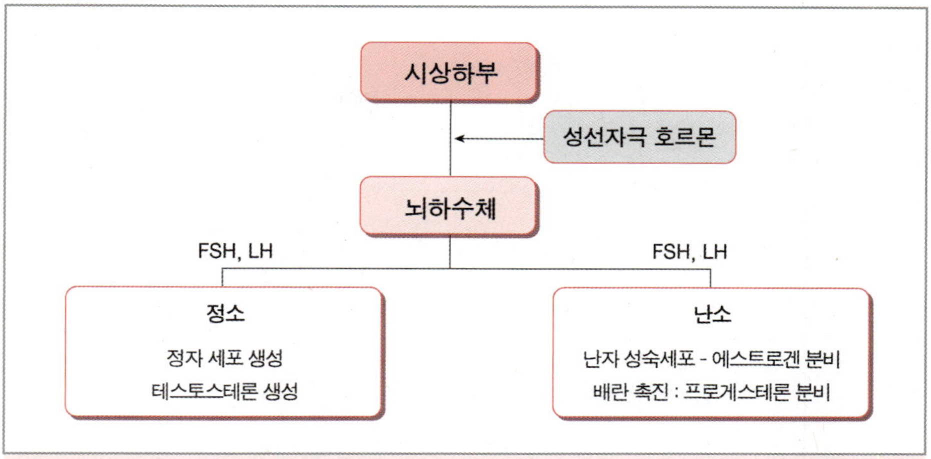


그림 3-3. 2차 성징에서의 호르몬의 영향

건강하고 행복한 성을 영위하기 위해서 자신의 몸을 정확하게 이해하고 관리하는 것이 매우 중요하다. 본 장에서는 2차 성징이 마무리된 성인의 몸을 중심으로 성을 설명하고자 하며, 생물학적 측면에서 몸의 차이를 구분하여 다루고 이해를 돕고자 한다.

# 1. 여성의 몸

## 1) 여성의 생식기관

여성의 생식기관은 외생식기와 내생식기로 구분할 수 있고, 기타 기관으로 유방이 있다. 외생식기는 음핵, 음순, 회음부 등으로 구분할 수 있고, 음순은 다시 대음순과 소음순으로 구분한다. 내생식기는 질과 자궁, 난관, 난소로 구분된다.

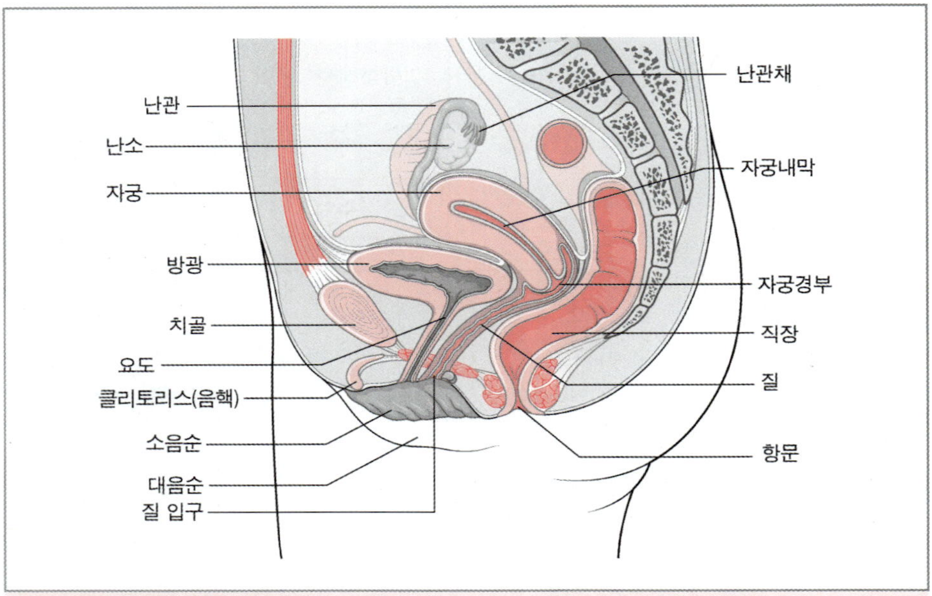


그림 3-4. 여성 생식기의 측면

### (1) 여성의 외생식기

**가. 치구**(Mons Pubis, Mons Veneris)

치구는 외음부의 최상단에서 체모와 지방질로 구성된 견고하고 부드러운 조직이다. 출생 시에는 별 발달이 없다가 사춘기가 되면 체모가 생기고 지방 조직이 많이 발달한다. 이곳의 체모는 성교 시 마찰을 줄여주고 지방 조직은 풍부한 혈액을 공급받아 분만 중에 입을 수 있는 상처나 파열로부터 생식기를 보호한다.

**나. 음순**(Labia)

음순은 대음순(Labia majora)과 소음순(Labia minora)으로 이루어져 있다.

대음순은 치구에서 회음까지 길게 뻗어 여성 성기의 근육을 감싸는 주름 모양의 피부를 말한다. 여성 생식기의 가장 외부에 위치하여 상부와 외부에는 체모가 나 있고 일반적으로 2차 성징이 이루어지는 사춘기에 색소의 착색이 이루어진다. 치구와 비슷하게 지방 조직이 많고 결합 조직으로 되어 있다.

소음순은 대음순 안쪽에 위치하여 지방 조직과 점막으로 덮여 있어서 질구와 요도를 감싸고 있는 기관이다. 상단에는 음핵 포피로 둘러싸여 있고, 체모가 나지 않는다. 성적 흥분 시에 붉어지는 기관으로 많은 신경이 분포되어 있어서 성적인 민감도를 높인다.

#### 다. 음핵(Clitoris)

음핵은 외음부 상단, 요도의 위에 위치하는 작은 발기성 조직이다. 남성의 음경에 해당하는 기관으로 많은 감각신경세포가 분포되어 있으며 압력, 자극, 온도 등에 매우 민감하다. 남성의 음경이 2,500개의 신경을 가진 것에 비하면 여성 음핵은 8,000개 이상의 신경을 갖고 있기 때문에 자극에 더욱 민감하다. 음핵은 혈관 분포가 많고 혈액 공급이 잘 되어서 흥분하면 길이가 2~3cm 정도 발기되지만, 겉으로 드러나는 부분이 아니므로 발기해도 거의 눈에 띄지 않는다. 음핵은 평소에는 음핵 포피와 대음순으로 덮여 있어 잘 보이지 않는다. 음핵 포피는 음핵 전방에 음핵을 싸고 있는 피부주름으로 포피를 형성한다.

#### 라. 회음(Perineum)

회음은 음순과 항문 사이에 체모가 없는 부분을 가리키는데, 항문과 요도를 둘러싼 두꺼운 근육체이다. 회음은 골반 구조를 지지하고 있으며 동맥과 신경이 분포하여 매우 중요한 부분으로 분만 중 손상받기 쉬워서 조심해야 한다. 회음부를 강화하기 위해 조였다가 푸는 케겔 운동은 여성의 생식기 건강에 많은 도움이 된다.

### (2) 여성의 내생식기

#### 가. 질(Vagina)

질은 외생식기에서 자궁까지 통하는 관으로 전방에는 요도와 방광이 있고 후방에는 직장이 있다. 질의 상단에는 자궁경부(Cervix)가 있고, 하단에는 처녀막(Hymen)이 있다. 처녀막은 질 하단부에 있는 얇은 섬유 조직인데 여성 생식기의 내·외부를 구분하는 기준이 되지만, 사람마다 다르고 태어날 때부터 없는 경우도 있으며 특별한 기능은 없다.

질의 길이는 일반적으로 8~10cm인데, 전벽의 길이는 6~8cm이고 후벽의 길이는 7~10cm이다. 질은 자궁의 분비물과 월경혈이 밖으로 배출되는 통로이며 성교기관이고 분만 시에는 태아가 통과하는 산도 역할을 한다. 질의 내부는 항상 습하고 pH.4~5 사이의 산성을 유지하는데 이는 질에 항상 정상적으로 상주하는 세균이 젖산(lactic acid)을 만들어서 질 분비물을 산성으로 만들기 때문이다. 이렇게 함으로써 외부로부터 병균의 침입을 막아서 일반 세균의 번식을 억제한다.

때로 위생적인 이유로 외음부와 질을 지나치게 깨끗하게 씻는 경우 질의 정상 상주균을 죽이는 결과를 초래하게 되어 오히려 감염의 위험에 노출되기 쉽다. 특히 일반적인 비누는 알칼리 성분을 가지고 있기 때문에 질의 산성도를 중화시키므로 좋지 않다. 가능하면 외음부를 물로 가볍게 씻는 것이 좋은데, 샤워기로 아래에서 위로 분사하듯이 씻는 것은 세균이 질로 바로 침입하기 쉬우므로 피해야 한다.

### 나. 자궁(Uterus)

자궁은 원통형의 두꺼운 막으로 이루어진 근육성 기관이다. 자궁의 중요한 기능은 월경을 하게 하고, 수정란을 자궁내막에 착상시켜 임신을 유지시키며, 임신 후부터 분만까지 태아를 자라게 하고, 분만 시에는 태아를 밀어내는 역할을 한다. 성인의 자궁은 거꾸로 된 서양 배 모양으로 크기는 가로 5cm, 세로 7.5~8cm, 두께 2.5cm이며, 무게는 약 60g인데 개인차가 있다.

자궁은 크게 두 부분으로 나누어서 상부를 자궁체부로, 하부를 자궁경부로 구분하는데 자궁경부는 자궁이 질 쪽으로 볼록 나와 있는 부분을 말한다. 위치는 앞

쪽에 방광, 뒤쪽에 직장을 두고 가운데에 자리하며 자궁체부가 방광 쪽으로 기울어져 있다. 자궁이 방광 쪽으로 기울어져 있지 않고 일직선으로 서 있는 경우를 자궁 후굴이라고 하며 요통이나 생리통의 원인이 되기도 한다. 생리통이 심한 경우 고양이 자세를 하면 자궁이 정상적인 위치가 되도록 돕기 때문에 통증 완화에 도움이 된다. 따뜻한 팩을 자궁이 있는 아랫배에 대어 생리혈이 잘 배출되도록 하는 것도 좋다.

### 다. 난관(Fallopian tubes, Oviducts)

난관은 자궁과 난소를 연결해 주는 7~12cm 길이의 관 모양 기관이다. 성숙된 난자나 수정란을 자궁강으로 운반해 주는 역할을 하고 있으며, 나팔 모양으로 생겼다고 해서 나팔관이라고도 부른다. 간질부, 협부, 팽대부로 구분하며, 간질부는 자궁근층에 포함되어 있고, 협부는 직경 2~3mm의 가장 좁은 부위이다. 직경 5~8mm로 넓은 부위를 팽대부라고 부르는데, 정자와 난자가 만나 수정란이 형성되는 부분이다. 팽대부에서 손가락처럼 벌려져 있는 깔때기 모양의 부위를 체부라고 하는데 복강 내에서 자유롭게 운동하며 난소를 향해 뻗어 있다.

### 라. 난소(Ovary)

난소는 자궁의 양쪽에 위치하며 난모세포를 발육시켜 성숙한 난자를 배출하고 호르몬을 분비하는 기관이다. 특히 성 호르몬인 에스트로겐과 프로게스테론을 분비하여 여성의 2차 성징과 정상 생리 현상을 조절하는 기능을 한다. 난소의 크기는 연령에 따라 다르나 성인은 길이 2.5~5cm, 너비 1.5~3cm, 두께 0.6~1.5cm 정도의 아몬드 모양이다.

여성은 태어나는 순간부터 이미 약 백만 개 정도의 난모세포를 품고 태어나며, 사춘기 때부터 갱년기가 될 때까지 약 33년 동안 400~450개 정도의 선택된 난자만이 자라게 된다. 원시 난모세포가 성숙하여 직경 10~15mm로 커지면서 난소의 표면에 도착하면, 얇아진 조직이 터져서 난자와 난포액이 복강으로 배출되는데

이 현상을 배란(ovulation)이라고 한다.

한 달에 한 번 오직 한 개의 난모세포가 성숙하여 배란되고, 배란된 난자가 수정되지 못하면 자궁내막과 함께 탈락하게 되는데 이 현상을 생리 또는 월경이라고 부른다. 난소에서 배란이 되고 남은 자리는 황체로 변하는데, 황체는 난자가 수정이 되면 수정란의 착상을 돕고 임신을 유지시키는 호르몬을 계속 분비하게 된다. 그러나 임신이 되지 않고 월경이 시작되면 바로 퇴화한다. 배란은 2개의 난소에서 반드시 교대로 이루어진다고 할 수는 없다.

여성이 폐경기 이후 난소의 위축으로 칼슘대사에 관여하는 에스트로겐의 분비가 줄어들면 골다공증의 위험도가 상승하는 것으로 알려졌다. 그러나 실제 골다공증의 원인 중 에스트로겐 결핍이 주요인인 것은 25% 정도이고 나머지는 개인이 지닌 다른 요인들과 연관이 더 크다.

### (3) 유방(Breasts)

여성의 유방은 유선을 통해 분만 후 모유를 분비하는 기관이다. 유방은 젖이 분비되는 유선, 유선에서 분비된 젖의 이동 통로인 유관, 유관의 배출구가 모여 있는 유두와 유두를 둘러싼 유륜으로 구성되며, 유두와 유륜은 피부와 다른 색을 띤다. 여성의 유방은 사춘기에 성호르몬이 분비되면서 발달되기 시작하는데, 월경의 주기나 피임약 복용, 임신 등에 따라 그 크기나 모양이 생리적으로 달라진다. 겉으로 드러나는 유방의 크기가 달라 보이는 이유는 유선 조직 사이에 분포하는 지방 양의 차이에서 비롯된 것이기 때문에 유방의 크기와 모유의 분비 정도와는 아무런 상관이 없다. 서양에서는 유방이 성적인 매력을 유발하는 상징처럼 여겨지기도 하고 그 크기에 따라 심리적으로 자아개념이 달라지기도 하지만 단순한 개인차일 뿐 생리적으로 큰 의미는 없다.

살펴본 바와 같이 여성의 생식기관은 복잡하고 요도와 질, 항문이 순서대로 위치한다. 요도는 무균 상태를 유지해야 하는 기관이고, 질은 정상 상주균이 있어서 산성을 유지하며, 항문에는 다양한 대장균과 세균들이 존재한다. 그렇기 때문에 여성은 화장실에서 티슈를 사용할 때, 앞에서 뒤로 닦아내도록 어린 시절부터 교육하는 것이 감염 예방에 좋다. 또한 남성의 성기를 청결하게 유지하지 않으면 성관계 시 여성이 요도염에 감염되기 쉬운데, 주로 결혼한 지 얼마 되지 않은 신혼부부에게서 흔히 발생하며, 한 번 요도염에 감염되면 재발이 잦으므로 주의해야 한다.

## 2) 여성의 생리 현상

### (1) 월경

월경은 약 4주간의 간격을 두고 자궁내막이 자궁벽에서 주기적으로 탈락하여 흐르는 생리적인 출혈을 말한다. 이는 배란으로 인한 호르몬의 영향을 받아 일어나는 현상이다. 월경은 대부분 28일 간격으로 일어나며 그 범위는 개인차가 매우 크고 반드시 일정한 간격을 유지하지도 않는다. 그러나 가장 보편적인 주기는 25일에서 32일 사이이며, 월경 기간은 일반적으로 3~5일이지만 1~2일이나 7~8일이 되기도 한다. 보통 2~3일째 월경혈이 가장 많고 정맥혈과 같이 검붉은 색깔이며 그 이후로 점차 줄어든다. 월경의 양은 15세의 연령층에서는 적고 30대에는 많으며, 빈혈인 여성에게 월경량이 많은 경우가 많다. 월경량은 보통 30 ml이며 양이 많은 사람은 60~70 ml가 되는 경우도 있다. 월경은 혈구의 분해 작용과 증가된 분비물이 혼합되어 냄새가 나기도 한다.

월경은 정상과 비정상을 구별하는 기준이 명확하지 않고 개인차가 크기 때문에 굳이 타인과 비교하면서 불안해하거나 고민할 필요는 없다. 그러나 월경 중에 통증이 있는 것은 정상이 아니다. 주된 월경통의 증상은 둔부의 무거운 느낌과 빈뇨, 변비가 있을 수 있고 경미한 신경 불안정이 있다.

월경 중에 건강관리를 위해서는 우선 몸을 청결히 하는 것이 중요하다. 특히 몸을 많이 조이는 속옷이나 통풍이 잘 되지 않는 겉옷을 입으면 냄새가 날 수도 있다. 따라서 월경 시에는 가볍게 샤워를 하거나 정기적으로 생리대를 교환함으로써 청결을 유지해야 한다. 또한 월경 중에는 지치기 쉬우므로 과로나 정신적인 긴장을 피하고 충분한 수면을 취해야 한다. 변비가 잘 생기고 소화도 잘 안될 수 있기 때문에 물을 많이 마시고 신선한 녹황색 야채나 과일 섭취를 늘려야 한다. 부종으로 체중 증가가 심한 경우에는 이를 예방하기 위해 저염식이가 좋으며 비타민 B군이 많은 돼지고기, 우유, 달걀노른자, 콩류를 권장한다. 신경 흥분을 자극하는 커피나 차, 탄산음료 및 초콜릿 등의 카페인 섭취는 줄인다. 심한 운동을 삼가야 하지만 적절하고 규칙적인 운동은 엔돌핀 분비를 촉진하여 신경성 긴장이나 월경 전 긴장성 두통을 예방하는 데 도움이 된다. 실외에서 맑고 신선한 공기를 마시며 빠르게 걷는 운동이 좋다.

### (2) 초경과 완경

월경을 처음 하는 것을 초경이라고 한다. 초경은 기후나 식생활, 문화 등의 영향을 받아 달라지기도 하며 개인차가 매우 큰데 우리나라의 경우 대체적으로 12~15세 사이에 시작된다. 초경 후 얼마 동안은 월경이 없거나 불규칙한 경우가 있으며, 사춘기에는 난포의 성숙이 불충분하여 배란 없이도 월경이 일어날 수 있다. 생활환경의 변화나 심리적인 영향으로 주기가 불규칙한 경우도 많다.

완경이란 난소의 기능이 상실되어 에스트로겐의 분비가 없어지고 임신할 수 없는 상태인 폐경을 다르게 이르는 말로 난소의 역할을 다 했다는 의미로 완경이라고 부른다. 생리적인 폐경은 50세를 전후로 발생하며 이를 폐경기 또는 완경기라고 부른다. 완경으로 에스트로겐이 결핍되면 심혈관계 질환, 비만, 골다공증 등의 신체생리적 · 사회심리적인 불편감을 일으키는 갱년기 증후군을 경험하게 된다. 갱년기 증후군을 극복하기 위해서 완경을 삶의 질적인 가치를 높일 수 있는 긍정적인 의미로 받아들이고 본인에게 가장 적합한 관리법을 스스로 발견하고 선택하는 것이 좋다. 우선 자신의 정체성을 재확립하고 규칙적인 생활습관을 가지면서 정서를 조절할 필요가 있다. 적당한 운동과 휴식으로 뼈와 근력을 강화하여 골다공증과 같은 퇴행성 질환을 예방하고, 식물성 에스트로겐과 칼슘, 비타민, 섬유질을 많이 섭취하며 물을 많이 마시고 카페인과 탄산음료, 술을 금하는 것이 좋다. 증상이 심할 경우 호르몬 대체요법을 사용할 수 있지만 장시간 사용 시 자궁내막증 및 암 발생의 위험이 증가한다.

### (3) 월경 전 증후군(Premenstrual Syndrome: PMS)

월경 전 증후군은 월경과 관련된 정서장애로 일상생활에 지장을 줄 정도로 신체적 · 정서적 · 행동적으로 복합된 증후가 월경 전 약 2~10일에 나타났다가 월경 시작 직전이나 월경 직후에 소실되는 것을 말한다. 주로 배란 후 황체기에 나타나는 것으로 반복적이고 주기적으로 나타나며 월경이 가까워짐에 따라 심한 긴장증을 초래하여 월경 전 긴장증 또는 월경 전 긴장 증후라고 부르기도 한다. 증상으로는 신체적으로 가스 팽만, 유방 팽만과 통증, 골반통, 체중 증가, 배변장애가 있고, 정서적으로는 집중력 장애, 정서적 불안과 예민함, 우울, 식욕 변화, 성욕 감퇴 등이 있다.

월경 전 증후군은 그 증상에 따라 불안군, 우울군, 탄수화물군, 수분축적군의 네 가지 군으로 구분하여 설명할 수 있다. 불안군의 증후는 불안하고 예민해지며 기분의 동요가 심하고 안절부절못하며 주의집중이 잘 안 되기도 한다. 우울군은 마음이 혼란하고, 울고 싶으며, 잠이 안 오고, 우울하고, 자살 생각을 하거나 무엇을 자주 잊어버리는 증상이 있다. 탄수화물군은 단 음식을 먹고 싶고, 식욕이 증가하며 피곤하고 현기증이나 두통이 생기기도 한다. 수분축적군은 유방이 커지고 단단해져서 압통이 생기고, 얼굴과 말초 부위에 부종이 생기기도 하고 복부 팽만이 되기도 한다.

우리나라의 젊은 여성은 다수가 월경을 시작하기 전 7~10일 동안 피로감을 가장 흔하게 호소하며 그 외에 꼼짝도 하기 싫어하거나 예민해지는 증상을 흔히 볼 수 있다. 월경 전 증후군을 겪는 여성들은 능률 저하로 학업이나 근무에 영향을 받기도 하고 가족이나 친구, 동료들이 함께 괴로움을 겪기도 한다. 긍정적인 측면에서는 창조성이 향상되고 집중력과 신체적 활동이 증가하는 변화도 있으나 이에 대한 관심이나 인식은 미미한 수준이다.

### (4) 월경 곤란증(Dysmenorrhea)

월경 곤란증이란 통증을 동반하는 월경을 말한다. 골반의 기질적인 질병이 없는 월경 곤란증의 경우에는 대부분 배란주기에 일어나며 초경 시작 후 6~12개월 이내에 나타난다. 통증은 보통 월경이 시작되기 전 수 시간 내에 발생하며 기간은 1~2일 지속되고 72시간을 경과하는 경우는 거의 없다. 월경 곤란증은 주로 자궁근의 수축과 혈류량을 감소시키는 허혈성 월경통이 주된 원인이다. 그 외에도 월경 중에 자궁의 긴장도가 정상보다 증가되어 월경혈의 유출에 장애를 초래할 때나, 자궁내막 동맥의 경련에 의해 자궁근의 경련을 유발하게 될 때 또는 정신적인 불안이나 신경성 소인으로 인해 일어나기 쉽다.

월경 곤란증은 부인과 질환 중 가장 흔한 증상의 하나로 사춘기 이후의 여성 52%에서 발병하며, 그중 10%는 매달 1~3일 동안 아무런 일도 할 수 없을 정도로 무기력해지기도 한다.

월경 곤란증을 개선하기 위해 월경 직전에 카페인과 소금 섭취를 제한하고 칼슘과 마그네슘, 칼륨과 같은 무기질, 비타민 $B_1$과 비타민 E의 섭취를 권장한다. 국소적으로 온찜질을 하거나 진통제를 사용하기도 한다. 최근에는 생리대에 함유된 화학물질로 인해 월경 곤란증이 유발된다는 보고도 있어서 생리대 사용에 주의를 요한다.

# 2. 남성의 몸

## 1) 남성의 생식기관

남성의 생식기관도 외생식기와 내생식기 그리고 유방으로 나누어 볼 수 있다. 외생식기는 치구와 음경, 음낭으로 구분할 수 있고, 내생식기에는 고환과 부고환, 정관, 정낭, 전립선, 쿠퍼선이 있다.

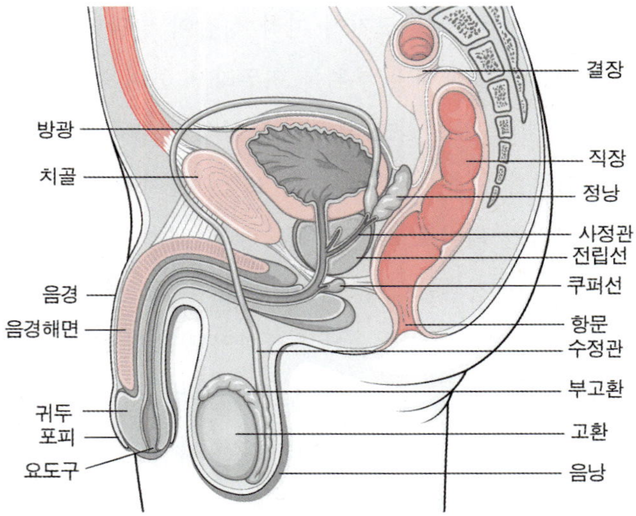


그림 3-5. 남성 생식기의 측면

### (1) 남성의 외생식기

가. 치구(Mons Pubis)

남성의 치구도 외음부 최상단에 위치하며 여성과 마찬가지로 사춘기가 되면 체모가 발달한다. 성인의 경우 체모가 길고 조밀하고 곱슬거리며 배꼽부터 항문까지 다이아몬드 모양을 하고 있다.

### 나. 음경(Penis)

음경은 곤봉 모양의 남성 생식기로 발기성 조직이다. 소변과 정액을 배출하는 기능을 하며 음경의 내부는 스펀지와 유사한 조직으로 되어 있어서 대부분 부드럽고 유연하다. 음경의 표피 안에는 세 개의 실린더처럼 생긴 조직체가 있는데 이곳에 피가 충혈되어 발기 상태를 유지한다. 음경의 발육은 사춘기부터 본격적으로 시작되어 15~16세에 급격하며 만 21세에 완성되고 그 이후에는 더 커지지 않는다. 음경의 크기에 대한 기록은 매우 다양하여 그 기준은 모호하고 정확히 평균을 제시하기 어렵지만 크기에 따라 성감이 발달한다는 것은 사실이 아니다.

음경 끝부분의 팽대된 부위를 귀두라고 하며 귀두 주변은 자극에 매우 민감하다. 귀두의 위를 포피라고 부르는 원형의 피부주름이 덮고 있는데, 이 포피를 제거하고 귀두를 노출시키는 수술을 포경수술이라고 부른다. 포경수술은 국가에 따라서 종교적인 의미로 시행되기도 한다. 과거 우리나라에서는 남성의 성기 위생이 여성의 자궁경부암의 원인으로 지목되기도 하여 포경수술이 권장되기도 하였다. 한때는 신생아 포경수술이 유행하기도 하였으나 무의식적 트라우마를 준다고 하여 최근에는 거의 시행되지 않는다.

남성의 경우에는 소변을 볼 때 직접 자신의 음경을 만지는 경우가 많으므로 청결을 위해 화장실 이용 전과 후에 2회 손 씻기를 권장한다.

### 다. 음낭(Scrotum)

음낭은 고환과 부고환을 싸고 있는 주름진 주머니 같은 구조다. 근육과 근막으로 된 음낭 내의 중격에 의해 각각 분리되어 있고, 각각은 하나의 고환과 부고환, 정관을 포함하고 있다. 왼쪽의 음낭이 오른쪽보다 1cm 정도 약간 낮게 매달려 있고 음낭의 조직은 총 6개의 층으로 구성되어 있다. 고환의 피부 아래에는 얇은 근육이 있는데, 이 근육의 수축과 이완을 통해 외부의 손상과 추위로부터 고환을 끌어당겨 보호한다. 외부 환경이 덥거나 체온이 높을 때는 근육이 이완되어 신체로부터 고환을 아래로 떨어뜨리게 한다. 이러한 운동성은 고환이 최적의 온도를 유지하여 정자의 생성과 활력을 유지하기 위해서이다. 조이는 바지를 입거나 더운 곳에서 장시간 앉아 있으면 정자 형성에 문제를 일으켜 불임을 초래할 수 있다.

### (2) 남성의 내생식기

#### 가. 고환(Testis)

고환은 음낭 속에 한 쌍으로 위치하며 음경 뒤에 매달려 있으며 내분비 기능과 정자 생성 기능을 한다. 고환은 튼튼한 백색의 막 내에 250개의 소엽이 있고, 한 개의 소엽에는 1~4개의 나선 모양의 정세관이 있어서 한 개의 정모세포로부터 4개의 정자를 만든다. 정자가 만들어지기 위해서는 약 74일이 소요되지만 초당 1000개의 비율로 생산되는데, 하루에 1억 개 이상씩을 전 생애에 걸쳐 생산한다. 또한 고환은 정자 생성을 위해 복강 내의 온도보다 1.8~2.2도 낮게 유지되고, 남성 호르몬인 테스토스테론을 생산하며 2차 성징을 돕는다.

고환의 크기는 길이 4cm, 너비 3cm, 지름 2.5cm로 무게는 약 10~14g 정도의 메추리알 모양이지만 개인차가 있고 크기와 성적 능력은 무관하다.

#### 나. 부고환(Epididymis)

부고환은 길이 6cm 정도로 고환 뒤에 가늘게 붙어 있으며 고환에서 생성된 정자를 성숙시켜 저장하였다가 정관으로 이동시키는 기능을 한다. 이때 정자는 형태, 화학성, 운동성, 수정능력, 투과력 등이 변화한다. 이를 위해 부고환에서는 추가로 정액을 생성하기도 한다.

#### 다. 정관(Vas Deferens)

정관은 부고환과 정낭을 잇는 가늘고 긴 관으로 30~40cm 정도의 길이를 가지고 있으며 정자를 정낭으로 운반해 주는 기능을 한다. 정관을 결찰하면 정자는 방광을 통해 외부로 배출되는데 이런 원리를 이용해 영구적 피임을 유도하기도 한다.

**라. 정낭**(Seminal Vesicle)

전관의 끝부분에 있는 주머니로 방광의 뒤에 있고 작은 손가락 모양을 하고 있다. 정낭은 정액의 50~60%를 만들고 이는 정자의 에너지원이 된다.

**마. 전립선**(Prostate)

전립선은 방광 바로 아래에 위치하는 밤알 모양의 기관인데, 정액의 30~40%가 여기에서 생성된다. 전립선에서 만들어지는 정액은 약알칼리성으로 여성의 질 속의 산성을 중화시키고 정자를 보호한다. 정액 특유의 비릿한 냄새는 이 전립선 액에서 나는 것이다.

**바. 쿠퍼선**(Cowper's Gland, Bulbourethral)

쿠퍼선은 요도구 뒤쪽에 있는 한 쌍의 완두 크기의 분비선이다. 쿠퍼액을 만들어서 분비하는데, 쿠퍼액은 남성이 사정하기 전에 먼저 분비되어 정자가 나갈 길을 만들고 산성인 여성의 질을 중화시키는 역할을 한다. 때로 콘돔을 정상적으로 사용하고도 임신이 되는 경우가 있는데 이는 쿠퍼액에 있는 미량의 정자 때문이다. 이를 예방하기 위해서는 성관계 시 반드시 처음부터 콘돔을 사용하는 것이 좋다.

### (3) 유방

남성의 유방 역시 유두와 유륜으로 구성되어 있지만 내분비선이나 생식기관으로서의 작용은 하지 않지만 성감대로서의 역할을 하기도 한다.

## 2) 남성의 생리 현상

### (1) 음경의 발기

음경의 발기는 부교감신경의 자극에 의해 음경 내의 세동맥이 확장되고 정맥혈 배출이 감소되어 결과적으로 성기에 피가 갇히게 되는 현상이다. 일반적으로 남성이 성적으로 흥분하면 발기 조직에 혈액이 충만하여 10~15초 사이에 음경이 두 배 이상으로 확장되고 단단해진다. 그러므로 음경에서 피가 빠져나가면 발기가 사라지고 이전의 상태를 유지하게 된다. 발기가 줄어드는 것은 성적인 자극이 중단되거나 사정한 이후 불응기에 접어들었을 때이다. 또한 심리적으로 불안하거나 위협을 당하면 발기가 중단되기도 한다.

정액의 외부 사정을 위해서 발기가 되면 방광으로 통하는 요도가 닫혀서 정액이 방광으로 유입되는 것을 막아준다. 그러나 가끔 요도가 닫히지 않아 정액이 외부로 배출되지 않고 방광으로 사정되는 경우도 있는데 이를 역방향 사정이라고 한다. 이런 경우 정액은 나중에 소변과 함께 배출되는데 인체에 해롭지는 않으나 불임이 된다.

사정 시 배출되는 정액은 일반적으로 1.5~5.0 ml 정도이며, 60%는 정낭에서 생산되고 40%는 전립선에서 만들어진다. 정자는 전체 정액의 1% 미만이다. 보통 사정된 정액 1 ml당 1억 5천만 개의 정자가 있다. 만약 1 ml의 정액당 1천만 개 미만의 정자가 포함되면 정자결핍증이 되며 불임의 문제를 일으킬 수 있다.

병적인 지속발기(Priapism)는 한 번 발기하면 여러 시간 지속되는 경우를 말한다. 발기가 6시간 이상 지속되면 혈액에 산소 공급이 부족해져 조직이 괴사할 수 있으므로 약물이나 수술 등의 치료가 요구된다.

### (2) 사정, 몽정, 유정

사정은 고환에서 만들어진 정자가 정낭과 전립선에서 분비된 정액과 함께 가득

축적되었다가 성적인 자극이 정점에 다다르면 외부로 배출되는 것을 말한다. 사정은 몽정처럼 자연스럽게 일어날 수 있지만 자신의 의지에 따라 조절할 수 있다. 사정은 1단계인 신체 내 배출과 2단계인 신체 외부로의 사정으로 나누기도 한다. 1단계 사정은 발기가 될 때 정자가 부고환으로부터 사정관과 요도의 전립샘 부분으로 이동하게 되는 것을 말하며 유출(emission)이라고도 한다. 2단계 사정은 사정관과 음경의 요도로부터 정액이 강하게 방출되는 것으로 그야말로 외부로의 사정(ejaculation)이다. 발기와 유출, 사정은 밀접히 연관된 연속적인 현상이다. 정액의 유출 현상은 사정 이외에도 몽정, 유정이 있다.

몽정은 잠을 자는 동안 정액으로 가득 찬 말단부가 방광의 충만 등으로 인해 압박을 받거나, 성교나 이성의 신체에 대한 꿈을 꾸거나, 음경이 이불깃이나 손에 스치는 자극에 따라 일어나는 사정 현상을 말한다. 생리적인 경우 몽정의 횟수는 보통 10일에 한 번 이하이지만 사춘기에는 일주일에 한 번 이상으로 몽정을 경험하기도 한다. 때때로 낮에 자신도 모르게 정액이 몸 밖으로 사정되는 것을 경험하기도 하는데 이를 유정이라고 한다. 유정은 뇌의 중추신경이 장애를 받아 사정 중추의 흥분을 억제하지 못해서 발생하는 현상이다. 최근 청소년들은 몽정이나 유정을 경험하지 못하는 경우가 많은데, 이는 정액이 가득 차기 전에 자위에 의해 이미 배출되기 때문이라는 보고가 있다.

### (3) 포경

포경은 귀두를 싸고 있는 음경의 피부 조직, 즉 포피가 자연적으로 탈피되지 않는 경우를 말하는 것으로 2차 성징 이후에 자연적으로 탈피된다. 음경이 발기할 때 귀두가 노출되면 가성포경이라고 하고, 음경이 발기하여도 귀두가 노출되지 않으면 진성포경이라고 한다. 진성포경의 경우, 성생활을 즐기기 위해서나 위생을 위해 포경수술을 권하기도 한다. 그러나 위생문제나 성감문제를 제외하고는 진성포경이라도 반드시 수술을 해야 하는 것은 아니다.

국내에서는 과거 개발지향적 국가문화에서 국내 여성 암 사망률 1위가 자궁암으로 남성의 위생이 여성의 건강에 큰 문제가 되자 국가적으로 포경수술을 시행한 경우가 있었다. 당시에는 유대인 다음으로 포경을 많이 한 국가로 분류되기도 할 정도로 포경수술이 당연하게 인식되어 성인이면 누구나 포경수술을 하는 것처럼 인식되었다. 또한 성인이 되어서 하는 포경의 고통을 덜기 위해서 신생아 포경이 유행하기도 하였다. 하지만 신생아 포경은 무의식적으로 신생아에게 트라우마로 작용한다는 연구결과로 인해 지금은 거의 시행되지 않고 있다. 그렇기 때문에 진성포경의 경우에도 수술을 하기 위해서는 2차 성징이 끝난 후에 시행하는 것이 바람직하다.

## 3. 간성의 몸

일반적으로 몸의 성은 남녀로 양분되어 구분되는데 이는 단순히 사회적인 시선에서의 구분일 뿐이다. 실제로 몸이란 각자의 생김새가 다르듯이 자연스러운 유전적 조합의 결과물이기 때문에 그 범위가 다양하며 명확하게 남녀로 구분하기 어려운 경우가 많다.

간성의 몸의 경우에는 외생식기에 음핵을 가지면서 내생식기에는 고환을 가지고 있거나, 외생식기에 음경을 가지면서 내생식기에 난소를 가지기도 한다. 때로 외생식기 자체가 간성이거나, 내생식기에 난소와 고환을 모두 가지게 되기도 하고 양쪽이 다 없을 수도 있다. 이렇게 인체는 다양한 방식으로 발현되기 때문에 명확하게 남녀를 둘로 구분하는 것은 쉽지 않을 뿐만 아니라, 남녀로 양분하는 경우에도 2차 성징이 지난 후에야 성적 정체성이 확정 발현되기 때문에 출생 직후 외생식기만을 보고 남녀로 구분하는 것은 과학적으로도 바람직하지 않다. 하지만 사회적으로는 출생 직후에 보이는 1차 성징의 유전적 결과물만을 가지고 성별을 확정하기 때문에 많은 사람들이 성적 정체감 장애를 겪는 원인이 되기도 한다.

대부분의 경우 어린이들은 남녀의 차이를 크게 경험하지 못하면서 성장하다가, 사춘기가 지나면서 자신의 정체성에 대한 고민의 시기를 거치게 되고, 성별에 대한 수용도 이 시기를 통해 확정되는 경우가 많다. 간성의 경우에도 2차 성징에서 자신의 성별 정체성이 발현되기도 하는데, 이는 주어진 확정성별과 다를 수도 있다. 간성이 아닌 경우에도 스스로 자신의 심리적인 성별을 확정성별과 다르게 인지하기도 한다. 이렇게 신체적으로 간성이거나, 심리적으로 자신의 성 정체성을 실제의 몸과 다르게 받아들이는 경우에도 간성으로 인지할 수 있다.

간성의 몸은 생물학적으로 매우 흔하고 일반적이기 때문에 점점 많은 국가에서 간성을 인정하고 있으며, 호주나 뉴질랜드, 독일과 같은 국가에서는 제3의 성으로 인정하고 있기도 하다. 또한 최근에는 많은 선진국가에서 사춘기가 되어 스스로 성별을 결정할 때까지 성별을 확정하지 않음으로써 자신의 성 정체성을 스스로 결정할 권리를 부여하기도 한다.

**자신의 성기를 자세히 본 일이 있나요?**

우리는 쉽게 성에 대해 이야기하면서도 자신의 성기를 제대로 살펴보는 사람은 흔하지 않다. 우리가 매일 거울을 보면서 자신의 외모를 가꾸고 돌보듯이 성기도 제대로 살펴보고 관리해야 할 필요성이 있다.

남성의 경우에는 외부에 노출이 되어있기 때문에 스스로 잘 알고 있다고 생각하는 경우가 많다. 하지만 정확하게 바라보고 깨끗하게 관리하는 것에는 부족함이 많다. 예컨대 남성은 자위를 하거나 소변을 볼 경우 반드시 사전에 손을 청결하게 하고 손톱을 깨끗하게 관리하는 것이 좋지만, 이에 대한 인식은 매우 부족하다.

반대로 여성의 경우에는 보기 불편한 위치에 있기 때문에 살펴본다는 것 자체를 부끄럽게 생각하게 된다. 하지만 거울을 이용해서 자신의 성기를 자세히 살펴볼 필요가 있는데 이는 자신을 사랑하는 첫 걸음이다. 또한 생리대 사용 시에 청결을 유지하거나, 성관계 전후에도 청결하게 잘 관리함으로써 외부 감염에 취약할 수 있는 자신의 성기를 잘 관리하는 것이 현재나 미래의 건강에 매우 중요하다.

그러므로 모든 사람에게 있어서 자신의 성기를 자세히 알고 있다는 것은 매우 중요한 일이다. 자신의 성기에 대한 생각이 자신에 대한 생각의 일부를 차지하기 때문에 성기도 자아개념의 일부가 된다. 성기나 유방을 수술하는 것도 성기가 자신에 대한 자아개념의 일부라는 것을 잘 보여주는 예라고 할 수 있다. 그러므로 자신의 성기를 잘 아는 것은 성기의 변화에 민감하게 반응하여 성기를 건강하게 관리하겠다는 뜻이며 동시에 자신을 잘 관리하겠다는 뜻이기도 하다. 자신의 성기를 잘 관리한다는 것은 자신의 얼굴을 잘 관리하는 것과 같다.

그러므로 자신의 성기를 잘 알고 관리하는 것은 자신의 성을 다른 사람의 대상물화하여 타인에게 맞추지 않고 자신의 성 정체감을 주체적으로 가지는 것이며, 있는 그대로의 스스로를 사랑하고 자신의 성에 대한 결정권을 갖는 첫걸음이라고 할 수 있다.

## 생각을 나누어 봅시다

**3-1** 누구를 위해 섹스하는가?

**3-2** 즐거운 섹스와 어두운 섹스에 대해 이야기해 보자.

**3-3** 우리는 가끔 "네가 나를 흥분시켰다"라고 말한다. 이때 흥분한 것은 누구의 책임인가?

## 4. 성적 흥분과 반응

성욕(性慾)이란 사전적 정의에 따르면 성적 행위에 대한 욕망이나 이성과 접촉하기를 바라는 욕망이다. 생물학적 정의로는 '생식에 대한 충동'으로 규정하고 인간이 가진 성적 추진력, 즉 본능이라기보다는 의식적인 욕구로 해석한다. 또한 프로이트는 성욕을 '쾌감을 추구하는 정신 상태'로 풀이했다. 성욕은 외부에서 오는 성적인 자극이 결합된 욕망의 집합체라고 할 수 있다. 인간에게 일어나는 성충동의 과정은 외부 자극, 신경계를 통한 흥분의 전달, 중추신경계로의 전달과정을 거쳐 호르몬의 분비로 인한 반응과 억제를 통해 성 반응과 그에 따른 행동으로 진행된다.

뇌는 인간의 호르몬을 조절하여 성관계를 맺고 싶은 욕구를 불러일으킨다. 성욕은 뇌의 시상하부에서 일어나 다시 척수로 전달되는 과정을 거쳐 직접적인 성행동으로 이어진다. 대뇌 신피질은 과거의 경험이나 외부 자극을 활용하여 기억을 불러일으키고 상상력을 발휘해 성욕을 느끼게 한다. 사랑하고 싶다, 섹스하고 싶다는 욕구는 전두엽의 대뇌피질에 있는 뇌세포의 작용이라고 할 수 있다. 그러므로 대뇌피질에 따라 행동하는 성충동은 사람이 나이가 들어서 죽을 때까지 성욕이 사라지지 않는 이유가 된다. 폐경기를 맞이한 여성도 성욕을 느끼며 고환을 제거한 남성도 성을 누릴 수 있다.

섹스를 하기 전에 남성과 여성의 생리적 차이는 매우 뚜렷하다. 정상적인 남성은 고환에서 매일 약 1억 개 이상의 정자를 만들어 내는데, 이를 배출하고자 하는 성적 욕구는 매우 자연스런 것이다. 젊은 남자일수록 정자 생산량은 활발하며 그에 비례해서 성충동도 강하다.

그러나 여성은 남성과 다르다. 남성은 사정하면서 쾌감을 느끼지만 여성은 배란하면서 쾌감을 느끼지는 않는다. 결국 여성의 성욕은 배란과 아무런 관련이 없으며, 배란 시 호르몬의 변화로 약간의 자극을 받기는 하지만 미세한 수준이다.

오히려 여성은 파트너와의 정신적 일체감에서 성욕을 느끼게 되고 애무나 성적 행위로 피부나 점막에 자극을 받으면 성을 즐기려는 뇌가 이완되어 편안한 상태에서 성적 활동을 하게 된다. 남성은 사정이라는 오르가슴과 쾌락의 한 순간을 위해 모든 방법을 동원하는 반면, 여성은 성 행위를 통한 만족감이 남성보다 덜 중요하다.

공격성과 지배욕을 조절하는 테스토스테론은 남녀 모두가 성욕을 느끼게 하도록 하는 핵심적인 역할을 맡은 성 호르몬이다. 남성들은 태내기부터 뇌가 테스토스테론에 반응하도록 조직되어 있어서 그 영향을 더 많이 받는다. 또한 여성도 월경에서 테스토스테론의 양이 가장 많을 때 성욕이 절정에 달한다.

## 1) 자위

자신의 외부 생식기관을 스스로 자극하여 성적인 쾌감을 얻는 행위를 자위라고 하는데 혼자서 하는 섹스라고 할 수 있다. 자위는 성행위라는 측면에서 보면 매우 부끄럽게 느껴지기 때문에 드러내 놓고 말하기 어렵다. 하지만 대부분은 사춘기 전후 또는 그 이전에 자위를 경험하는 경우가 많다. 자위는 스스로를 사랑하고 즐겁게 한다는 점에서 매우 자연스러운 것이며, 심리적인 긴장이나 스트레스를 완화시켜 주고 근육을 이완되게 하여 숙면을 취하게 하기도 한다.

어린아이의 경우에도 긴장감이 높고 불안이 많은 등의 심리적인 이유로 성적인 의미가 전혀 없는 자위행동을 자주 보이기도 한다. 그렇기 때문에 어린 시절부터 자위행위를 했다고 할지라도 지나치게 죄책감을 느끼거나 두려워할 필요는 없다. 하지만 사춘기 이후의 의도적인 자극에 의한 지나친 자위는 신체적인 문제뿐만 아니라 심리적 문제도 크게 작용한다고 볼 수 있기 때문에 병원 방문이나 상담을 요하는 경우도 있다.

자위의 방법도 성 반응과 마찬가지로 자신만의 즐거움을 얻는 방법이 각각 다르다. 그러므로 자위를 통해 자신의 성 반응을 알아볼 수 있고, 자신만의 성 취향을 경험하는 방법이 된다는 점에서는 긍정적인 면이 있다. 주의해야 할 점은 감염의 위험이 있으니 항상 청결에 신경을 써야 하며 반드시 손을 씻고 자신의 성기를 만져야만 한다는 것이다.

또한 자신의 자위행동을 노출하거나, 공공장소에서 하는 것은 성추행이 되므로 유의해야 하고, 자위 후의 뒤처리를 깔끔하게 하여 흔적을 남기거나 불쾌감을 주지 않도록 해야 한다.

## 2) 성 반응 주기

성적 자극이나 만족감을 경험하는 동안에 일어나는 심리적·생리적 변화의 단계를 성 반응 주기라고 한다. 성 반응 주기는 성을 연구한 학자들에 따라 여러 단계로 구분된다. 팽창과 복귀의 두 단계로 나누기도 하고, 특히 카플란은 성적인 욕구 단계, 흥분 단계, 오르가슴 단계의 3단계로 나누기도 하였다. 그러나 카플란의 3단계에는 욕구 단계가 포함되어 있어서 성 반응 주기에 욕구가 필수적인가 하는 의문이 제기되기도 하였다.

1970년대에 약 1만여 명의 성적인 반응 사이클을 직접 관찰하여 연구한 마스터스와 존스는 인간의 성 반응을 흥분기, 절정기, 오르가슴기, 회복기의 4단계로 제시하였다. 이들은 성 반응에서 남녀의 차이보다는 유사성을 더 강조했는데, 남녀 모두 생식기에서 나타난 혈관의 울혈과 근육의 긴장이 신체 변화의 대부분이라는 것이었다. 남녀가 보이는 성 반응에서의 차이점은 단 두 가지로 요약되었는데 남성의 경우에만 사정을 한다는 것이고, 남성은 한 번의 오르가슴 후 불응기가 있지만 여성의 경우에는 짧은 시간 내에 여러 번의 오르가슴을 연속적으로 경험할 수 있다는 것이었다. 그러나 여성은 개인에 따라 오르가슴의 경험치가 달랐다. 그러나 마스터스와 존스는 카플란과는 반대로 성욕과 성적 흥분의 과정을 무시했다는 점을 비판받기도 하였다.

결과적으로 성 반응 주기란 성욕이 생기는 단계와 흥분의 단계, 그리고 오르가슴에서 성적 긴장이 방출되는 단계와 누그러지면서 복원되는 단계로 이동하게 된다. 이때의 신체 반응은 남녀 모두 흥분, 고조, 극치의 과정을 거치게 된다. 국제 표준인 정신장애진단편람에서 언급한 성기능 장애의 구분은 마스터스와 존스의 4단계와 카플란의 3단계 모델에 근거하고 있다.

## 3) 성 자극과 반응

성적 자극에 반응을 일으키는 감각에는 일반적인 촉각, 시각, 청각, 후각, 미각이 모두 작용하고 있으며, 모든 자극이 성적인 흥분을 일으킨다. 남녀가 성적인 자극을 받아 반응을 일으키는 인체의 성감대는 거의 유사한 부분이 많다. 그러나 남성은 시각과 후각을 중요시하는 경향이 있고 여성을 후각을 중요시한다.

그러나 가장 중요한 성적 자극의 첫째는 촉각이라고 할 수 있다. 촉각에 반응하는 부위는 1차 성감대와 2차 성감대로 구분할 수 있다. 1차적인 성감대는 눈과 입술, 혀, 입안, 귓볼, 목덜미, 가슴과 유두, 겨드랑이, 배꼽 주위, 성기와 엉덩이, 항문 주위, 회음부, 허벅지 안쪽 등이 있고, 2차적인 성감대는 거의 몸 전체라고 할 수 있다. 손이나 허리 등 어떤 부위든 부드럽게 만져주면 성적으로 흥분되고 기분이 좋다. 여성은 부드러운 키스나 스킨십을 좋아하므로 남성은 여성을 성감대에서 먼 부위부터 서서히 부드럽게 자극해 주는 것이 좋다. 그리고 어떤 부위가 더 자극을 받고 더 좋은가 하는 것은 개인차가 크므로 파트너와 충분히 의견을 교환하는 것이 좋다.

시각은 성적인 흥분에 가장 중요한 역할을 하는데, 남성들은 특히 시각적으로 흥분하기 때문에 포르노그라피나 각종 에로물 등이 상업화되기도 한다. 여성을 위한 포르노그라피나 에로물이 거의 없다는 것은 여성이 남성보다 시각적 자극을 덜 받기 때문이라고 생각할 수 있다. 하지만 연구결과에 의하면 여성 역시 에로물을 보고 성적으로 흥분하는 것으로 나타났고, 단지 사회적으로 부정적으로 보일 것에 대한 두려움 때문에 과소보고하는 경향으로 왜곡되었을 가능성이 제시되었다.

후각에 있어서는 여성은 남성보다 더 민감하다. 특히 성적으로 부정적인 영향을 주는 요인으로 여성은 남성의 몸에서 나는 냄새라고 답변하였고, 남성은 여성의 나쁜 냄새에 중립적이었다. 그러나 남녀 모두 좋은 냄새에는 성적으로 더 흥분하는 것으로 나타났다. 후각과는 반대로 청각은 남성이 여성보다 더 민감하여 성행위 도중 여성이 내는 신음 소리는 남성에게 큰 성적 자극이 되며, 데이트를 하는 중에 감미로운 음악이나 부드러운 남성의 목소리는 여성에게 성적인 자극이 된다.

남녀 모두에게 성기의 발기기관, 즉 남성의 음경과 음경 귀두, 여성의 음핵은 강한 성감대이다. 남성의 음경 성감에 대해서는 누구에게나 인정되고 알려져 있지만, 여성의 음핵에 대한 성감은 낮게 치부하거나 무시하는 경향이 있다. 하지만 이는 올바른 이해하고 할 수 없다. 음경이 자극되는 삽입에 의한 성적 만족감은 남성에게 중요한 요소라고 할 수 있지만, 질에는 신경이 분포하지 않기 때문에 여성의 경우에는 삽입만으로는 성적 흥분을 얻지 못한다. 그러므로 남성 음경의 길이와 크기에 대한 대중적인 오해와 선망은 삽입만을 중요하게 생각하는 남성 중심적인 성적 환상의 결과물일 뿐, 여성에게는 아무런 의미가 없다.

오히려 만족스러운 성관계를 위해서는 여성의 음핵을 자극하는 전희가 무엇보다 중요하며, 때로 여성의 질 안쪽의 G-spot을 자극하는 것이 도움이 되기도 한다. G-spot은 독일의 산부인과 의사 그라펜버그(E. Grafenberg, 1950)가 처음으로 체계화하여 보고하였고, 그 이름을 따서 G-spot이라고 하였다. G-spot은 여성의 질 입구에서 치구 쪽으로 두 개의 손가락을 사용하여 한 마디만큼 삽입한 위치에 있는데, 정확한 부위를 부드럽게 자극하면 성적으로 흥분되고 쾌감이 상승하게 된다고 보고되고 있다. 그 외에도 AFZ Zone(The Anterior Fornix Erogenous Zone)의 성감을 주장하기도 하는데 이 부위는 질 상단부와 자궁경부가 만나는 전방 부위를 말하는 것이며 성감은 사람에 따라 다르다. 결과적으로 다양한 성적 자극과 반응이 있지만, 성적인 취향에 있어서는 개인차가 매우 크기 때문에 서로 대화를 나눔으로써 배려하고 관심을 가져줄 필요가 있다.

## 4) 성 문제와 사회 현상

성적 자극과 만족에만 초점을 두는 잘못된 성 편견은 다양한 사회적 문제를 야기한다. 특히 삽입 중심의 성적 만족에만 중점을 두는 남성적 성 편견은 남성이 스스로 자신의 성기를 확대하는 수술을 하거나 때로 쇠구슬과 같은 이물질을 삽입하여 오히려 부작용을 낳는 결과를 초래하기도 한다. 많은 영화와 드라마에서 남성의 큰 성기가 여성에게 큰 만족을 주는 것처럼 표현되고 마치 정설인 것처럼 수용되기도 한다. 또한 성 지속시간을 늘리기 위해 약물을 복용하여 심장질환의 부작용을 무릅쓰기도 한다. 그러나 그것은 마치 유방이 큰 여자가 남자에게 더 만족감을 준다는 생각처럼 개인차일 뿐이다. 여성의 경우도 큰 유방이 성적이라는 생각 또한 정설처럼 받아들여지고 인정되면서 많은 여성이 자신의 가슴에 인공보형물을 넣기도 하고 이로 인한 부작용으로 고통받기도 한다.

특히 삽입 중심의 성적 만족은 여성의 몸에 처녀성이라는 순결주의를 강요하게 하여 남성이 여성의 처녀막에 집착하게 만들었다. 그래서 생물학적으로 다양한 처녀막의 형태나 유무에 관계없이 사회적으로 순결함을 보이기 위해 처녀막 성형수술까지 유행하는 어처구니없는 상황까지도 초래되었다. 또한 나이 든 여성들은 분만으로 인해 확대된 질을 축소하는 일명 예쁜이 수술이 유행하여, 외생식기 변형의 문제나 위험을 무릅쓰고 수술대에 오르기도 하였다. 질은 음경과 마찬가지로 자연스럽게 축소되고 확대되는 기관이므로 크기와 길이가 전혀 문제되지 않는 경우가 많지만, 생물학적인 무지는 관계의 위축을 초래하게 한다.

성적 만족에만 집착하는 성 문화의 결과 따뜻하고 위로가 되는 사람과 사람 사이의 관계는 사라지고, 몸만 남아 성적 대상물로 전락하게 되었다. 특히 최근 사회적으로 불법 촬영물의 공유가 문제가 되는 것도 이런 성적 만족에만 집착하는 문화와 무관해 보이지 않는다. 몸은 개인적 특성에 맞추어 서로 조율해 나가는 것이라는 성 인식의 전환이 절실하다.

### 생각을 나누어 봅시다

**3-4** 사랑 없는 섹스를 어떻게 생각하는가?

**3-5** 섹스 없는 사랑을 어떻게 생각하는가?

**3-6** 나와 파트너가 성적 욕구가 서로 다를 때의 해법은 무엇인가?

# 참고문헌


강해묵 외(2012). **생명 생물의 과학 9판**. [원저는 D. Sadava., D. Hillis., C. Heller., & M. Berenbaum(2012). *LIFF: The Science of Biology, Ninth Edition*]. 라이프사이언스.

대한산부인과학회(2010). **산과학 제4판**. 군자출판사.

류승아, 서혜희, 정진복(2015). **생애주기에 따른 성과 심리**. 학지사.

안창식(2011). **인체해부학 제2판**. [원저는 K. Van De Graaff(2007). *Human Anatomy, 6th Edition*]. 정문각.

여성건강교육과정연구회 편(2016). **여성건강간호학Ⅰ**. 수문사.

여성건강교육과정연구회 편(2016). **여성건강간호학Ⅱ**. 수문사.

윤가현, 양동욱(2016). **성문화와 심리**. 학지사.

채규만(2018). **성행동 심리학**. 학지사.

Chapter 04

# 몸의 권리

임신과 출산

피임

유산

성 전파성 질환

# 몸의 권리

Chapter 04

# 몸의 권리

우리는 내 몸의 주인으로서 나의 권리를 인식하지 못하고 살아가는 경우가 많다. 그러나 몸에 대한 사소한 결정은 아무리 작은 것이라도 때로 인생을 좌우할 만큼 중요한 영향을 미치기도 한다. 본 장에서는 자신의 몸에 대한 정당한 권리를 행사하기 위해서 임신과 출산, 유산과 피임, 성병에 대한 지식을 다루고자 한다.

## 1. 임신과 출산

임신과 출산, 유산 등은 대부분의 여성이 경험하게 되는 지극히 평범한 일이다. 또한 여성이 전체 인류의 절반을 차지하므로 임신과 관련한 문제는 매우 흔하다. 병원 진료과목 중에서 산과는 임신이라는 단일 진단으로 하나의 과를 형성하는 유일한 진료과목이며, 이런 점에서 임신은 지극히 평범하지만 가장 위험할 수도 있다는 의미를 동시에 내포한다. 임신은 정상적인 과정을 거치면 새로운 생명을 탄생시키는 경이로운 일이기도 하지만, 때로 산모와 태아의 생명을 모두 위협하는 상황으로 나아가는 경우도 종종 있다. 그러므로 임신에 대한 정확한 정보와 건강관리는 산모와 태아의 생명을 지킨다는 점에서 매우 중요하다.

### 1) 수정의 과정

정자와 난자가 수정되어 한 개의 수정란을 만들고 이것이 자궁에 착상하는 것을 임신이라고 한다. 정자가 방출되어 자궁경부와 자궁을 거쳐 난관으로 이동했을 때, 난소에서 나온 난자가 있다면 나팔관의 팽대부에서 만나 수정된다. 임신은 난자가 배출될 때를 맞추어 정자가 나팔관에 도달해야 하는 시기적 적절성이 있어야 하므로 결코 쉽게 이루어지는 것이 아니다. 난자의 생존기간은 12~24시간이며, 정자의 생존기간은 24~72시간임을 고려하더라도 생존시간과 배출시기를 맞추어야만 임신이 가능함을 알 수 있다.

사정 당시 정자 수는 1~2억 개에 달하지만 4천여 개 정도의 정자만이 난자에 도달하게 되며 이 중 하나가 난자와 결합하게 된다. 다수의 정자 중에서 일찍 난자에 접근한 정자들은 난자 주변의 콜로이드 피막을 뚫고 들어가려고 노력하게 되는데, 이 과정에서 뚫는 역할만을 담당하고 사멸하게 되는 정자도 있다. 그러므로 가장 먼저 난자에 도달한 정자가 아니라, 가장 먼저 막을 뚫고 난자 속으로 들어간 정자가 수정란이 된다. 치열한 경쟁에 의해 단 하나의 정자가 수정된다는 주장은 수정의 과정을 경쟁으로만 보려는 시각이므로 올바르게 표현했다고 할 수 없다. 오히려 수많은 정자들의 공동 노력과 희생에 의해 하나의 정자가 수정된다고 볼 수 있다. 그러므로 경쟁의 과정이라기보다는 협동의 과정에 의해 소중한 내 생명이 탄생하였다는 것이 정확한 표현이다.

하나의 정자가 난자 속으로 들어가면 난자의 입구는 바로 닫혀 다른 정자의 침입을 막고 수정란이 되어 세포분열을 시작하게 된다. 수정란이 되어도 때로 비정상적이거나 유전적 결함이 있는 경우에는 자연적으로 탈락하는 자연 유산의 과정을 거쳐 걸러지게 된다. 이런 배포기의 자연 유산은 인체에서 감지되지 않기 때문에 대부분 모르고 지나가게 된다. 정상적으로 결합한 수정란은 세포분열을 계속하면서 포배아가 되어 나팔관을 이동하여 자궁으로 내려와 자궁내막에 착상하게 되는데, 이때 걸리는 시간은 7일 정도이다. 포배아가 자궁벽에 착상되면 포배를 덮고 있는 한 층의 세포에서 지속적으로 융모자극호르몬(HCG: Human Chorionic Gonadotropin)이 분비되어 자궁근의 수축을 통제하고 자궁내막이 떨어져 나가는 것을 막아 안전하게 임신이 유지되는 역할을 한다. 또한 융모자극호르몬이 소변을 통해 배출되는 점을 이용하여 초기에 임신을 진단할 수 있다.

대부분의 여성은 양쪽 난소에서 번갈아가며 단 하나의 난자만을 생성하므로, 대부분의 경우 한 명의 태아를 임신하게 된다. 그러나 동시에 두 개의 난자가 방출되는 경우도 있어서 이란성 쌍태아를 임신하기도 한다. 쌍둥이는 일란성 쌍둥이와 이란성 쌍둥이로 구분할 수 있는데, 하나의 수정란이 세포분열 과정에서의 충격이나 영향으로 두 개로 나뉘어져 각각 태아로 성장할 경우, 성별과 외모, 유전 형질이 동일한 일란성 쌍둥이가 된다. 즉 하나의 난자, 일란에 의해 분할된 쌍둥이라는 명칭 그대로의 의미로 일란성 쌍둥이로 부른다. 이란성 쌍둥이의 경우에는 이란, 즉 난소에서 두 개의 난자가 방출되어 각각 다른 정자와 결합하여 처음부터 전혀 다른 두 개의 수정란이 된다. 전혀 다른 수정란은 개별적인 유전 형질을 가지게 되기 때문에 성별이나 외모가 전혀 다른 쌍둥이로 태어나게 된다. 최근에는 불임 시술로 수정란을 자궁에 인공적으로 착상시키는 방법을 사용하기 때문에 인공적인 이란성 쌍둥이가 태어나는 경우가 많지만 자연적으로는 흔하지 않다.

## 2) 임신의 진단

임신 증상으로는 무월경과 피로감, 유방 변화, 헛구역질, 빈뇨, 피부와 질 점막의 변화 등이 있다. 그중에서도 임신을 가장 먼저 의심하게 되는 증후는 생리 중단이다. 임신이 되어 수정란이 착상하게 되면 자궁내막은 더 이상 탈락하지 않고 배아를 안전하게 보호하는 역할을 하게 된다. 따라서 매월 진행되던 월경이 사라지는 것이 임신의 첫 증후가 된다. 건강한 여성의 경우에는 성관계 후 월경일이 일주일 이상 늦어지면 임신 여부를 확인할 필요가 있다. 그러나 지나친 비만이나 저체중, 지속적인 스트레스, 호르몬제 복용 등으로 인해 월경이 지연되는 경우도 있으므로 정확한 진단과 검사가 요구된다.

임신은 소변 검사, 초음파 검사 등을 통해 확인할 수 있다. 임신이 되면 소변에서 융모자극호르몬(HCG)이 검출되므로 병원을 방문하거나, 시중에 판매하는 다양한 임신 테스트기를 이용해서도 간편하게 소변 검사를 실시할 수 있다. 임신 테스트기는 하루 중 언제든 사용할 수 있으나, 이른 아침 첫 소변을 이용하면 농축된 소변을 통해 더 정확한 결과를 얻을 수 있다. 대체로 성관계 후 2주가 지나서 시행하면 결과를 알 수 있고, 최근에는 그 정확도도 높다. 그러나 가끔 자궁 외 임신이나 포상기태 같은 암이 발생한 경우에도 임신 양성 반응이 나올 수 있고, 정상 임신인 경우에도 위양성이나 위음성이 나올 수 있으므로 임신을 확진하기 위해서는 추가적인 다른 검사를 통해 태아를 확인할 필요가 있다.

임신 5~6주경부터 초음파 검사를 통해서 자궁 안의 태낭과 태아를 볼 수 있으며, 이렇게 실재하는 태아를 확인한 경우에만 임신이라고 확진하게 된다. 초음파 검사는 태아의 건강 상태와 태아의 수를 정확하게 확인할 수 있을 뿐만 아니라 태아가 성장함에 따라서 입체 초음파 등을 통해서 직접적으로 외형을 확인할 수도 있다. 또한 태아의 머리둘레나 다리 길이를 측정함으로써 태아의 주수를 측정해 볼 수도 있는데, 이는 월경이 불규칙한 산모가 분만 예정일을 예측하기 어려울 때 예상 가능한 출산일을 가늠하는 데 도움이 된다.

임신의 주수는 마지막 월경일로부터 산정하기 때문에, 배란일에 수정되어 착상된 지 실제로는 겨우 2주가 경과하였다고 할지라도 산모가 1주일간 월경이 없는 것을 확인하고 병원을 방문할 경우 임신 5주가 된다. 따라서 병원에서 진단을 받게 되는 경우 대부분 초음파를 통해 태아를 확인할 수 있다.

임신 기간은 마지막 월경 시작일을 기준으로 계산하여 출산에 이르기까지 평균 280일이 되고, 주수로는 38~40주 사이에 분만하게 된다. 분만 예정일을 계산하는 방법은 최종월경일에서 월에 9를 더하거나 3을 빼면 되고 일에서 7을 더하면 된다. 예를 들어 마지막 월경일이 11월 28일이라면 11에서 9를 더하거나 3을 빼서 8월이 되고, 28일에서 7을 더해서 35일이 되므로 분만 예정일은 9월 4일이 된다.

## 3) 산전 관리

임신은 개월 수에 따라 1기, 2기, 3기로 구분되며, 임신 초기, 중기, 후기로 부르기도 한다. 임신의 제1기는 임신 3개월까지의 임신 초기 기간을 말하고, 임신 중기인 제2기는 4개월에서 7개월까지의 안정기를 말하며, 후기인 제3기는 7개월 이후부터 출산까지의 기간을 말한다. 임신이 되면 병원에서 주기적으로 산전 진찰을 받게 되는데, 임신 7개월까지는 월 1회, 8~9개월에는 2주에 1회, 마지막 달에는 매주 산전 진찰을 받아야 한다. 이러한 산전 관리는 임신 중 발생 가능한 합병증을 최소화하고, 임산부의 사망률을 저하시키며, 조산이나 사산을 예방하여 신생아 사망률을 낮추거나 미숙아 관리에 매우 중요한 역할을 한다.

### (1) 임신 제1기

임신 제1기는 임신 3개월까지의 초기 기간을 말한다. 이때 산모는 신체 내의 임신 호르몬 증가로 인해 속이 메슥거리거나 피로감이 증가하는 등 신체의 변화가 생겨서 정신적·육체적으로 힘든 상태가 된다. 오심과 구토가 생기는 입덧은 대체로 임신 4~8주부터 15~16주까지 나타나는 임신 적응과정으로 증세와 지속기간에는 개인차가 크다. 입덧이 생기는 이유는 호르몬의 영향으로 보고 있으며 대부분의 산모는 임신 4개월이 되면 입덧이 완화된다. 그러나 때로 심한 입덧으로 병원에 입원하여 안정을 취하거나 수액을 투여 받는 등의 수분 공급 치료가 필요할 수도 있다.

임신 초기의 피로감은 자극에 예민한 태아를 보호하기 위하여 신체가 나타내는 반응이다. 임신 초기는 태아 역시 주변 환경에 가장 예민한 시기이기도 하다. 그러므로 임신 초기에 산모는 알코올 섭취나 흡연, X-ray 등의 방사선에 노출되지 않도록 주의해야 하며 다양한 약물이 태반을 통해 바로 태아에게 전달되는 시기이므로 약물 섭취에도 주의해야 한다. 특히 임신 초기에는 임신을 인지하지 못한 산모가 감기약을 복용하거나 X-ray를 촬영하는 일이 흔하다. 그러므로 임신을 준비 중인 경우에는 매월 월경일을 확인하며 주의를 기울일 필요가 있다.

### (2) 임신 제2기

임신 제2기는 4개월에서 7개월 사이의 임신 중기를 말한다. 이때는 임신이 어느 정도 안정기에 들어서서 입덧이 나아지고 피로감도 완화되어 편안한 시기이다. 신체적으로는 태아가 자라 임신된 배가 외부적으로 드러나게 되고, 심리적으로 임신에 대한 만족감과 태동을 느끼기도 하면서 정서적으로 안정되어 산모는 임신 중에서 가장 편안한 시기를 맞게 된다. 그러나 태아가 성장하면서 자궁이 방광을 압박하여 소변을 자주 보게 되고, 요통이 생길 수도 있다. 그러므로 무거운 물건을 들거나, 높은 곳에 오르거나, 장시간 오래 서 있는 것은 요추와 다리에 무리를 주어 좋지 않다. 계속 서 있는 것은 다리에 부종이 유발될 수 있으므로 틈틈이 누워서 휴식을 취해야 한다.

또한 이 시기에는 태아와 산모의 건강을 유지하기 위해서 평소보다 20% 정도의 칼로리를 더 필요로 하므로 질적·양적으로 균형 잡힌 음식을 먹어야 한다. 특히 태아의 성장과 발육에 필요한 단백질과 칼슘, 철분, 비타민, 무기질 등 충분한 영양을 섭취할 필요가 있다. 많은 임산부가 이 시기에 빈혈을 예방하기 위하여 철분 보충제를 복용하게 된다. 임신중독증의 가능성이 있는 경우에는 식염 섭취에 유의해야 하며 알코올성 음료나 커피 등 자극이 강한 음식도 피하는 것이 좋다. 최근에는 임산부도 출산 이후의 몸매 관리에 신경을 쓰기 때문에 임신 중에도 체중 관리를 하는 경우가 많은데, 임신 초기와 중기에 영양 섭취가 기준량보다 부족하면 조산 가능성이 높으므로 유의해야 한다.

산모가 임신 전부터 해왔던 가벼운 운동은 산모와 태아의 건강에 도움이 될 뿐만 아니라, 분만을 돕는 산전 운동을 꾸준히 하면 분만 시에 사용될 근육을 강화시키게 된다. 하지만 복부에 무리가 되는 운동은 피하는 것이 좋다. 임신 초기와 후기의 성관계는 유산이나 조산의 위험을 높이기 때문에 유의해야 하지만, 임신 중기에는 임신이 안정되고 양수가 태아의 완충 작용을 하게 되므로 괜찮다. 성교의 자세는 임신이 진행됨에 따라 측위나 후위 등의 자세를 취하는 것이 안전하고 자연스럽다. 또한 태아가 성장함에 따라 산모는 신체에 맞는 옷과 신발을 착용하여 의복으로 인한 배의 압박감을 감소시키고 발을 편안하게 하여 피로를 덜 느끼도록 하는 것이 좋다.

### (3) 임신 제3기

임신 제3기는 임신 후기로 출산에 가까워지는 시기이다. 이때 산모는 다시 출산과 관련하여 심리적 불안감을 느끼게 되며, 신체적으로는 태아가 급격히 성장하여 몸이 더욱 무겁고 힘들어지는 시기이다. 출산에 대한 두려움을 극복하기 위해서 출산과 관련한 교육을 미리 받는 것도 좋다. 특히 분만 시에 적용할 수 있는 호흡법을 부부가 함께 배우거나 마사지 법을 배우는 것도 안정된 출산을 위해 큰 도움이 될 수 있다.

임신 제3기에는 태아가 출산을 위해 자궁 내로 하강하게 되면서 방광과 허리, 위를 압박하게 되므로 산모는 중기보다 더 자주 소변을 보게 되고, 허리의 압박감도 심해지며 소화불량을 느끼거나 불면증을 겪기도 한다. 때로 손발이 심하게 붓거나 종아리가 붓고 발에 경련이 생기기도 하는데, 이때는 가능하면 염분이 적은 음식을 섭취하거나 수분 함량을 조절할 필요가 있다. 또한 체중 증가를 지켜보며 태아가 지나치게 자라거나 체중이 과도하게 증가하지 않도록 유의할 필요가 있다. 최종적으로 산모는 10~15kg의 체중 증가가 일반적인데 이보다 적은 7kg 이하의 체중은 조산의 위험을 높이게 되고 15kg 이상의 많은 체중 증가는 임신중독과 같은 위험을 알리는 신호일 수도 있다.

임신 초기와 분만이 임박한 9~10개월에는 장거리 여행을 금하는 것이 좋은데, 임신 초기에는 유산 위험이 있으므로 비행기를 이용하지 않는 것이 좋고, 임신 후기에도 심한 진동이 있는 차량보다는 기차를 이용하는 것이 좋다.

### 4) 출산

출산은 자궁의 수축부터 시작하여 태아와 그 부속물이 모두 배출되는 기간까지를 말한다. 분만의 시기 역시 1기, 2기 3기로 나누며, 분만 제1기는 자궁 수축이 시작되어 자궁경부가 완전히 열릴 때까지의 진통 시기를 말한다. 분만 제2기는 자궁경부가 완전히 열려서 태아가 모체로부터 나올 때까지를 말하며, 분만 제3기는 태아의 출산 직후에 태반과 양막, 탯줄 등이 모두 배출되는 시기를 말한다.

산모는 일반적으로 초산모와 경산모로 구분하게 되는데, 처음 분만하는 산모를 초산모라고 하고 2회 이상의 분만 경험을 가진 산모를 경산모라고 한다. 초산모의 경우 자궁경부의 거상(effacement: 얇아짐)과 개대(dilatation: 열림)가 따로 진행되기 때문에 분만시간이 길어지게 되고, 경산모의 경우는 자궁경부의 거상과 개대가 한꺼번에 진행되기 때문에 분만시간이 줄어들게 된다. 총 분만시간은 일반적으로 초산모는 8~12시간, 경산모는 5~8시간이 소요된다. 그러므로 초산모의 경우 자궁수축이 10분 간격일 때 병원에 가게 되지만 경산모의 경우에는 20분 간격으로 자궁 수축이 올 때 병원에 빨리 가지 않으면 병원 이외의 장소에서 분만하게 되는 위험을 초래하기도 한다. 때로 임신 제2기 이후에 유산 경험이 있는 초산모의 경우 자궁의 진행이 경산모와 유사하게 진행될 수도 있으므로 주의를 요한다.

분만 도중 태아의 건강에 문제가 발생하거나 태아가 자궁에서 비정상적 체위를 한 경우, 출산 중 감염 위험이 있는 경우, 산모에게 문제가 있는 경우에는 제왕절개수술(Ceasarean-section: C-section)로 분만하는 경우도 있다. 이 수술은 태아를 안전하게 분만시킬 수 있다는 장점이 있지만, 산후 회복이 늦고 자궁에 손상을 주어 차후에 임신할 수 있는 자녀에 제한이 생길 수도 있다. 최근에는 정상 분만을 하는 경우에도 산모와 태아의 고통을 줄이기 위해 무통 분만이나 수중 분만, 라마즈 분만, 그네 분만 등 다양한 방법이 시도되고 있다.

## 5) 산후 조리

일반적으로 우리나라는 분만 직후 산모의 섭생에 많은 주의를 기울인다. 산후조리는 산모의 신체적인 회복을 돕고 심리적인 안정감을 가져오므로 회복에 큰 도움이 된다.

분만 직후 모든 산모는 자궁이 수축되는 과정에서 생리혈보다 많은 양의 오로를 배출하게 된다. 처음 며칠간은 붉은색의 혈액성 오로가 배출되었다가 점차 장액성으로 바뀌고 이후에는 백색 오로로 분비된다. 개인차가 있지만 오로는 주로 4~6주간 지속되는데, 이는 정상적으로 회복한 것으로 보여도 약 6주가 되어야만 자궁이 거의 정상을 되찾게 됨을 의미한다. 그러므로 오로의 배출은 자궁의 회복을 보여주는 증거가 되기도 한다. 오로의 배출을 용이하게 하기 위해 출산 직후 자궁 저부를 둥글게 마사지하는 것이 좋고, 모유 수유를 하면 자궁 수축을 용이하게 하는 호르몬의 분비로 오로의 배출을 돕는다. 적색 오로의 배출이 끝나면 산후 2주경부터는 가벼운 샤워를 할 수 있다.

산후 회복을 위해 푹 쉬는 것이 좋지만 지나치게 오래 누워 있게 되면 오히려 기력 회복에 방해가 된다. 그러므로 일어나서 앉거나 집안을 걷는 등 적절한 움직임과 가벼운 산후 운동을 하는 것이 바람직하다. 전통적으로 산모의 건강을 회복하기 위해서 먹는 미역국은 피를 맑게 하고 부기를 가라앉히는 효능이 있다.

## 2. 피임

피임은 문자 그대로 임신을 피하는 것이지만, 보다 정확한 목적을 내포하는 의미로 보자면 원하는 시기에 맞춰 임신을 할 수 있도록 현재의 임신을 연기하는 행위라고 할 수 있다. 그러므로 좋은 피임법이란 임신이 돼서도 안 되지만 불임을 초래해서도 안 된다. 때로 영구적인 불임을 위해 피임법을 쓰기도 하는데, 크게 일시적 피임과 영구적 피임으로 나눌 수 있다. 일시적 피임은 현재 아이를 원치 않거나 출산을 미루고자 할 때 사용하는 방법이고 영구적 피임은 영구적인 불임을 유도하는 방법이라고 할 수 있다. 사용되는 방법에 따라서는 물리적 피임법과 화학적 피임법으로 분류하기도 한다.

### 1) 영구적 피임법

영구적 피임법은 더 이상 자녀를 원하지 않는 사람을 대상으로 수술을 통해 영구적으로 임신을 막는 방법이다. 난관 수술과 정관 수술이 여기에 해당하며 난관과 정관을 묶거나 결찰하는 방법을 통하여 난자와 정자의 이동을 막고 수정되지 않도록 하는 방법이다.

난관 결찰술은 여성의 양쪽 난관을 절단하거나 폐쇄하여 정자와 난자가 수정이 되지 못하도록 하는 방법이다. 배꼽 밑을 조금 절개하여 복강경을 넣어서 난관을 폐쇄하는 복강경 난관 불임술을 사용하거나 복벽을 절개하여 난관을 노출시킨 다음 결찰하거나 폐쇄한 뒤에 다시 봉합하는 미니 난관 수술이 있다. 수술시간이 짧고 당일 귀가할 수 있으며 흉터가 적게 남지만, 정관 결찰술에 비해서는 복강으로 들어간다는 점에서 위험 부담이 있다.

정관 결찰술은 남성의 정관 부위를 절단하거나 폐쇄하여 고환에서 만든 정자가 몸으로 배출되는 것을 막아서 영구적인 피임을 유도하는 방법이다. 국소 마취로 시술하므로 외래 수술도 가능하고 바로 일상생활이 가능하다. 주의해야 할 점은 수술 후 2일간은 보행과 가벼운 작업이 가능하지만 5일간은 자전거 타기 등의 심한 운동은 피해야 한다는 것이다. 또한 정관에 정자가 남아 있으므로 수술 후 검사를 통해 정자가 배출되지 않는다는 확인을 받기 전까지는 다른 피임법을 사용해야 한다.

이러한 영구적 피임법은 영구 불임이 되는 것이므로 복귀가 어려울 뿐만 아니라, 복귀에 비용이 많이 들기 때문에 신중을 기해서 결정해야 한다. 수술을 받기 전에 충분히 면담하여 수술 동기와 원리를 이해한 후 후회하지 않도록 해야 한다.

### 2) 일시적 피임법

일시적 피임법은 언젠가 자녀를 갖기를 원하는 경우에 사용하는 일시적인 피임법이다. 가장 이상적인 일시적 피임법은 피임 효과가 정확하고 사용이 편리하며 경제적이어야 하며, 성생활에 지장을 주지 않고 안전해야 한다. 또한 언제든지 임신이 가능해야 하며, 만약 피임에 실패할 경우 태아에게 악영향을 주지 않아야 하며, 피임법을 사용하는 사람의 인체에도 무해해야 한다. 그러므로 최대의 피임 효과를 가져오기 위해서는 자신에게 알맞은 방법을 고려하여 이상적인 피임법을 선택하는 것이 좋다.

### (1) 경구 피임법

경구 피임법은 피임약을 매일 일정 시간에 복용함으로써 피임을 유지하는 방법이다. 경구 피임약은 여성의 난소에서 나오는 두 가지 호르몬, 즉 에스트로겐과 프로게스테론을 주성분으로 함유한 약으로 배란과 월경을 조절하는 역할을 한다. 피임의 원리는 호르몬 제제를 복용함으로써 난자에서 배란이 억제되어 수정란이 형성되지 않거나, 자궁경관의 점도를 높여 정자가 유입되지 못하게 함으로써 피임을 하는 방법이다. 또한 자궁내막의 증식을 막아 수정이 되더라도 수정란이 착상하지 못하도록 한다.

경구 피임약은 호르몬 구성 성분에 따라 에스트로겐과 프로게스테론을 함유한 혼합 피임약과 프로게스테론 단독 피임약으로 구분할 수 있다. 혼합 제제의 경우 21일을 복약하고 7일을 휴약하거나 7일간 영양제를 복용하도록 구성되어 있고, 단독 제제의 경우에는 28일간 지속적으로 복용하게 된다. 일반적으로는 월경 시작 5일째 되는 날부터 피임약을 한 알씩 매일 일정 시간에 21일간 복용하고 매일 먹는 습관을 그대로 유지하기 위해 7일간은 영양제를 복용하는 방법을 사용한다. 호르몬 제제이기 때문에 매일 먹는 것이 매우 중요하며 복약시간을 제대로 지키지 못할 경우 피임 효과를 보장하기가 어려울 수 있다. 그러나 의사의 처방 없이 약국에서 쉽게 구입할 수 있고, 피임의 성공률이 높아 많이 사용되는 피임법의 하나이다.

경구 피임약의 장점은 월경의 주기를 28일로 규칙적으로 만들고 자궁내막의 증식을 억제한다는 것이다. 이런 원리를 이용하여 월경 주기가 불규칙하거나 과도 월경 출혈이 있는 경우 규칙적인 월경을 유도하기도 하고, 자궁내막증이 있는 경우 치료제로 사용하기도 한다. 또한 월경통을 감소시켜 주거나, 난소의 낭종 감소, 자궁내막암 발생 감소의 효과가 있어 의사가 피임과 관계없이 처방하는 경우도 흔하다.

경구 피임약은 임신과 유사한 인체 상태를 유지하는 방법이기 때문에 임신한 것 같은 부작용, 즉 오심, 구토, 체중 증가, 유방통을 보이기도 한다. 또한 현기증, 두통, 대하증, 모닐리아질염, 월경 비정상 등이 나타날 수 있는데, 증상이 심할 경우 일단 약의 복용을 중지하고 의사의 진찰이 필요하다. 경구 피임약은 혈전증이나 색전증을 유발한다는 보고 등의 부작용으로 인해, 혈전증이나 색전증이 있는 경우, 뇌졸중이나 관상동맥질환, 유방암, 자궁암, 비정상적 생식기 출혈, 임신부나 수유부, 간종양이나 간질환, 갑상선 질환, 당뇨병, 고혈압, 편두통, 우울증, 흡연 여성은 복용을 금기하게 된다.

경구 피임약을 복용하다가 중단하고 다시 임신을 원할 경우 일시적으로 배란이나 월경이 회복되지 않는 경우도 있으나 90% 가량은 3개월 이내에 배란이 재개된다.

### (2) 콘돔

콘돔은 성교 직전에 얇은 고무 주머니를 음경에 씌워 정자가 자궁에 들어가지 못하게 막는 방법이다. 콘돔은 얇은 고무막으로 된 가늘고 긴 주머니로 양말처럼 남성의 음경에 씌우면 사정된 정액이 주머니 밖으로 유출될 수 없어 임신이 예방된다. 콘돔은 가장 많이 알려진 피임법으로 손쉽게 구할 수 있고, 경제적이며, 사용법이 간단하고, 인체에 해가 없으며 가장 많이 알려진 피임법으로 성공률이 매우 높다.

그러나 콘돔의 높은 피임 성공률을 보장하기 위해서는 정확한 사용법을 익히는 것이 중요하다. 콘돔 착용 시에는 콘돔의 끝부분인 정액이 담기는 주머니를 쥐고 공기가 들어가지 않게 한 다음, 말려진 링 부분이 밖으로 나가게 하여 위로 펴 올

리면 저절로 씌워지는 쪽으로 착용하여야 한다. 공기가 들어간 상태에서 콘돔을 사용하면 사정 후에 공기 압력에 의해 콘돔이 터지는 경우가 있다. 또한 콘돔 착용 전에는 손을 잘 씻고, 반드시 유통기한을 확인하여 알러지가 유발되거나 찢어지는 일이 없도록 하여야 한다. 또한 한 번 발기 시 반드시 하나를 사용해야 하며 재사용해서는 안 된다. 사정 후 발기가 풀린 상태에서는 정액이 흐를 수 있으므로 끝부분을 잘 잡고 빼야 하며 끝부분을 묶어보아 터진 곳이 없는지 확인하는 것도 좋다. 콘돔은 라텍스, 폴리우레탄, 천연고무 재질 등 다양한 종류가 시판되고 있으며 라텍스 알러지가 있는 사람은 주의해서 선택해야 한다. 또한 자극을 강화하기 위해 여러 가지 기능이 덧붙여진 콘돔도 있으나 여성에게 오히려 상처를 줄 수도 있다. 또한 최근에는 손톱의 자극으로 인한 외음부 상처나 성병 감염 예방을 위한 핑거 콘돔도 사용되고 있다.

콘돔을 사용할 때 귀찮거나 다소의 불편함이 있고, 성감이나 접촉감이 둔해짐을 호소하기도 하지만, 그런 주장은 심리적인 이유일 뿐 별 근거가 없고 사정할 때의 성감에는 차이가 없다. 콘돔은 유일한 남성 피임법이며 동시에 성병을 예방할 수 있는 단 하나의 피임법이다.

### (3) 자궁 내 장치(Intra Uterine Device: IUD)

자궁 내에 여러 가지 형태의 장치를 삽입하는 피임법으로 보통 루프라고 부른다. 자궁과 난관의 수축운동을 증진하여 수정란이 자궁에 착상되는 것을 방지하여 임신을 피하는 방법이다. 호르몬을 함유한 장치로 매일 소량의 호르몬을 자궁내막에 직접 분비하는 호르몬형 루프와 구리가 추가된 장치로 자궁내막에 국소적인 이물 반응을 유발하여 수정을 방해함으로써 피임 효과를 내는 구리형 루프가 있다. 루프 자체가 이물질이므로 자궁에 염증성 반응을 일으킬 수 있어서 미혼 여성에게는 잘 사용하지 않는다. 주로 첫 아이를 낳은 부인이 모유 수유를 할 경우 경구 피임약을 복용할 수 없으므로 터울 조절을 위해 권장되는 경우가 많다.

루프는 월경이 끝날 무렵 장치를 삽입하게 되고 한 번 삽입하면 장기간 피임이 가능하며 3년 또는 5년 동안 유지할 수 있다. T자 형태와 곡선 형태 등이 주로 사용되며 루프 끝에 실이 붙어 있어서 자궁경부 밖으로 살짝 나와 있어 쉽게 제거 가능하도록 설계되었고 외음부에서는 관찰되지 않는다. 자궁 내에서 탈출되지 않는 한 피임이 지속되며 생리 도중 자연 배출되는 경우가 있으나 다시 삽입할 수 있다. 만약 사용 도중 임신을 원할 때에는 아무 때나 쉽게 제거할 수 있으므로 편리하지만 루프 자체의 비용이 비싸다. 호르몬형 루프는 미량의 호르몬을 복강 내로 분비하게 되므로 생리의 양이 줄어들거나 때로 무월경이 되는 경우도 있다. 구리형 루프는 시술 후 3~4개월 동안은 월경의 양과 질 분비물이 증가할 수 있고 간혹 출혈이나 감염, 통증, 요통, 복통이 발생할 수 있으므로 주의를 요한다. 그러므로 자궁 내 장치는 골반의 염증, 자궁암, 과다한 월경이 있거나, 임신 경험이 없는 사람에게는 시술을 금한다. 부작용으로는 때로 수정란이 루프로 인해 자궁이 아닌 복강에 착상하여 자궁 외 임신이 되면 매우 위험한 상황이 초래될 수도 있다.

### (4) 다이아프램

다이아프램은 여성용 콘돔 형태로 작은 뚜껑 모양의 둥근 틀과 고무로 만들어진 기구이며 일명 페서리라고 부른다. 성교 전에 질 안쪽에 깊이 삽입하여 자궁경부를 덮어씌우듯이 차단하여 정자가 자궁 내로 진입하는 것을 막는 피임법이다. 다이아프램은 보기에는 커서 불편할 것 같으나 실제로는 넣은 사실조차 잊을 정도로 이물감이나 압박감이 거의 없으며 다소 움직이더라도 빠져나가지 않는다. 살정제나 젤리를 발라서 사용하면 더욱 안전하며 사용 후 바로 제거하지 않고 7~8시간 계속 착용하였다가 빼야 한다. 빼낸 후에는 깨끗이 씻어 물기를 없애고 그대로 간수하였다가 재사용할 수 있다.

다만 여성용 다이아프램은 남성용 콘돔과는 달리 60mm부터 2.5mm씩 차이를 두고 95mm까지 다양한 크기가 있으므로 미리 의사의 진단을 받아 자기의 깊이에 알맞은 크기를 맞춤식으로 정해야 한다. 또한 반드시 전문가에게 넣을 때 쥐는 법, 넣는 방향, 자세 등에 대해 사전 지도를 받아야 하기 때문에 여성 생식기에 대한 기초지식이 필요하고 생활환경적 제약으로 널리 사용되기 어려운 점이 있다. 다이아프램을 지속적으로 사용하는 경우에도 1년에 한 번 검사를 통하여 확인을 받는 것이 좋고 체중의 변화 등이 있으면 크기를 교환해야 한다.

### (5) 살정제

살정제 피임법은 발포성 정제와 피임용 젤리로 구분할 수 있으며, 주로 다이아프램과 함께 사용된다. 정자를 질 내에서 죽임으로써 피임하는 방법으로 국소 살정제를 사용하여 정자를 죽이는 방법과 세척액을 섞어 질 내외의 정자를 씻어내는 동시에 죽이는 방법으로 구분할 수 있다. 발포성 정제는 성교 5분 전에 검지와 중지를 이용하여 질정을 질 내의 자궁구 가까운 곳으로 깊게 밀어 넣으면, 수분에 의해 녹고 거품이 일면서 정자를 죽이게 된다. 이때 질정을 넣은 후 곧바로 성교를 하거나 사정 후에 사용하면 아무런 효과가 없고, 성교시간이 길 때는 도중이나 끝난 후에 하나를 더 사용해야 한다.

살정제를 젤리화한 것이 피임용 젤리인데, 처음부터 용해되므로 성교 직전에 사용해도 무방하나 주입기를 사용해야 하는 불편함이 있다. 젤리를 콘돔이나 다이아프램과 함께 사용하면 더욱 효과적이다. 살정제의 단점은 유효기간을 확인하지 않거나 보관을 잘못하는 경우, 또는 잘못 사용 시에는 실패할 수 있으며, 반드시 부부간의 협력이 필요하다는 것이다.

### (6) 피부에 사용하는 피임법

피부에 사용하는 피임법은 매일 먹어야 하는 경구 피임약의 문제를 해결하고자 개발되었으며, 피임용 패치와 상완 피하에 삽입하는 피임용 막대인 노어플랜트가 있다. 피임용 패치는 패치를 이용하여 피부로 호르몬을 투여하는 방법으로 피임

패치를 둔부와 복부 등에 월경 주기 첫날부터 1주일에 한 장씩 3주간 붙이고 1주간의 휴지기를 갖는 방식이다.

상품명으로 임플라논과 넥스플라논인 노어플랜트는 성냥개비 크기의 실리콘 튜브 안에 프로게스테론 호르몬을 주입한 것으로 여성의 팔 상완 안쪽에 삽입하여 미량의 호르몬을 지속적으로 방출하여 난자 형성을 방해하는 원리이다. 한 번 시술하면 5년간 피임이 가능하여 편리하지만 예측할 수 없는 출혈과 기타 부작용으로 널리 사용되지 않는다.

### (7) 월경 주기법

월경 주기법은 임신 가능한 기간을 파악하고 그 시기를 피하여 성생활을 함으로써 임신을 예방하는 방법이다. 월경 주기법은 월경의 주기를 산정하기 위해 아래와 같이 몇 가지 가정에 근거하여 산출되는 것으로, 정확하다고 보기는 어렵다. 그러므로 월경 주기가 불규칙한 사람이나 폐경기 여성, 출산 후나 유산 후에는 잘 맞지 않는다.

**월경 주기 산정을 위한 가정**

① 배란은 다음 월경 시작 14 ± 2일 이전에 발생한다.

② 정자는 여성의 체내에서 72시간 생존한다.

③ 난자는 24시간 생존한다.

월경 주기법은 다음 월경 예정일의 전날부터 계산하여 12~16일간의 5일을 배란기로 본다. 여기에 정자 생존기간 3일을 더해서 12~19일간의 8일간을 임신가능기간으로 보고 이 기간 동안 금욕하거나 피임법을 쓰는 것이다. 정확하게 이해하고 사용하면 효과적이고 약이나 기구를 사용할 필요가 없어 자연스럽지만, 월경 주기가 부정확한 사람은 사용할 수 없으며 임신기간에는 다른 피임법을 병용하지 않으면 실패 확률이 높다.

월경 주기를 사용하는 또 다른 피임방법으로는 날짜 피임법이 있는데, 이는 지난 6개월간 월경 주기 중 가장 짧은 주기에서 18을 빼고 가장 긴 주기에서 11일 뺀 날짜를 임신가능기간으로 보는 방법이다. 예를 들면 월경 주기가 28~30일인 사람은 월경 주기에서 10일부터 19일까지를 위험기간으로 보게 된다.

### (8) 기초 체온법

여성의 체온은 늘 같은 것이 아니라, 월경 이후 낮은 체온을 유지하다가 배란이 일어나면 체온이 상승하게 되는 원리를 이용한 피임법이다. 배란이 되면 난자가 탈락한 부위가 황체로 변하면서 황체호르몬이 분비되는데, 이 황체호르몬이 사람의 체온을 높이게 되어 결과적으로 약 0.4~0.8도 정도의 체온 상승을 가져오게 된다. 따라서 체온이 높아진다는 것은 배란이 끝났다는 것을 의미하게 되므로 이 기간을 피하면 된다는 원리이다. 낮은 체온이 지속되는 동안은 배란의 위험이 있으므로 다른 피임법을 사용해야 하며, 높은 체온이 되었어도 단 하루는 다른 원인을 가정할 수 있으므로 3~4일 지속적으로 높은 체온이 유지되면 비로소 배란이 끝났다고 생각할 수 있다.

기초 체온이란 매일 아침 일정한 시간에 안정된 상태로 누운 채 측정하는 체온이며, 체온을 전날과 비교하는 원리이기 때문에 시간과 운동량에 따라 가변적인 체온을 정확하게 측정하기 위해서는 매일 일정한 상태로 측정해야만 한다. 또한 감기나 염증, 다른 질병으로도 쉽게 체온이 변화할 수 있으므로 이 피임법만을 사용하는 것에는 한계가 있다.

### (9) 성교 중절법

성교 중절법은 인간이 사용한 최초의 피임법이라고 볼 수 있으며 성교 도중 남성이 음경을 질 밖으로 빼서 외부에 사정하는 방법으로 질외 사정법이라고도 부른다. 특별한 피임 도구가 필요 없고 자연스럽지만, 남성에게 강한 자제력이 요구되므로 타이밍을 맞추기 어려워 정신적 부담이 크고 실패율이 높다. 또한 체외 사정에 성공했다고 하더라도 미량의 정액이나 음경 윤활유인 쿠퍼액으로도 임신 확률이 있으므로 안전한 피임법으로 보기 어렵다.

## 3) 응급 피임법

응급 피임법은 성교 직후에 대처할 수 있는 피임법으로, 계획하지 않은 성관계가 있었거나 다른 피임법을 수행하는 과정에서 문제가 발생한 경우, 또는 성폭력으로 인해 임신이 우려될 경우에 사용한다.

경구 응급 피임법은 고용량의 호르몬 복합제제로 나팔관의 운동성 변화와 난소의 황체 기능 변화, 여성 호르몬의 농도를 폭발적으로 증가시키는 등 호르몬을 교란시키는 방법을 이용한다. 최대 효과는 24시간 이내에 복용할 경우 95% 피임 효과가 있으며, 72시간 이내에는 58% 피임 효과가 있다. 일반적으로는 72시간 내에 한 알을 복용하거나 12시간 후에 한 알을 추가 복용하는 방법으로 적용하며 72시간이 지난 후에는 효과가 급감한다.

처방전 없이 이용 가능한 사후 피임약 Plan B나 마이보라 등은 배란을 억제하는 약으로 정자의 생존기간 동안에 난자의 배출을 막아 피임 효과를 가져온다. 낙태약이 아니므로 만약 이미 배란되어 수정되었다면 임신을 중지시킬 수는 없다. 먹는 낙태약 RU-486이나 미프진은 자궁내막을 유지하는 호르몬 수용체를 차단하여 수정란의 착상을 방지하는 방법을 이용한다. 먹는 낙태약은 오남용을 막기 위하여 전문의의 진단과 처방하에서만 복용 가능하다. 일반적인 경구 피임약의 부작용과 같이 암이나 혈전, 색전, 간질환 등이 있으면 금기해야 한다. 부작용으로는 구토, 출혈, 어지럼증이 있고, 임신가능성이 20~30% 되므로 응급 피임제를 복용한 경우 2~3주 이내에 정상적인 월경이 있는지 반드시 확인해야 한다.

응급 피임법으로 자궁 내 장치 루프도 삽입할 수 있는데, 이 경우 72시간 경과 후부터 5일 이내에 응급으로 삽입하게 되면 수정란의 착상을 억제하여 임신을 예방할 수 있다. 수정 난자는 자궁에 도달 시까지 72시간, 자궁에 착상까지 다시 72시간이 소요되는 원리를 이용하며 5일 이내에 자궁 내 장치를 넣으면 응급 피임 효과가 있고 다음 월경 시에 제거하면 된다. 그러나 자궁 내 장치는 고가이기 때문에 일회성으로 사용하기에는 매우 비경제적이며, 지속적으로 5년간 사용할 경우에 권할 수 있는 방법이다. 부작용으로 일반적인 자궁 내 장치와 마찬가지로 생리 증가와 골반통이 있으므로 이미 월경과다, 골반염증이 있는 경우 금기되며 미혼은 사용하기 어렵다.

## 3. 유산

수정란이 자궁에 성공적으로 착상된 이후의 모든 임신의 종결을 유산이라고 부른다. 자연 유산과 인공 유산으로 구분할 수 있으며, 자연 유산은 흔히 임신 초기에 일어나고 보통 태아의 염색체 이상이나 착상과정의 잘못으로 발생한다. 많은 자연 유산은 여성이 임신 사실을 알기도 전에 일어나는 경우가 많다. 그러나 임신 중기 이후에 불완전 착상에 의한 전치 태반이나 자궁근 무력증 등의 이유로 자연 유산되거나 사산되는 경우도 있다.

의학적 인공 유산은 흔히 낙태라고 불리며 치료 목적이나 임신의 조절을 원하는 경우 행해진다. 치료적 유산은 임신이 산모의 건강에 크게 해를 끼치거나 출생 전에 태아에게 심각한 결함이나 문제가 발생한 경우에 시행되는 경우가 많다. 임신 조절을 위한 낙태를 포함한 모든 인공 유산은 가능하면 임신 제1기에 시행하여야 산모 사망률을 크게 낮출 수 있으므로 임신 제1기인 12주 이내에 시행하는 것이 바람직하다.

## 1) 낙태(인공 유산)

인공 유산은 임신을 중단시키는 방법으로 몇 가지 방법을 통해 시행된다. 어떤 방법을 선택하는지는 대개 임신이 된 기간과 산모의 상태에 따라 결정될 수 있다. 흡입법은 성관계를 가진 후 임신 초반에 약물을 통해 수정된 난자가 자궁벽에 착상하지 못하도록 임신 초기에 국소 마취를 통하여 자궁경부를 열고 흡입기로 빨아들이는 방법이다. 낙태 시술법 중 가장 흔히 사용되며 안전하다. 때로 자궁 내부에 상처를 입혀 출혈이 되거나 감염이 되기도 하는 등 손상을 유발할 수 있지만 흔하지 않다.

소파술은 8주에서 20주 사이에 주로 사용하게 되며 기구를 통해 자궁경부를 연 다음 기구를 사용하여 긁어내는 방법이다. 마취 상태에서 사용되며 자궁 감염, 상처, 천공 등의 부작용이 생길 수 있어서 최근에는 많이 사용되지 않는다. 임신 제2기에는 흡입 방법을 사용하여 태아를 밖으로 나오게 하는 자궁경부 개대와 흡입술을 주로 사용한다. 태아가 너무 성장하여 흡입이나 소파술이 불가능할 때 약물을 이용하여 유산을 유도한다. 이것은 산모의 건강에 부작용을 일으킬 가능성이 커서 산모가 위험하거나 태아에 극단적인 이상이 있을 경우에만 사용된다. 때로 사산의 경우 등에서 산모를 살리기 위한 유산법으로 제왕절개수술이 이용되기도 한다.

인공 유산 직후에는 반드시 산후 관리와 동일한 휴식이 필요하며 인공 유산은 피임법이 아님을 기억해야 한다. 때로 인공 유산 후에는 더 쉽게 임신이 되는 경우도 있으므로 이후의 성관계에서는 철저한 피임법이 요구된다. 원치 않는 임신의 재발에 의해 인공 유산을 여러 차례 시행하게 되면 산모의 건강에 해를 끼칠 뿐만 아니라 이후 불임으로 이어질 가능성도 높아진다.

### 2) 유산의 심리적 문제

어떤 형태의 유산일지라도 유산 이후에 산모에게 미치는 심리적 영향은 매우 크기 때문에 정서적으로 매우 섬세한 돌봄이 필요하다. 자연 유산을 경험한 산모는 대부분 자기 때문에 태아를 잃었다는 죄책감으로 우울한 경우가 많다. 이때 정상적인 애도의 단계를 잘 거칠 수 있도록 심리적 지원이 반드시 필요하다. 병원에서는 사산된 태아가 있다면 산모가 시신을 안아볼 수 있는 기회를 주어서 심리적인 이별을 할 수 있도록 도와야 한다. 초기 유산의 경우에도 풍선을 날리는 등의 의식을 통해 애도의 마음을 충분히 표현할 수 있도록 돕고 슬픔에 대한 지지가 필요하다.

인공 유산의 경우에도 원치 않는 임신에 대한 부정적인 감정에 더해서, 유산에 대한 자책감과 죄의식을 갖기도 한다. 또한 스스로에 대한 수치심을 갖기도 하며 차후 임신에 대한 두려움을 경험하기도 한다. 그러나 미국에서 낙태 경험을 조사한 연구에 따르면 72%에 달하는 여성이 낙태에 대한 자신의 결정에 만족한다고 응답하기도 하였다. 유산은 어떤 경우에라도 산후 관리와 유사한 수준의 건강관리가 요구되므로 반드시 충분한 휴식을 취해야 하며 신체적 회복과 심리적 건강에 유의할 필요가 있다.

### 3) 생명의 기준

사회와 문화에 따라서 인공 유산 즉 낙태를 수용하는 정도가 매우 달라서 어떤 문화는 살인으로 간주되지만 어떤 문화는 허용적이다. 우리나라도 2019년 이후,

여성의 몸에 대한 권리를 인정함으로써 낙태가 합법화되었다.

학자에 따라서는 수정된 난자는 인간이 될 수 있는 모든 조건을 갖추었기 때문에 생명이라고 하기도 하고, 다른 학자들은 30주가 넘은 태아만이 인간처럼 사고할 수 있는 능력을 갖추므로 그 이후를 생명으로 보아야 한다고 주장하기도 한다. 과학으로도 언제부터가 생명인지에 대해 명확히 정할 수 없기 때문에 자신의 삶의 가치관에 비추어 다양한 관점을 통해서 스스로 인간 생명에 대한 정의를 내려 볼 필요가 있다. 그리고 원치 않는 임신을 포기할 권리가 누구에게 있는지 신중하게 결정할 필요가 있을 것이다.

### 생각을 나누어 봅시다

**4-1** 나는 모든 측면에서 섹스할 준비가 얼마나 되어 있는가?

**4-2** 좋은 섹스를 위해 필요한 것을 5가지씩 가져간다면 나와 파트너는 각각 무엇을 준비할까?

**낙태와 재생산권**

낙태죄는 낙태한 여성을 1년 이하의 징역이나 200만 원 이하의 벌금으로 처벌하고, 수술한 의사도 2년 이하의 징역으로 처벌 받도록 형법상으로 규정한 법률이다. 이 법률은 오랫동안 실제 현실과는 어긋난 사법이었기 때문에 많은 논란이 있어 왔다. 그리고 마침내 2019년 4월 11일 헌법불합치 결정이 내려지면서 오랜 논란의 종지부를 찍었다.

낙태죄가 논란의 중심에 서게 된 데에는 출생아 수의 급격한 감소와 밀접한 관계가 있다. 오랫동안 남아선호사상에 빠져 있었던 우리나라는 여아인 경우 강압적인 낙태가 공공연하게 이루어졌고, 그런 이유로 1990~1998년 사이에는 성비(여아 100명당 남아의 성비)가 116.5로 불균형이 극에 달하기도 하였다. 그러나 당시에는 산아제한을 하던 시대였기 때문에 낙태죄가 존치함에도 불구하고 아무런 법률적 효력을 발휘하지 못하였다. 모자보건법상 인공임신중절수술은 임신 24주 이내의 사람만 가능하며, ① 본인이나 배우자가 유전학적 장애나 신체질환이 있는 경우, ② 본인이나 배우자가 전염성 질환이 있는 경우, ③ 강간 또는 준강간에 의하여 임신된 경우, ④ 법률상 혼인할 수 없는 혈족 또는 인척 간에 임신된 경우, ⑤ 임신의 지속이 모체에 치명적인 영향을 미치는 경우의 항목 이외에는 인공임신중절수술이 불가능하도록 명시되어 있었다.

그러나 국가적인 위기감을 느낄 정도로 출생아 수가 감소하자 공공연히 낙태죄가 고개를 들기 시작하였다. 결과적으로 낙태죄가 존치할 때의 낙태에 대한 무관심과 은밀한 허용도, 낙태죄가 논란이 되어 헌법불합치가 된 지금도, 낙태에 대한 논란의 중심에는 정작 당사자인 여성의 인권이 배제되어 있음을 알 수 있다. 오직 국가와 사회의 기준에 의해 여성의 낙태는 죄가 되기도 하고, 안 되기도 하였던 것이다.

하지만 UN과 WHO에서 이미 임신과 출산, 성에 관련한 어떠한 여성의 결정도 불법화되어서는 안 되며 여성의 인권이 보호받아야 한다는 것을 명시하였다. 1995년 북경세계여성대회에서는 여성의 권리가 강조된 "재생산권(Reproductive Right)"의 개념이 정리되기도 하였다.

"재생산권은 임신, 출산의 여부와 시기, 빈도 등을 자율적으로 결정할 권리뿐만 아니라 이를 위해서 보건서비스에 접근할 권리, 안전하고 효과적으로 쉽게 구할 수 있는 가족계획에 대한 정보 및 서비스에 접근할 권리, 만족스럽고 안전한 성생활을 누릴 권리, 건강할 권리"를 뜻한다.

1990년대 당시에는 낙태(특히 여아)에 대해 눈감던 우리 사회가 20년도 더 지난 지금, 당시에 낙태되지 않고 겨우 살아난 여성에게 낙태죄를 묻는 것은 어이없는 역사의 현실이면서, 동시에 여전히 여성을 재생산의 도구로만 보고 있다는 반증이기도 하다.

그러나 남녀를 막론하고 자신의 몸에 대한 당연한 권리를 주장할 수 있어야 하며, 개인의 몸이 사회적인 도구로 이용되는 것을 거부할 수 있는 권리가 있다. 우리 사회도 점차적으로 여성의 삶에서 재생산권이 당연한 권리로 인식되어 널리 퍼지고 있는 것은 무척 다행한 일이다.

## 4. 성 전파성 질환

성 전파성 질환(Sexually Transmitted Disease: STD)은 사람과 사람 사이에 성교나 성적인 접촉에 의해 감염되는 모든 전염성 질환을 의미한다. 최근 들어 성병 감염률이 높아지고 있는 데에는 다양한 원인이 거론된다. 우선, 사회적 분위기가 개방적으로 변화함에 따라 성경험을 하게 되는 개인의 수가 증가하는 데서 그 원인을 찾아볼 수 있다. 이전에는 법적인 혼인관계 안에서만 성관계를 용인하는 사회 분위기였지만 최근에는 성문화가 변화함에 따라 결혼하지 않은 남녀가 성관계를 경험하는 경우가 늘어나고 있고 성병에 걸린 한 개인을 통해 상대에게 성병이 전파될 확률 또한 높아지고 있다. 또한 의료의 발달에 따라 적극적으로 치료하는 경우가 많아진 것이 원인으로 파악되기도 한다. 이전에는 성병에 걸려도 치료를 잘 받지 않고 숨기는 경우가 많았지만 최근에는 적극적으로 약물치료를 받고 자신의 건강을 관리하기 때문에 잠재한 수치가 실제 통계로 파악돼 감염이 증가한 것처럼 보이기도 한다. 또한 성 전파성 질환을 추적 치료하는 것이 가능해짐에 따라 실제 환자의 수가 파악될 수 있었기 때문에 성병의 감염률이 늘어나게 된 것처럼 보이는 원인이 되기도 하였다.

## 1) 성 전파성 질환의 유형

성 전파성 질환의 유형은 병원체의 종류에 따라서 기생충과 박테리아, 스피로헤타, 바이러스에 의한 감염 등이 있다. 주로 감염된 사람과의 성적인 접촉을 통해서 직접 감염이 되지만 때로는 임신 중 태반을 통해 태아에게 직접 전달되는 수직 감염이 되기도 하고, 분만 시 혈액이나 질 분비물을 통해 신생아에게 감염을 일으키기도 한다.

**병원체에 따른 성 전파성 질환의 종류**

- 기생충 감염 : 트리코모나스 질염, 칸디다증
- 박테리아 감염 : 클라미디아, 임질, 연성하감, 비임균성 요도염
- 스피로헤타 감염 : 매독
- 바이러스 감염 : 성기단순포진, 첨규콘딜롬, AIDS

### (1) 클라미디아(Chlamydia)

클라미디아 감염은 클라미디아 트라코마티슈균(Chlamydia trachomatis)에 의한 요도염이나 자궁경부염증을 일으키는 성기 부위의 질환이다. 주로 성 접촉에 의한

직접 감염으로 전파되지만 불결한 화장실이나 목욕탕에서도 감염될 수 있으며 1~3주의 잠복기가 있다. 임균 감염과 유사하지만 증상은 더 경미하고 때로 무증상 감염을 보이기도 한다. 남녀 모두에게서 요도염과 직장염, 결막염 등이 나타나고, 심각할 경우 성병성 림프 육아종으로 발전할 수 있으며, 주로 여성은 질과 골반에 염증이 생기고 남성은 부고환염이 생긴다. 적극적으로 치료하지 않을 경우 생식기계에 심각한 문제를 유발하여 때로 남녀 모두 불임을 초래하기도 한다. 클라미디아 감염의 예방을 위해서는 클라미디아 감염자에게 노출된 사람은 임상적 증상이 없어도 반드시 치료받아야 하며 성 접촉 시 콘돔을 사용해야 한다.

### (2) 임질(Gonorrhea)

임질은 임균(Neisseria gonorrhea) 감염에 의해 주로 요도염이나 자궁경부염을 유발하는 질환으로 성 활동이 활발한 연령층에서 가장 감염률이 높고 재발률도 높은 매우 흔한 성 전파성 질환이다. 전파방법은 성 접촉에 의한 직접 접촉이나 산도를 통한 신생아 눈 감염이 있다. 임균은 따뜻하고 습기가 많은 여성의 자궁경부나 남녀의 요도 같은 생식기관에서 잘 증식하며 2~7일의 잠복기를 가진다. 남성은 초기에 특정한 증상이 없을 수도 있고 배뇨 시 따가운 듯한 작열감을 경험하거나 성기에 분비물이 배출되고 고환통을 호소하기도 한다. 여성도 대체로 무증상이거나 초기 배뇨 시 통증, 질 분비물 증가, 비정상적인 질 출혈이 발생할 수 있다. 임균은 안염을 잘 일으키므로 임균 분비물에 의해 눈이 오염되지 않도록 주의해야 한다. 병원에서는 임균성 등 안염에 대비하여 태어난 즉시 모든 신생아에게 안연고를 투여한다. 무증상이라고 임질을 치료하지 않고 방치할 경우 여성은 난관염, 남성은 부고환염 등의 합병증으로 불임을 초래할 수 있다.

### (3) 비임균성 요도염(Non-Gonococcal Urethritis: NGU)

임균 이외의 병원성 미생물에 의해 요도염을 일으키는 질환으로 성 접촉을 통해 전파된다. 배뇨에 곤란을 겪거나 농 및 점액이 요도에서 분비되는 증상을 보이며 재발이 흔하다. 비임균성 요도염은 급성 출혈성 방광염, 전립선염, 고환염, 부고환염, 요도 협착 등의 합병증을 초래할 수 있다.

### (4) 연성하감(Chancroid)

연성하감은 헤모필루스 두크레이균(Hemophilus ducreyi)에 의한 감염으로 성기나 외음부에 통증성 궤양이 생기는 성 전파성 질환이다. 잠복기는 1~35일이며 통상적으로는 4~10일이 된다. 연성하감에 걸리게 되면 남성의 경우 음경의 포피, 음경 귀두관, 음경에서, 여성의 경우에는 음순과 질 입구, 항문 주위에서 붉은 구진이 생겨 화농하면서 통증성 궤양으로 진행한다. 또한 성기 궤양 발생 1~2주 후에 서혜부 림프절까지 침범될 경우 림프절이 액화되어 부보(buboes)를 형성하고 저절로 터져 농이 흘러나오는 심한 통증을 동반한다.

### (5) 성기단순포진(Genital Herpes Simplex)

성기단순포진은 헤르페스 바이러스1형(Herpes simplex virus-1: HSV-1)이나 2형(Herpes simplex virus-2: HSV-2)에 의해 감염되는 질환이다. 일반적으로 헤르페스 바이러스 2형은 감염된 사람과의 성 접촉에 의해서만 전염되며, 헤르페스 바이러스 1형도 성기단순포진을 일으킬 수 있지만 주로 입과 입술의 작은 궤양을 일으키는 단순 감염인 경우가 더 많다. 때로 이 바이러스는 입술의 작은 궤양이 손과 성기 접촉이나 구강과 성기의 접촉을 통해 성기로 전염될 수 있으므로 주의를 요한다.

헤르페스 바이러스 2형에 감염된 경우 2주간의 잠복기를 거쳐 생식기와 항문 주위에 수포가 생기기 시작하였다가 수포가 터지면서 궤양이 생기는데 이는 2~4주 후에 치유된다. 대부분의 경우 증상이 경미하여 인식하지 못하거나 다른 피부 증상으로 착각하기도 한다. 한 번 감염되면 인체 내에 지속적으로 바이러스가 남아 있게 되고, 몸이 스트레스를 받아 기능이 약화될 때 지속적으로 재발하는 경향이 있다. 일생 동안 성 파트너에게 전파될 수 있지만 증상이 발현되는 횟수는 점차 줄어들거나 사람들에 따라서 재발하지 않는 경우도 있다. 여성이 단순포진에 감염되면 흔하지 않지만 태아 감염의 가능성이 있어 유산하는 경우도 있다. 바이러스는 세균에 비해 치료가 잘 되지 않지만 단순포진 바이러스에 사용하는 아시클로버(Zovirax) 제제를 사용하여 통증을 완화시키고 치유기간을 단축할 수 있다. 헤르페스 감염자는 규칙적으로 생활하며 충분한 수면을 취하는 등 스트레스를 관리하는 것이 좋다.

### (6) 첨규콘딜롬(Condyloma Acuminata)

첨규콘딜롬은 인유두종 바이러스(Human Papilloma Virus: HPV) 감염에 의해 외음부에 생기는 사마귀성 질환이다. 주로 성 접촉을 통해 감염되며 2~3개월의 잠복기가 있다. 인유두종 바이러스는 세 명 중 한 명이 걸릴 정도로 매우 흔하고 자궁경부암 유발 요인이기 때문에 국가 무료 검진 대상에 포함되어 있다. 바이러스의 종류는 약 100종이 있는데, 그중 60여 종이 주로 문제가 되고 특히 6번과 11번은 생식기 사마귀를 주로 일으키고 16번과 18번이 자궁경부암 발생의 70%를 차지한다.

증상은 자궁경부와 질, 내음부와 외음부, 요도, 음경과 항문 주위에 융기된 병변이 생기는 것이다. 이 바이러스는 주로 남성 보균자에 의해 감염되지만, 남성은 무증상 감염이 많고 생식기가 외부에 노출되어 있어서 자연치유되기도 한다. 여성은 감염된 남성과의 지속적 성관계가 없으면 2년 이내에 자연치유된다. 예방접종 약은 상품명으로 4가 백신인 가다실과 2가 백신인 서바릭스가 있으며 주로 첫 생리 이후 11세에서 26세 사이에 예방접종한다. 가능하면 남녀 모두가 첫 경험 전에 예방접종을 실시하는 것이 좋고 이를 통해 자궁경부암을 예방할 수 있다.

### (7) 매독(Syphilis)

매독의 원인은 트레포네마 팔리듐(Treponema pallidum: Spiroheta pallida)으로 스피

로헤타에 속하는 감염병이다. 주로 성 접촉이나 키스에 의한 직접 감염으로 전파되지만 산모가 매독일 경우 임신 4~5개월 사이에 태반을 통해 태아에게 수직 감염되기도 하고 수혈로도 감염될 수 있다. 잠복기는 10일에서 6주이며 평균 3주이다.

매독의 증상은 초기 매독, 2기 매독, 후기 매독으로 구분할 수 있다. 초기 매독은 경성하감인데, 초기 감염된 부위에 단단한 조직이 생기고 궤양이 되면서 분비물이 나오게 된다. 주로 생식기 부위나 입술 구강 점막에 한 개가 생겼다가 치료하지 않아도 4~6주 후면 저절로 사라진다.

감염 후 3개월이 지나면 2기 매독이 되며 전염성이 매우 강하다. 외음부와 항문 주변, 구강과 피부에 발진이 생기고 점막 손상으로 발열, 인후통, 탈모, 두통, 체중 감소, 근육통과 피로 등이 나타날 수 있다. 그러나 이 증상 역시 치료 유무와 관계없이 2~6주 지나면 사라진다. 2기 매독의 발진은 치료하지 않아도 소실되어 표면적으로는 아무런 증상이 없지만, 몸 안으로 잠재하게 되는데 이를 잠복 매독이라고 한다. 잠복기에 매독은 뇌와 척수, 심근, 대동맥 간을 서서히 침범하게 된다.

후기 매독은 감염 후 3~10년 이후에 나타나는데, 몸에 고무종이 생기게 되고 심부 조직의 파괴성 변화를 가져와서 관절운동 조절장애, 마비, 무감각, 점진적 실명을 초래하기도 하며 중추신경계를 침범하여 치매를 유발하기도 한다. 후기 매독의 증상은 매우 심해서 사망하는 경우도 있다.

태아가 16주 이후에 모체로부터 수직 감염이 된 경우 선천성 매독이 된다. 선천성 매독은 사산, 조산 및 신생아 사망을 증가시키는 요인이 되는데, 연구에 따르면 전체 80% 이상에서 선천성 매독과 신생아 사망, 사산을 보였다. 선천성 매독 감염은 주로 생후 2년 전후로 발병하게 되는데 간비종대, 인설성 홍반, 구진 또는 발진, 자반증, 황달, 농포성 발진 및 점막 반점이 나타나기도 한다. 그러므로 산모가 매독에 감염된 경우 임신 16~20주에 반드시 적극적인 치료가 요구된다.

### (8) 후천성 면역 결핍증(Acquired Immune Deficiency Syndrome: AIDS)

후천성 면역 결핍증은 인간면역결핍 바이러스(Human Immunodeficiency Virus: HIV) 감염에 의해 몸의 면역 기능이 상실되면서 병원균에 저항하는 능력이 무력해지는 질환이다. 인간면역결핍 바이러스(HIV)는 몸에 침범하면 혈액 속의 백혈구를 공격하게 되는데 특히 면역백혈구 세포를 파괴하게 되며, 이로 인해 인체는 서서히 면역 기능을 상실하게 된다. 즉, 인간면역결핍 바이러스 자체가 문제를 일으킨다기보다는 인체의 면역 기능 상실로 인해 사망하게 되는 것이다. 그러므로 처음 인간면역결핍 바이러스에 감염되었을 때에는 HIV 양성이라고만 진단하였다가 잠복기가 지나서 면역 백혈구세포가 200이하/㎛가 되어서 면역결핍 상태가 되면 AIDS로 진단하게 된다.

AIDS는 1930년대에 원숭이를 통해서 감염된 것으로 추정하고 있으며 이 질병으로 많은 사람이 사망에 이르렀다. 전파 경로는 성 접촉에 의한 감염이 가장 흔하고 혈액 수혈이나 약물 남용 시 주사기의 공동 사용, 정액과 질 분비물에 의한 감염, 모유 수유에 의한 감염, 모체로부터 태아로 수직 감염이 되기도 한다. 그러나 가벼운 악수나 포옹, 목욕탕이나 욕조의 공동 사용, 공동 식사, 침이나 타액, 가래, 소변이나 모기 물림으로는 감염되지 않는다.

HIV에 감염되면 초기에는 감기와 유사한 증상이 나타나다가 긴 잠복기간을 거쳐 림프가 붓고 과한 피로감을 느끼며 발열과 체중 감소 등의 증상이 나타나게 된다. HIV 감염자의 50%가 8~9년 안에 AIDS로 진단받게 되고 AIDS 진단자의 80%는 18개월 내 사망하게 되는데, 주된 사망의 원인은 폐렴과 육종이다. 현재까지 AIDS는 대증요법에 의존하여 치료하며 면역 증강제를 실험적으로 사용하기도 하지만 아직 결정적인 치료법은 없는 상태이다. 그러므로 AIDS로 진단되기 전에 HIV 양성인 상태로 잠복기를 길게 하는 것이 치료의 핵심이 된다.

HIV 감염 예방법으로는 AIDS 환자나 AIDS에 걸릴 위험이 높은 사람, HIV 양성인 사람과의 성적 접촉을 피하는 것이 좋다. 또한 가급적이면 성적 대상자를 줄이고,

성행위 시 반드시 콘돔을 사용해야 한다. 또한 AIDS 환자와 함께 생활할 때에는 혈액에 오염될 가능성이 있는 면도기나 칫솔 등은 같이 쓰지 말고 혈액이 묻은 물건은 모두 소각하는 것이 좋다. 주사기나 주삿바늘, 한방용 침은 반드시 일회용을 사용하여야 한다.

## 2) 성 전파성 질환의 예방

성 전파성 질환은 매개물 없이 사람에서 사람으로 직접 전파되어 접촉자의 발견이 어려운 편이기 때문에 관리하기 어렵다. 일반적으로 잠복기가 길며 치료하지 않을 경우 타인에게 전염되기 쉽고 재발률도 높다. 그러므로 발견 즉시 치료가 요구되고, 한 사람의 감염이 확인되면 반드시 파트너가 함께 치료해야만 한다. 적극적으로 치료할 경우 일반적으로 완치 가능하지만, 그렇지 않을 경우 재발이 반복되면 약에 대한 내성으로 인해 치료가 어려워지기도 한다. 특히 임질이나 클라미디아에 감염된 경우 2/3 이상이 무증상인 경우가 많아 치료시기를 놓치는 경우가 많고 결과적으로 불임과 같은 합병증을 초래하기도 한다.

성 전파성 질환을 예방하기 위해서는 가능한 한 성 접촉 대상자의 수를 줄이는 것이 최선의 예방법이며, 콘돔을 사용하는 것도 하나의 예방법이 될 수 있다. 이러한 노력에도 불구하고 만약 성병 감염이 의심된다면 조기에 증상을 파악하여 진단받도록 하고, 적극적으로 치료하여야 한다. 증상이 완치되어도 의사의 허락이 있을 때까지는 성 접촉을 피해야 하며 파트너와 상의하여 파트너도 함께 치료를 받아 2차적인 재발을 방지해야 한다. 또한 성병은 완치 후에도 면역이 생기지 않는 질환이며 재발이 쉽기 때문에 또다시 같은 성병에 걸리지 않도록 주의를 기울여야 한다. 성관계 전후에는 반드시 성기를 깨끗이 씻어야 하며, 마약이나 술 취한 상태의 즉흥적 성관계나 성매매와 유흥업소 등에서의 위험한 성관계는 피하는 것이 좋다. 성병 감염이 의심되지 않더라도 주기적으로 건강검진을 하는 것도 좋다.

콘돔은 매우 좋은 피임법이며 동시에 유일한 성병 예방법이지만, 때로 젊은 사람들의 경우 성적 자극이 약하고 귀찮다는 이유로 콘돔 사용을 거부하는 경우가 많다. 이는 성병에 관한 지식이 부족하여 성병 감염의 위험도가 낮다고 생각하고 자신은 걸리지 않을 것이라는 근거 없는 믿음에서 기인한다. 그러나 위험한 성병으로부터 자신을 보호하기 위해서는 반드시 파트너와 안전한 성관계에 대해 이야기할 수 있는 의사소통 능력과 자신의 필요를 존중받을 수 있는 자기주장 능력을 기르고, 또래 압력에 굴하지 않는 사회적 능력을 발휘해야 하며, 올바른 콘돔 사용법을 알아두는 것이 특히 중요하다.

### 생각을 나누어 봅시다

**4-3** 건강한 섹스를 위해 두 사람이 배려해야 할 것은 무엇일까?

**4-4** 파트너가 콘돔 사용을 거절한다면 어떻게 할 것인가?

**4-5** 성병이 있는 것을 발견했다면 어떻게 할까?

# 참고 문헌


강해묵 외(2012). **생명 생물의 과학 9판**. [원저는 D. Sadava., D. Hillis., C. Heller., & M. Berenbaum(2012). *LIFF: The Science of Biology, Ninth Edition*]. 라이프사이언스.

대한산부인과학회(2010). **산과학 제 4판**. 군자출판사.

류승아, 서혜희, 정진복(2015). **생애주기에 따른 성과 심리**. 학지사.

안창식(2011). **인체해부학 제2판**. [원저는 K. Van De Graaff(2007). *Human Anatomy, 6th Edition*]. 정문각.

여성건강교육과정연구회 편(2016). **여성건강간호학** I. 수문사.

여성건강교육과정연구회 편(2016). **여성건강간호학** II. 수문사.

윤가현, 양동욱(2016). **성문화와 심리**. 학지사.

채규만(2018). **성행동 심리학**. 학지사.

Chapter 05

# 성적 지향과 성 정체성

- 성 정체성에 대한 개념적 이해
- 성 정체성 형성과정
- 성 정체성 드러내기
- 동성애
- 양성애
- 이성애 중심주의와 호모포비아 그리고 인식의 변화

# 성적 지향과 성 정체성

Chapter 05

# 성적 지향과 성 정체성

인간은 성장과정에서 많은 경험과 고민을 하면서 자신의 본질을 발견하고 자기정체성을 형성해 간다. 자기정체성 속에는 자신의 성격 특성, 취미, 적성, 가치관 등과 함께 성적 정체성도 포함된다. 즉, 나는 어떤 성격인가, 나는 무엇을 좋아하고 잘하나, 나는 어떤 가치관을 가졌나, 나는 어떤 사람인가 등의 고민을 하는 가운데 자기정체성을 형성해 가지만 자신의 성적 정체성에 대한 고민을 구체적으로 하는 사람은 드물다. 만약 누군가가 "당신의 성적 정체성은 무엇입니까?"라고 묻는다면, "글쎄요, 당연히 여자(남자)이지요."라고 답하며, 왜 이런 생뚱맞은 질문을 하는지 의아해할 사람들도 많을 것이다.

지금까지 많은 사람은 자신의 생물학적 성을 토대로 전통적인 성역할을 배우며,

고민 없이 자신의 성적 정체성을 무조건적으로 받아들여 왔다. 이전에는 생물학적 성을 토대로 한 전통적인 성적 정체성과 자기 자신의 성에 대한 인식이 맞지 않을 경우에도 가능한 기존의 전통적인 문화에 애써 자신을 맞추려고 노력해 왔다.

그러나 현재 성적 지향과 성별 정체성에 대한 인식이 상승하고, 생물학적 성을 넘어 사회적 · 심리학적 성인 젠더에 대한 의식이 상승하면서, 기존에는 단어로 표현되지 못했던 무수한 젠더와 성별 정체성들이 명명화되고 있다. 본 장에서는 생물학적인 성, 성적 표현, 성적 지향 등 성적 정체성과 관련된 개념에 대해 설명할 것이다. 여러분도 성적 정체성과 관련된 개념을 이해하고 자신의 성 정체성에 대해 생각해 보는 계기가 되었으면 한다.

또한 동성애로 대별되는 성소수자들에게 그동안 소수자로서의 많은 차별과 오해와 편견이 있어 온 것이 사실이다. 본 장에서는 동성애로 대별되는 성소수자들의 정체성 형성과정과 역사, 원인 등에 대해서도 살펴볼 것이다. 이 장을 통해 여러분이 성소수자에 대한 이해를 높이고, 오해와 편견에서 벗어나 존중하는 계기가 되길 바란다.

## 1. 성 정체성에 대한 개념적 이해

### 1) 생물학적 성과 젠더 정체성(Gender identity)

생물학적 성(biological sex)은 출생 시 유전자나 호르몬에 의해 정해지는 성별을 뜻한다. 생물학적 성에는 여성(female), 남성(male), 간성(間性, intersex)이 있다. 출생 시 해부학적 특징, 즉 눈으로 보이는 성기의 모양과 구조에 따라 여성과 남성으로 구분된다. 그러나 염색체나 호르몬에 문제가 생기면서 여성의 성기와 남성의 성기를 동시에 가지고 태어나거나 한 가지 성으로 완전하게 발달하지 못하여 외부 성기의 모양이 남녀를 구별하기가 애매모호한 상태를 의학적으로 모호한 생식기(ambiguous genitalia)라고 하고, 간성(intersex)이라고 한다.

그런데 타고난 생물학적 성별과 자신이 인식하는 성별이 다르다고 느끼는 사람이 있다. 분명히 여자아이인데 자기는 남성이라고 느끼는 경우가 있고, 그 반대인 경우도 있다. 이렇게 스스로 느끼는 자신의 성별을 성적 정체성(gender identity)이라고 한다. 대체로 성적 정체성은 비교적 이른 나이인 3~4세경에 나타난다고 한다. 대부분 여자아이는 자신을 여성이라고 느끼며, 남자아이는 자신을 남성이라고 느낀다. 이렇게 생물학적 성과 성적 정체성이 일치하는 경우를 시스젠더(cis-gender)라고 한다. 반대로 여자아이가 자신을 남성이라고 느끼거나, 남자아이가 자신을 여성이라고 느끼는 경우, 즉 생물학적 성과 성적 정체성이 일치하지 않는 경우를 트랜스젠더(trans-gender)라고 한다. "시스"와 "트랜스"라는 접두사는 라틴어에서 유래했다. 뜻은 각각 '이쪽'과 '건너 쪽'이다. 그러니까 생물학적 성과 성적 정체성이 같은 쪽에 있으면 "시스", 반대쪽에 있으면 "트랜스"라고 한다. 트랜스젠더 중에는 스스로 여성이라고 생각하지만 남성의 몸을 갖고 있어도, 혹은 반대의 경우라도 괜찮다고 느끼는 사람이 있지만 대부분 자신의 정체성과 일치하는 외모나 신체를 갖고 싶어 한다. 그래서 호르몬 치료나 수술을 받기도 하는데, 그 과정을 전환(transition)이라고 한다. 따라서 의학적인 방법으로 신체 구조가 바뀐 사람을 성전환자라고 한다. 이때 주의해야 할 것은 통상적으로 여성이었다가 수술을 받고 외모나 신체 구조상 남성이 된 사람 또는 반대의 경우를 트랜스젠더라고 하지만, 사실은 틀린 표현이다. 다시 말하지만 트랜스젠더는 생물학적 성과 성적 정체성이 일치하지 않는 사람을 지칭한다.

**이분법에서 벗어나 다양한 스펙트럼으로**

**논바이너리**(non-binary)

트랜스젠더가 진정한 자아를 찾도록 돕는 과정에서 과학자들은 성적 정체성 또한 '남/여'라는 이분법적 틀에 맞지 않는 경우가 있다는 사실을 알게 된다. 트랜스젠더란 생물학적 성과 젠더 정체성이 일치하지 않는 상태이다. 예컨대 생물학적으로 남자아이가 자신을 여자라고 느끼는 상태라는 것이다. 그런데 여자라고 느끼는 게 아니라, 남자도 여자도 아니라고 느끼는 사람이 있다. 그중에서도 다시 '나는 성이 없어(무성, agender)'라고 느끼는 사람이 있는가 하면, '내 속엔 여자와 남자가 모두 있어. 반반 정도랄까?' 하는 사람도 있고, '나는 3분의 1 정도는 남자고 3분의 2 정도는 여자인 것 같아'라고 느끼는 사람도 있다. 이들은 논바이너리(non- binary) 또는 젠더퀴어(genderqueer)라고 한다. '바이너리(binary)란 '이분법'이라는 뜻이므로, '논바이어리'라고 하면 성별을 이분법적으로 남녀로 구분할 수 없다는 뜻이다.

**젠더 스펙트럼**(gender spectrum)

젠더 정체성이 이분법적으로 적용되지 않는다는 개념을 좀 더 자세히 보면, 수평으로 선을 긋고 한쪽 끝을 남성 100%, 한쪽 끝을 여성 100%라고 한다면 가운데는 남성 50%, 여성 50%가 될 것이다. 세 가지 지점 사이에도 남성 10% / 여성 90%, 남성 11% / 여성 89%, 남성 11.15% / 여성 88.85% 등 무수한 경우가 있다. 따라서 현재 과학자들은 성적 정체성이 이분법적으로 여성과 남성으로 나뉘는 게 아니라, 일종의 연속적인 스펙트럼 형태를 띤다고 본다. 이것을 젠더 스펙트럼(gender spectrum)이라고 한다.

**성적 유동성**(gender fluidiry)

트랜스젠더를 비롯한 성소수자 중 6% 정도는 성적 정체성 또는 성적 표현이 변한다는 점이다. 예를 들어, 생물학적 여성으로 태어난 아이가 한때는 스스로 남자라고 느꼈다가 어떤 시기에는 여자로 느끼거나, 또 시간을 흐르면서 남자도 여자도 아닌 무성으로 느낄 수 있다는 뜻이다. 이런 현상을 성적 유동성(gender fluidiry)이라고 한다.

## 2) 성적 지향

성적 지향(sexual orientation)이란 성적인 관심, 성적인 끌림이 어떤 대상을 향해 있는지에 대한 자기인식을 말한다. 구체적으로 보면, 성적 끌림의 대상이 이성이라고 인식하면 이성애자(heterosexual), 동성이면 동성애자(homosexual), 남자와 여자에게 동시에 끌린다고 인식하면 양성애자(bisexual), 어느 쪽에도 끌리지 않는 경우는 무성애자(asexual)라고 한다.

이러한 성적인 지향이 선천적인 요인에 의한 것인가, 아니면 후천적 요인에 의한 것인가에 대한 논쟁이 있어 왔지만, 최근 들어 성적인 지향은 한 개인의 임의적 선택이 아니라 그 개인을 둘러싼 선천적이고 후천적인 요인들이 매우 복잡하게 상호작용한 결과로 본다. 성적 지향에서의 끌림은 대개는 성적인 끌림을 의미하지만 감정적이거나, 낭만적인 끌림일 수도 있고 이러한 것들이 복합적으로 일어나는 것일 수도 있다. 즉, 어떤 사람은 성행위를 하지 않고도 자신의 성적 지향을 게이, 레즈비언 또는 양성애자로 인식할 수도 있다. 또한 성적 지향은 한 사람의 일생에서 가변적일 수 있다. 개인은 자신의 삶의 다른 시점에서 이성애자, 동성애자, 레즈비언 또는 양성애자임을 인식하게 될 수도 있다.

## 3) 성적 표현

성적 표현(gender expression)이란 옷이나 장신구, 행동, 언어 등 외관상 나타나는 젠더에 관련된 특징들을 말한다. 예를 들어, 여자가 머리를 짧게 깎고 양복을 입고 넥타이를 맨다든가, 남자가 화장을 하고 드레스를 입는다거나 하면 생물학적 성과 성적 표현이 일치하지 않는다고 볼 수 있다. 여성적(feminine)과 남성적(masculine)으로 구분하는데 그 중간지점을 중성적(androgynous)이라고 한다. 어떤 복장, 어떤 행동을 여성적 또는 남성적이라고 볼 것인지는 당연히 지역과 문화에 크게 영향을 받는다. 대부분의 국가에서는 치마를 입는 것을 여성적인 특징으로 생각하지만 스코틀랜드처럼 남성이 전통적으로 치마를 입는 곳도 있다.

### 4) 종합적 이해와 성소수자

종합적으로 보면 생물학적 성, 성 정체성, 성적 표현, 성적 지향의 각 영역들은 상호 독립적이다(NASW, 1999). 그런데 이를 연결시켜 생각하면 혼란이 생길 수 있다. 예를 들면, 생물학적으로 자신을 여성으로 인식하고, 심리사회적 성 정체성도 여성이며, 성적 표현은 중성적이고, 성적 지향을 여성으로 자기 자신을 정체화할 수 있다는 것이다. 여기서 생길 수 있는 오해의 예를 들어보면, 중성적인 성적 표현을 한다고 해서 게이나 레즈비언으로 보면 안 된다. 게이라고 해서 여성적인 면이 강할 것이라든지 레즈비언이라고 해서 남성적이라고 생각해서는 안 된다는 것이다.

성소수자(sexual minority)는 이성에게만 사랑을 느끼는 이성애자(heterosexual)를 제외한 모든 사람을 포함하는 용어이다. 즉, 트랜스젠더, 동성애자, 양성애자, 무성애자 등 성적 지향과 성 정체성과 관련된 소수자를 일컫는다. 비슷한 말로는 퀴어(queer)와 LGBT(Lasbian, Gay, Bisexual, Transgender)가 있다. 본래 퀴어(queer)는 '기묘한', '이상한'이라는 뜻으로 동성애자를 멸시할 때 쓰는 단어였으나, 동성애자 인권운동이 이루어지는 과정에서 재명명하여 당당하게 사용되기 시작하였고, 해방감을 찾으며, 모든 성소수자를 위한 자긍심, 수용성, 그리고 공동체의 단어로 사용하게 되었다(Marcus, 2000).

| 구분 | 내용 | |
|---|---|---|
| 성별(Sex)<br>: 생물학적 성별 | 남성(male) | |
| | 여성(female) | |
| | 간성(intersex)<br>: 전형적인 남성 · 여성의 신체적 특징을 가지고 있지 않은 성별 | |
| 성 정체성<br>(Gender identity)<br>: 심리사회적 성 | 시스젠더(cisgender)<br>: 생물학적 성별과 성 정체성이 일치하는 사람<br>여성(female) / 남성(male) | |
| | 트랜스젠더(transgender)<br>: 생물학적 성별과 성 정체성이 일치하지 않는 사람 | |
| 성 지향성<br>(Sexual orientation)<br>: 감정적 · 성적 끌림의 대상 | 이성애자(heterosexual)<br>: 이성에게 감정적 · 성적 끌림을 경험 | |
| | 양성애자(bisexual)<br>두 가지 이상의 성별에게 감정적 · 성적 끌림을 경험 | |
| | 동성애자(homosexual)<br>: 동성에게 감정적 · 성적 끌림을 경험 | 남성 동성애 : gay |
| | | 여성 동성애 : lasbian |
| | 무성애자(asexual)<br>: 어떠한 성에게도 성적 끌림을 경험하지 않음 | |
| | 범성애자(pansexual)<br>: 모든 성별에게 감정적 · 성적 끌림을 경험 | |
| 성적 표현<br>(Gender expression)<br>: 외관상 나타나는 젠더에 관련된 특징 | 남성적(masculine)<br>: 남자의 남성적인 표현 | |
| | 여성적(feminine)<br>: 여자의 여성적인 표현 | |
| | 중성적(androgynous)<br>: 양성의 특징을 가진 중성적인 표현 | |
| 퀘스쳐너(Questioner) | 성 정체성이나 사회적 성, 성적 지향을 확립하지 못하고 스스로 질문하는 사람 | |
| 성소수자<br>(Sexual minority) | 이성에게만 사랑을 느끼는 이성애자(heterosexual)를 제외한 모든 사람, LGBTQI(Lasbian, Gay, Bisexual, Transgender, Questioner, Intersex)와 퀴어(queer) | |

## 2. 성 정체성 형성과정

성 정체성은 '나는 누구인가'에 대한 구성 요소 중 어떤 성별의 상대에게 감정적 · 사회적 · 성적인 끌림을 느끼는가와 연결된 요소이다. 이성애 중심 사회에서 이성애자들은 주어진 사회의 환경에 따라 자신의 성별 정체성을 자연스럽게 형성한다. 이성애자들은 정체성 중 성별 정체성만을 따로 고민하며 발달시키는 시기가 존재하지 않는다. 그러나 성소수자들은 자신이 어떤 성별에 이끌림을 느끼는지 인식하고 고민하며 발달시키는 '형성'의 시기를 반드시 겪게 된다. 성 정체성 형성과정은 개인이 지닌 감정적 · 사회적 · 성적 이끌림을 깨달아 이뤄가는 과정으로 볼 수 있다. 성소수자는 일반적으로 동성애자를 가리키는데, 동성애자가 성소수자 중 가장 많고 대표적이기 때문이다. 따라서 본 장에서는 성소수자를 주로 동성애자를 지칭하는 것으로 사용하며, 두 용어를 혼용할 것이다.

윤가현(1988)은 레즈비언과 게이를 구분하여 정체성 발달시기를 연구하였다(표 5-1). 이를 종합적으로 분석하면, 성소수자가 성적 지향과 관련한 감정을 인식하는 시기는 12~16세로 드러났고, 자신이 성소수자임을 수용하는 시기는 19~23세로 나타났다. 청소년 성소수자의 생활 실태조사(2006)에 따르면 청소년들이 성 정체성을 인지한 연령은 13~15세가 57.8%로 가장 많았다. 다음은 12세 미만, 16~18세, 19세 이상의 순서를 보였다. 성인 동성애자를 대상으로 한 강병철(2011)의 연구에서도 성 정체성의 평균 인지연령은 16세로 드러났다. 또한 스스로 자신이 성소수자임을 받아들이는 평균 수용연령은 20세로 드러났다. 성소수자들은 일반적으로 청소년기 초 · 중반에 걸쳐 성적 지향과 관련한 감정을 인식하며, 성인기 초기에 자신의 성 정체성을 수용하게 된다고 이야기할 수 있다.

자신의 존재와 정체성은 다른 사람이 규정하는 것이 아니라 자신을 위해 스스로 찾아가는 것이라는 점을 이해한다면 보다 현명한 판단을 내릴 수 있겠지만, 주변 사람은 물론 스스로도 그런 결정을 내리기란 결코 쉬운 일이 아니다.

**표 5-1. 정체성이 발달하는 연령의 최빈치**

(단위: 세)

| 정체성 발달의 내용 | 레즈비언 | 게이 |
|---|---|---|
| 동성에게 애착의 감정을 인식하는 최초의 시기 | 14~16 | 12~14 |
| 동성과의 성행동을 최초로 경험하는 시기 | 20~22 | 14~15 |
| 레즈비언이나 게이임을 스스로 인정하는 시기 | 21~23 | 19~21 |
| 동성과 성교 행위를 경험하는 시기 | 20~24 | 21~24 |
| 레즈비언이나 게이로서 긍정적 정체성을 가지는 시기 | 24~29 | 22~26 |
| 이성애자 친구에게 드러내는 시기 | 28 | 25 |
| 부모에게 드러내는 시기 | 30 | 28 |

출처: 윤가현(1997).

성 정체성을 형성하는 청소년기는 실험과 탐험의 시기이다. 따라서 현재의 성행동이 현재나 미래의 성적 지향을 나타낸다고 볼 필요는 없다. 청소년 시기에 성 정체성으로 인해 겪는 혼란은 드문 일이 아니다. 많은 청소년이 동성과 어떤 성적 행동을 하지만 그들이 동성애자라는 것을 의미하는 것은 아니다. 따라서 동성애적 행동과 동성애적 지향을 구별하여 생각하여야 한다. 즉, 많은 동성애자 청소년들은 아무런 성 경험이 없거나 이성과 성 경험이 있을 수도 있고, 반대로 동성과 성 경험이 있는 이성애자 청소년도 있을 수 있다.

정체성 발달에 영향을 미치는 요인은 개인의 성숙도와 경험, 신뢰할 만한 정보에의 접근 가능성, 지지적 성인 역할 모델의 존재 여부, 또래 사이의 이해도 등이다. 그래서 어떤 청소년들은 어린 나이부터 자신의 정체성을 확립하지만, 나머지는 성인 초기나 그 이후까지도 확립하지 못한다. 그러나 정보화 발달과 도시지역의 동성애자 커뮤니티의 발달, 서비스 조직 등의 증가로 점점 더 많은 동성애자들이 보다 어린 나이에 자신의 정체성을 깨닫게 된다.

동성애적 정체성 형성과정을 설명하는 대부분의 발달 모델은 개인적인 변화를 통하여 적응 단계의 진행과정을 제시해 준다(Cass, 1979; Coleman, 1982; Troiden,

1988, 1989). 특히 트로이덴(Troiden, 1989)은 이전의 발달 모델들로부터 동성애적 정체성 형성과정을 낙인의 인식과 내재화를 극복하며 자아통합을 이루어가는 과정으로 보며 4단계의 발달모델을 제시하였다. 이를 정리하면 〈표 5-2〉와 같다.

표 5-2. 동성애자 정체성 형성 단계

| 단계 | 내용 |
|---|---|
| 1단계: 민감화 | 사춘기 이전에 아이들은 중성적(gender-neutral)이거나 특정 성역할을 따르지 않는다는 측면에서 자신이 친구들과 뭔가 '다르다'는 것을 느끼게 된다. 그러나 12세 이전에 자신을 성적으로 다른 사람이라고 보는 아이는 거의 없다. |
| 2단계: 정체성 혼란 | 사춘기 이후 청소년들은 점차 동성을 향한 생각과 감정을 깨닫게 된다. 그러나 동성애에 대한 부정적 고정관념이 인지적 부조화와 혼란으로 이끌고 청소년들은 자신의 정체성을 통합하기 위해 노력한다. 동성애에 대한 정보 부족과 긍정적 역할 모델이 없어서 고립과 혼란은 더욱 증가한다. 그래서 청소년들은 대처행동을 발달시키고 자신의 성 정체성을 숨기거나 자신이 양성애자라고 생각한다. |
| 3단계: 정체성 가정 | 청소년 후기나 성인 초기가 되면, 청소년들은 자기정체성을 만들고 다른 동성애자에게 커밍아웃한다. 시간이 지남에 따라 그들은 동성애자 친구들을 사귀고, 자아존중감을 높이는 긍정적 경험을 하고, 부정적 고정관념을 없앤다. 동성애자 커뮤니티에서 사회화와 관계를 발달시키고 긍정적 역할 모델을 찾는다. 그리고 스티그마가 있는 정체성을 관리하기 위한 다양한 전략을 배운다. |
| 4단계: 몰입 | 보통 성인이 되면 삶의 모든 측면에서 성 정체성을 통합하여 자기수용이 최고조에 이른다. 그래서 성 정체성을 이성애자 친구와 가까운 가족에게도 알린다. 그러나 모든 동성애자들이 정체성을 통합하는 것은 아니다. 그것은 지지체계, 긍정적 역할모델, 강점과 약점, 차별 경험 등에 달려 있다. |

출처: Troiden(1989).

## 3. 성 정체성 드러내기

'커밍아웃(coming out)'은 '벽장 속에서 나오다(Coming out of the closet)'의 줄임말로 자신의 성적 지향을 숨기는 벽장에서 나와서 자신의 성 정체성이나 성적 지향을 타인에게 드러내는 것을 의미한다. 즉, 주위 사람들에게 자신의 성적 지향과, 더 나아가서는 자기 자신이 누군지에 대해서 솔직해지는 것을 말한다. 성소수자들이 친구나 가족, 동료들에게 자신의 성적 지향을 밝히는 이유는 진정한 자기 자신이 되고 싶기 때문에, 자신이 사랑하고 신뢰하는 이들에게 솔직해지고 싶기 때문이다. 또한 자신이 아닌 다른 사람이 된다는 것이 매우 힘들고 어렵기 때문에, 그리고 그것이 자신을 파괴하는 일이기 때문에 친구와 가족, 그리고 동료들에게 자신의 성적 지향을 밝힌다.

그런데 성소수자가 커밍아웃을 했을 때 이를 다른 사람들이 어떻게 받아들이는가에 따라 자신의 정체성 형성에 긍정적 · 부정적 영향을 미친다. 그래서 커밍아웃을 언제, 누구에게 해야 하는가는 매우 중요하다. 만약 이 과정을 신중하게 하지 않는다면 많은 부정적인 경험을 할 수 있다. 특히 청소년 성소수자들은 가족에게 커밍아웃하거나 우연히 밝혀진 이후 집에서 쫓겨나는 경우도 많다. 따라서 청소년 동성애자들은 자신의 성 정체성을 밝히는 데 매우 조심스러울 수밖에 없다. 커밍아웃이 수용되지 않았을 때는 정신적 어려움을 겪게 되고 언어 및 신체적 폭력을 경험하기도 하지만, 이와 반대로 긍정적인 반응의 경험을 갖게 되면, 외로움과 우울이 감소되고 안정감을 갖게 된다.

커밍아웃은 정체성 발달과 심리사회적 적응에 중요한 역할을 한다. 일반적인 커밍아웃의 과정은 〈그림 5-1〉과 같이 진행된다. 자발적으로 커밍아웃을 할 때 성소수자들은 정서적 · 신체적 · 경제적으로 가장 위협적이지 않은 대상으로부터 시작한다. 즉 대부분의 경우 친구를 정서적 지지의 가장 중요한 원천으로 보기 때문에, 가족보다 친구에게 먼저 커밍아웃을 한다. 물론 가장 안전한 동성애자 친구로부터 시작하는 경우가 일반적이다. 그리고 안전감을 얻고 나면, 또는 동성애자 친구가 없을 경우에는, 가까운 이성애자 친구에게 커밍아웃을 한다. 그 후에는 자신과 친한 형제자매에게 커밍아웃을 하고, 그것도 받아들여지면 부모에게도 한다. 이 모든 과정에서 안전감을 느끼면 직장과 학교 등에서의 가까운 동료에게도 커밍아웃을 하게 된다. 그러나 이 과정의 어느 단계에서 거부가 일어나면 커밍아웃이 중단되기도 하고, 때에 따라서는 이 과정과 다르게 커밍아웃이 진행되기도 한다. 또한 이 과정은 빠른 시일 내에 끝나기도 하지만 수십 년이 걸릴 수도 있다.

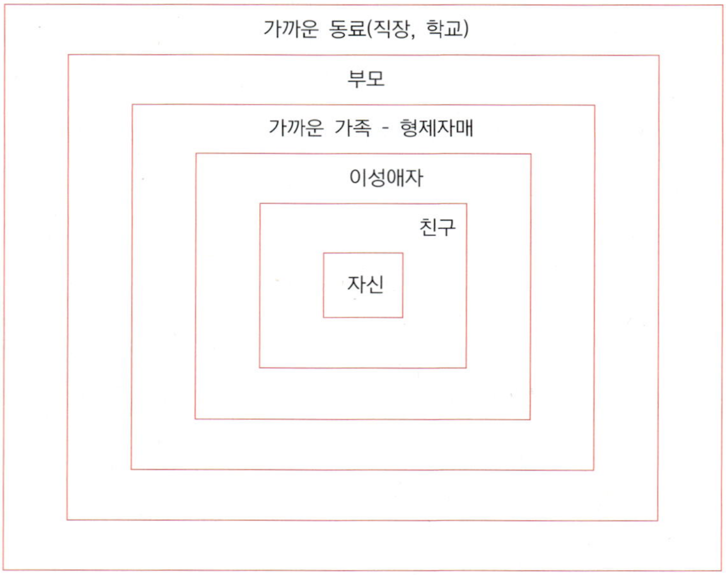


출처: Ryan & Futterman(1998)

그림 5-1. 일반적인 커밍아웃 패턴

많은 성소수자들은 수용받지 못할 것이라는 우려로 인해 커밍아웃을 하지 않는다. 한국의 성소수자 82%가 부모에게 커밍아웃을 하지 않았고, 88%가 형제자매에게 알리지 않았다고 보고되었다(국가인권위원회, 2015). 또한 가족들에게 상처를 떠안기는 것이라고 생각하며, 가족에게 비밀로 하고 혼자 짊어지고 살아가려고 마음을 먹기도 한다.

커밍아웃이 수행되는 연령은 문화권마다 차이가 있다. 서양에서는 평균 17.9세이고, 동양에서는 21.2세에 커밍아웃이 이루어진다. 커밍아웃은 가족보다는 이성애자 친구에게 먼저 드러내는 경향이 있는데, 그 이유는 가족들에게 커밍아웃했을 때의 결과에 대한 두려움이 성소수자에게는 중요한 스트레스 요인으로 작용하기 때문이다. 실제로 한국 성소수자사회의 의식조사기획단(2007)의 조사에 의하면, 한국의 부모는 성소수자 자녀의 커밍아웃 후, 아버지 4.7%와 어머니 11.1%만이 커밍아웃한 자녀에게 긍정적인 반응을 보였고, 가족이나 친구와 연을 끊었다는 응답도 14.4%에 이른다. 부정적인 반응을 보이는 부모들 중에는 성소수자 자녀를 내쫓기도 하였다. 자녀가 스스로 가족으로부터의 거부적 태도와 마찰, 학대 등을 피하기 위해 가출을 하기도 한다. 한국의 청소년 성소수자 중 가출 경험이 있는 청소년은 29.6%이며, 가출을 심각하게 고민하는 청소년 성소수자는 52.2%에 달한다(강병철, 2007). 미국의 연구사례에서도 커밍아웃한 청소년의 25%가 가족에게 거부당하여 집에서 쫓겨나거나 신체적 학대를 당한 것으로 나타났으며, 미국 가출 청소년의 약 40%가 성소수자라고 보고되었다(김유니, 2005; Hetrick & Martin, 1990). 가출청소년은 정신건강에 심각한 영향을 받으며, 일반 가출청소년의 자살률이 29%인데 반해 성소수자 가출 청소년의 자살률은 62%로 두 배가 높은 것으로 나타났다(National Alliance to EndHomelessness, 2012). 이와 같이 성소수자는 커밍아웃 이후 가족의 부정적 반응과 태도로 인해 심각한 정신적·신체적 영향을 받는 것을 알 수 있다.

# 4. 동성애

## 1) 동성애의 정의

동성애(homosexuality)란 자신과 성별이 동일한 상대에게 성적 · 감정적 · 애정적으로 끌리는 것을 말한다(윤가현, 2000). 동성애자(homosexuals)란 같은 성별을 향한 끌림을 느끼는 사람 중에 이러한 자신의 마음을 수용하고 자신의 성 정체성으로 받아들인 사람을 가리킨다. 호모섹슈얼(homosexual)이란 단어가 만들어진 것은 1869년 벤커르트(Karl Maria Benkert)가 프러시아의 반(反)동성애법 철폐를 주장했던 팸플릿에서 처음 사용한 것에서 유래되었다. 즉, '같다(homo)'란 의미의 그리스어 단어와 '성(sex)'을 의미하는 라틴어 단어를 조합한 것이다.

누군가에게 끌리는 방식은 사람마다 다를 수 있다. 어떤 사람은 동성에게 정서적인 끌림만을 느끼거나 성적인 이끌림만을 경험할 수도 있고, 어떤 사람은 동성을 향해 정서적이거나 성적인 이끌림이 혼합된 마음을 가질 수도 있다. 동성을 향한 끌림은 상대방과 손을 잡고 포옹하거나 입을 맞추고 싶은 마음, 상대방과 친밀해지고 더욱 잘 알아가고자 하는 욕구, 상대를 향해 가슴이 두근거리고 설레는 등의 반응으로 다양하게 나타날 수 있다. 그리고 드물게는 특수한 환경 속에 장기간 이성애적 성적 행동이 박탈되어 성적 충동을 발산하기 위해 동성애적 행동을 취하는 경우도 있다고 한다. 청소년들 사이에서 탐색적인 성적 연습으로 동성애적 행동을 일과성으로 하기도 한다. 또한 자신은 동성애자라고 여기면서도 동성과의 공공연한 성적 경험이 없기도 하고, 동성애적 성행위를 하면서도 이성에게 성적 흥분이 야기될 수도 있다. 따라서 동성애를 엄격하게 정의하기는 쉽지 않다. 사람마다 자신의 성 정체성으로 통합하는 방식이 다르며 그 어떠한 방식도 잘못된 것이라고 말할 수 없다. 그렇기 때문에 오직 자기 자신만이 스스로가 동성애자인지 아닌지를 결정할 수 있다.

실제 성적 지향이 스펙트럼으로 존재하기 때문에 명확하게 이성애, 양성애, 동성애를 구분하기는 쉽지 않다. 킨제이(Kinsey) 등은 이성애, 양성애, 동성애를 구분하기 위해 1948년 7점 평가척도를 개발하였다. 동성애는 이 평가척도 4~6번 범주에 속한다. 일반적으로는 동성애는 동성의 사람에게만 전정한 성애적 매력을 느끼고 동시에 성적 관계를 공공연히 갖는 성적 행동으로 정의하고 있다. 그런데 동성의 사람에게 진정한 성애적 매력을 갖고 있더라도 공공연한 성적 행동을 갖지 않는 경우를 "잠재성" 동성애(latent homosexuality)라 칭한다.

**표 5-3. 킨제이 성적 지향의 단계**

| 0 | 1 | 2 | 3 | 4 | 5 | 6 |
|---|---|---|---|---|---|---|
| 완전한 이성애 | 주로 이성애 성향, 드물게 동성애 성향 | 주로 이성애 성향, 때때로 동성애 성향 | 동등한 이성애 성향과 동성애 성향 | 주로 동성애 성향, 때때로 이성애 성향 | 주로 동성애 성향, 드물게 이성애 성향 | 완전한 동성애 |

출처: Kinsey et al.(1948), p.638.

## 2) 역사적 배경

동성애는 인류의 역사에서 거의 모든 사회에 있었던 것으로 보인다. 동성애에 대한 관념과 태도는 시대와 문화권에 따라 달랐다. 고대 그리스·로마 시대에는 플라톤의 『향연(symposium)』 등에서 볼 수 있듯이 남녀 간의 사랑을 뛰어넘는 아름다운 일로 찬양되기도 하였다. 우리나라의 경우도 신라시대의 화랑에서 동성애적 관계를 찾기도 한다(윤가현, 1997). 고려시대 공민왕에 대한 고려사의 기록에도 미소년들과 가까이 지냈다는 내용이 나온다.

그러나 성서를 근본으로 하는 유대기독교 문화권에서는 동성애를 용납하지 않는다. 서구 중세의 기독교 문화에서 동성애자를 이단자로 간주하여 화형, 생매장, 고문, 교수형에 처하였다. 이슬람교의 코란에서는 징벌로 규정하고 있다. 우리나라의 경우 유교를 중심으로 한 조선의 건국과 함께 남녀를 엄격하게 구분하였고, 동성애도 남녀 간의 질서를 어지럽히는 문란한 행동으로 간주하였다.

근대에 와서는 1940년대까지 동성애는 편집증이나 성격장애 등으로 여겨졌으며, 1952년 미국정신의학협회에서 DSM(정신장애진단 및 통계편람: Diagnostic and Statistical Manual of Mental Disorders)이 출간되며 동성애는 사회병질적 성격장애의 범주 안의 성적 일탈로 분류되었다. 그러다 1974년 동성애를 DSM에서 삭제하였고, 1980년 미국 질병통계에서 동성애의 병명이 제거되었으며, 1992년 세계보건기구에서도 성적 지향으로서는 장애로 간주될 수 없다고 언급하면서 동성애를 질병의 차원에서 더 이상 다루지 않게 되었다. 1993년 미국국립암연구소는 X염색체에서 개인의 성적 지향을 결정짓는 데 영향을 주는 유전자를 찾아냈다.

이와 같은 일련의 사건들로 인하여 동성애는 생물학적 다양성의 하나로 용인받게 되어 네덜란드, 벨기에, 덴마크, 스웨덴, 스페인, 프랑스와 같은 유럽 국가들과 더불어 미국, 캐나다, 아르헨티나, 우루과이, 뉴질랜드, 남아공, 호주 등 2018년 현재 26개 국가에서 동성결혼을 법제화하였다. 우리나라의 경우는 「국가인권위원회법」에서 성적 지향으로 인한 차별을 금지하고 있다.

### 3) 동성애의 원인

"어떤 사람이 동성애자가 되는 이유는 무엇일까?", "한 번 동성애자인 사람은 평생토록 동성애자인가?", "동성애를 하는 사람은 태어날 때부터 정해져 있는 것인가?", "동성애자들은 자신이 의식적으로 동성애를 선택한 것인가?" 등의 동성애와 관련된 많은 질문에 대해 사회심리학자나 유전학자 등이 연구를 했지만 아직 명확히 밝혀진 대답은 없다.

다만 미국상담심리학회에서 상담자를 위한 가이드라인을 제시하면서, 다음과 같이 언급하고 있다.

> "생물학적 요인, 가족 요인, 문화적 요인, 사회·경제적 요인, 심리사회적 요인이 성적 지향과 성별 정체성 / 성별 표현의 발달과정 중에 영향을 미칠 수 있음을 이해한다. 또한 애정적 지향은 반드시 고정적이지는 않으며, 이것은 유동적일 수 있고, 한 개인의 일생을 거치면서 변할 수도 있다는 것을 이해한다."

> "개인들의 애정적 지향 또는 성별 정체성 / 성별 표현을 '바꾸고', '고치고', '전환하고', '변화시키려는' 시도들은 유해하고 심지어 생명을 위협할 수도 있다는 것과 결코 행해져서는 안 된다는 것을 이해한다."

지금까지 동성애의 원인을 설명하는 이론은 크게 선천성 및 후천성 이론으로 나눌 수 있지만, 각각의 영향을 묶어 설명하는 이론도 있다. 처음에는 후천적 요인으로 설명하려는 정신분석이론이나 사회학습이론을 중심으로 연구되었으나 1980년대부터는 생물학적 요인을 무시한 후천적 영향의 연구는 거의 하지 않고, 대부분의 연구가 생물학적 기저를 찾는 데 초점을 맞추고 있다. 그러나 이러한 원인 규명 자체를 동성애를 비정상적 증상으로 보는 관점이라는 비판적 입장도 있다. 명확하게 밝히기 어렵기 때문에 그 자체를 존중해 주는 것이 필요하다는 것이다.

### (1) 선천성

최근까지 동성애의 생물학적 요인을 밝히려는 연구는 세포유전학, 내분비계 및 신경해부학적 연구, 뇌의 차이, 출생순위 등을 다루는 것들이 있다.

먼저 유전적 요인은 동성애 지향을 결정하는지 밝히는 고전적 방법으로 일란성 쌍생아의 행동을 비교하는 연구가 있다. 칼만(Kallmann)은 1952년 자신을 게이라고 밝힌 쌍생아를 표집하여 형제가 게이인지 아닌지를 파악하였다. 그 결과 일란성 쌍생아 37명은 모두 쌍생아 형제가 게이였으며, 이란성 쌍생아 26명 중 4명만이 쌍생아 형제가 게이였다. 그는 일란성 100%, 이란성 15%라고 결론지었다. 그러나 이보다 더 정교한 방법론을 도입하여 연구한 1960년대 이후의 연구들에서는 일란성 쌍생아 간의 동성애 일치율은 그렇게까지 높지 않았다. 그동안 여러 연구에서 보인 통계를 종합해 보면 일란성 쌍생아의 경우 동성애 일치율은 일반 형제들 간의 일치율보다 훨씬 높은 약 50%에 해당되므로 일정 정도 생물학적 근거를 지지해 주고 있다. 그렇지만 쌍생아의 경우 환경적으로도 유사한 환경에 놓였다고 추정해 볼 수 있기 때문에 동성애의 결정 요인은 유전적 차원에서만 해석할 수 없는 복합적인 문제임을 의미한다.

동성애의 원인을 유전학적으로 밝히려 한 또 다른 연구로는 딘 해머(Dean Hamer)의 연구가 있다. 1992년 딘 해머는 남성 동성애자 40쌍을 연구하여 이 중 33쌍이 긴 X염색체에서 동일한 DNA 형태를 공유하고 있다는 사실을 밝혀내었다. 따라서 이 부위에 동성애를 일으키는 유전자가 들어 있는 것이 분명하다는 결론을 내렸다. 그러나 이러한 주장은 진화론의 입장에서 볼 때 역설적인 것이다. 즉 자연선택은 종의 번식에 이익이 되는 형질을 선호하므로 번식과 무관한 동성애 유전자는 자연선택이 될 리가 없다는 것이다. 그러나 이러한 의문은 혈연자 선택이론에 의해 설명될 수 있다. 이 이론은 자연선택이 개체보다는 혈연들의 차별적인 생존을 위해 작용한다고 주장하는데, 이것을 동성애에 적용시켜 보면 자신의 가족을 만드는 것보다는 형제의 자녀의 양육을 도움으로써 간접적으로 자신의 유전자를 확산시키는 것이 동성애자들이 선택한 최선의 전략이라는 것이다.

또 다른 접근방법은 동성애의 호르몬 영향을 확인하는 것이다. 즉 태아기 동안 호르몬의 영향으로 중추신경계의 구조와 기능에 변화가 생기며, 그 결과 남성이 여성적인 또는 여성이 남성적인 성적 지향을 보이게 된다는 것이다. 이러한 사실은 흰 족제비의 연구에서 태내에 있는 암컷 족제비에게 뇌의 성분화가 이루어지는 태아기 동안 남성 호르몬 테스토스테론을 주입시킨 결과, 태어난 뒤에 암컷과 교미하려는 행동을 보였다는 연구결과가 뒷받침한다. 또한 출생 전의 원숭이 암컷에 남성 호르몬을 주입했더니 출생 후에는 수컷과 같은 행동을 보였다는 연구결과도 있다. 그러나 이 같은 현상은 인간을 대상으로 한 연구에서는 일관적인 결과로 나타나지 않았다. 남성 동성애자 소변에 테스토스테론 수준이 이성애 남성보다 더 낮게, 여성 동성애자는 이성애 여성보다 더 높게 나타나기도 했다. 또한 이성애 남성보다 동성애 남성의 혈액에서도 테스토스테론 수준이 더 낮고, 정액의 양도 더 적으며, 정액에서도 비정상의 형체가 더 많았다. 그러나 동성애 집단의 테스토스테론 수준이 더 높다는 발견도 있었다. 따라서 인간에게는 호르몬의 수준이 동성애를 결정한다고 이야기하기는 어렵다.

뇌의 차이를 밝히려는 생물학적 접근법도 있는데, 1991년 사이먼 리베이(Simon LeVay) 박사는 동성애와 이성애 남성의 뇌 구조에 차이가 있음을 처음으로 밝혀냈다. 성행동과 관계된다고 알려진 시상하부 크기가 이성애자 남성이 동성애 남성보다 두 배 정도가 컸으며, 동성애자 남성의 시상하부 크기는 이성애자 여성과 비슷하였다. 하지만 그 연구결과도 변인의 설정이나 연구 대상의 선택 등에 따라 달라지며, 일관성을 보이지 않는다.

### (2) 후천성

동성애의 원인을 후천적 영향으로 보는 접근방법으로 정신분석이 있다. 정신분석학적인 접근방법은 주로 개별 환자를 광범위하게 사례 연구한 결과에 의존하는 접근방식이다. 대표적인 정신분석학자로 프로이트를 들 수 있다. 프로이트는 동성애가 아동기의 성적 발달에서 기인한다고 보았다. 구강기의 고착이나 남근기의 고착으로 동성애적 기질이 나타난다는 것이다. 남자아이는 3~5세 때 자신의 생식기 구조가 여자의 구조와 다르다는 사실을 인식하면서 이성에 대한 관심을 가지기 시작한다. 이 시기에 가장 가까운 이성인 어머니에게 그 관심이 쏟아지면서 오이디푸스 콤플렉스라 불리는 갈등에 직면한다. 이러한 갈등을 겪는 과정에서, 그 정도의 차이에 따라 성적 발달의 정상적 여부가 결정되고 동성애는 아버지가 어머니에 비해 약하게 지각되었을 때 나타난다고 하였다. 어머니와 더 가까운 관계를 유지하며 어머니가 자신이 동일시하는 모델이 되며 그로부터 여성과 같은 행동양식이나 사고방식이 심어지는 것이다. 이러한 아동이 자라면서 어머니처럼 성적 상대로 남자를 접촉하며 만족을 추구하게 되고 동성애를 하게 된다고 설명하였다.

한편, 모빌리는 보상충동이라는 개념으로 동성애의 원인을 설명하였다. 동성애자가 동성으로부터의 사랑을 요구하는 이유는 동성의 부모로부터 사랑받고자 한 어렸을 때의 욕구가 충족되지 않았기 때문인 것이다. 어떠한 이유로든 사랑을 받을 수 없었기 때문에 일종의 욕구불만이 생기며 이것들이 상호작용을 하여서 동성애를 하게 된다. 즉 어릴 적 채우지 못한 욕구를 어른이 된 후 동성을 통해 충족시키려 하는 것이다.

1962년 정신과적 도움을 얻으려는 동성애자들의 연구를 통해서 동성애가 성장과정에서 아동과 부모의 비정상적인 상호작용의 결과라는 주장이 있었다. 즉, 아버지와 정상적인 관계를 갖지 못했던 남성 동성애자 106명 중 73%가 어머니의 유혹 행동 때문에 전통적인 남성성을 발달시키지 못했다는 주장이다. 아버지들은 전형적으로 약하고 아들에게 무관심하며 적대적이었던 반면에 어머니는 아버지에 비해 매우 강했는데, 연구자들은 이러한 환경이 아이를 동성애자로 발달시켰을 가능성이 크다고 주장했다.

또한 동성들끼리만 장기적으로 생활하게 되는 환경이 동성애의 발달을 유발시킨다는 연구결과가 있다. 교도소, 군대, 기숙사, 수도원 등이 대표적인 예인데, 이러한 공간에서는 이성과의 접촉이 비교적 제한되어 있다. 하지만 오랫동안 인간의 성적 본능을 억제하기가 쉽지 않기 때문에, 동성 간의 성적인 행위를 통해 성적 욕구를 만족시키기 쉽다. 이를 상황적 동성애(situational homosexuality)라고 한다.

또 우연하게 동성과의 성관계를 경험하고 성적인 만족감을 느낀다면, 동성애자가 된다는 연구가 있다. 이는 반 윅(Van Wyk)의 연구에 의해 밝혀진 바 있다. 하지만 이러한 주장은 동성애의 학습적인 측면을 강조해 주기는 하지만, 강화를 받지 않고서도 동성애자가 되는 사람의 경우를 설명해 주지 못한다.

또, 부모의 성역할이 일반적으로 우리가 생각하는 성역할과 다르거나 가족관계가 원만하지 못할 경우, 자녀가 동성애자로 성장할 가능성이 많다는 주장이 있다. 비버(Irving Bieber) 등은 1962년 남성 동성애자 부모의 성향을 조사하였는데, 어머니가 과보호적이고 지배적인 반면 아버지는 취약하고 수동적이었다. 또 소카리데스(Socarides)의 연구에 따르면 어떤 여성은 어렸을 때 아버지로부터 받은 거부감 또는 실망의 두려움 때문에 남성을 피한다고 한다. 이 경우 어머니에게 의지하는 마음이 다른 여성에게 전가된다고 한다. 그러나 다른 많은 연구에서 특징적인 부모의 성향을 발견할 수 없었다.

또 펠드만(Feldman)의 연구에 따르면, 사춘기 이후 남성이 여성으로부터 불쾌한 감정을 경험했다면, 그는 여성을 두려워하고 회피하여, 성적인 대상으로나 정서적인 친구로서 꺼리게 된다고 한다. 그는 시험 삼아 남성을 상대해 보고, 그 경험이 만족스러우면 남성에 대해 더욱 강한 매력을 느낀다고 한다. 레즈비언의 경우에도 마찬가지인데, 레즈비언을 상대로 한 조사에서 조사 대상자 중 41%가 성적으로 학대를 당한 경험이 있다고 했다.

또한 어렸을 때 남성이 여성적인 행동을 한 후 정적 강화를 받으면 나중에 남성적인 행동보다도 여성적인 행동을 자연스럽게 표출한다고 한다. 남자아이가 수줍어하거나 수동적인 특성을 띠면 '여자 같다'고 놀리고, 여자아이가 활동적이고 폭력적이면 '왈가닥'이라고 부르며 특별한 관심을 주기도 한다. 이러한 관심이 아이들에게는 강화물이 되어 더욱 반대 성의 성역할 수행을 촉진시킬 수 있다.

그러나 사람들이 어떤 원인으로 인하여 누구는 동성애자가 되고 누구는 이성애자가 되는지에 관한 연구는 간단하지 않다. 1981년 벨, 와인버그, 햄머 스미스 등이 시행한 연구는 686명의 동성애 남성과 293명의 동성애 여성, 337명의 이성애 남성, 140명의 이성애 여성을 한 사람당 3~5시간 동안 면접검사를 하는 방법으로 연구를 진행하였다. 과연 여기서 얻은 정보는 정신분석이나 사회심리학 분야에서 말하는 동성애의 원인에 대한 가설들을 입증할 수 있는지에 그 초점을 맞추어 과학적인 통계분석을 하였다. 그 결과 여섯 가지 결론을 내렸다. 첫째, 남성 동성애자는 지배적인 어머니와 약하고 부적절한 아버지 사이에서 만들어진다고 생각해 왔으나 이 가설에 대한 증거는 찾을 수 없었다. 둘째, 여성 동성애자는 자신의 아버지를 모델로 삼으며 성장한 것이라는 가설은 그 증거를 찾을 수 없었다. 셋째, 동성애는 연장자에게 유혹당한 결과 만들어지는 경우가 많다는 종래의 생각은 근거가 없는 것이다. 넷째, 동성애, 이성애 등 성적 기호는 사춘기에 확정되며, 성인이 된 이후에는 근본적인 방향이 변화되지 않았다. 다섯째, 동성애자는 어린이 시기와 사춘기에 이성과 경험을 하지만 이런 경험이 만족스럽게 느껴지지 않거나 동성과의 경험보다 덜 만족스럽다는 것을 발견하였다. 여섯째, 어린 시절 자신의 성에 맞는 놀이나 행동을 하지 않는 것(예를 들면 소년이 야구나 축구 등 스포츠를 즐기기보다는 소꿉놀이를 즐기는 등)은 장차 성인이 된 후 동성애자가 될 수 있는 상당히 중요한, 절대적이지는 않지만 예측인자이다. 이 결과에서 연구자들은 과거의 동성애에 대한 사회심리학적, 정신분석학적 가설을 입증할 만한 어떤 증거도 찾을 수 없었다. 이들은 오히려 어떤 생물학적인 요인이 동성애의 주요한 원인일 수 있다고 추정하나, 이 연구가 생물학적 요인을 찾아낼 수 있는 연구가 아니므로 단지 그 가능성만을 추정할 뿐이다.

## 4) 빈도

동성애의 발생빈도는 동성애의 정의가 명확할 수 없으니 만큼 정확할 수가 없다. 그러나 한 가지 분명한 것은 일반적으로 (일생) 전적인 동성애는 남성은 4%, 여성은 그 반인 2% 수준 이하로 추측한다. 2018년 기준으로 최신 조사에 해당하는 미국 갤럽의 2017년 전미 성소수자 인구조사에서는 성소수자는 4.5%로 2016년 조사(4.1%)에 이어 0.4% 상승한 수치를 나타냈다. 특이할 만한 내용으로는 1980~1999년 사이에 출생한 밀레니엄 세대의 경우 8.2%(2016년 조사에서는 7.3%)가 스스로를 LGBT라 답변하여 이전 세대들보다 압도적으로 높은 비율을 나타냈으며 성별로는 남성 성소수자(3.9%)보다 여성 성소수자(5.1%)의 비율이 눈에 띄게 높았다. 성소수자에 대한 사회 분위기가 우호적으로 변하면서 자신의 성 정체성을 보다 솔직하게 표현한 결과일 수 있다.

### 동물도 동성애를 할까?

동성애 논쟁이 벌어지면 '동물도 안 하는 짓을 인간이 해서는 안 된다'는 주장을 펼치는 이들이 있다. 동물은 인간과 달리 발정기가 따로 있어서 평소에 서로 관심도 없다가 발정기가 되면 수컷과 암컷이 서로를 맹렬하게 찾아 불과 몇 분도 되지 않는 짧은 의식을 끝내고, 그 뒤로는 오로지 새끼를 낳는 일만 남는다고 우리는 배워 왔다. 동물에게는 단지 상대가 너무 사랑스러워 섹스를 하는 일은 없으므로, 생식과 상관없는 동성애 따위가 있을 리 없다는 것이다.

하지만 자연의 오묘함은 인간의 이런 추측을 늘 뛰어넘는다. 미국의 동물학자 부르스 바게밀은 10년에 걸쳐 동물들을 관찰한 결과 동성애를 하는 동물이 적어도 470종 이상이라는 사실을 발표했다. 벼룩부터 딱정벌레, 백조, 펭귄, 돌고래, 해마뿐만 아니라 타조와 기린, 그리고 오랑우탄, 원숭이까지 다양하다. 특히 인간과 가장 가까운 유전자를 가졌다는 영장류 보노보의 동성애는 아주 유명하다. 보노보는 동물 가운데 발정기와 상관없이 섹스를 나누는 극히 드문 존재일 뿐만 아니라, 놀랍게도 인간처럼 마주보고 성행위를 하며 서로 친밀감을 나누기 위해 섹스를 한다. 1997년에 미구 캐럴대의 앤 퍼킨스 교수는, 암컷과는 관계를 맺지 않고 수컷끼리만 관계를 갖는 숫양이 전체 10%에 이른다는 놀라운 연구 결과를 발표하기도 했다. 뉴욕 맨하탄 동물원의 수컷 펭귄 두 마리의 사랑도 유명하다. 로이와 사일로라는 이 펭귄 커플은 다른 암컷의 알에서 태어난 탱고라는 아기를 지극정성으로 길러서 사육사들을 감동시켰고, 이 실화는 마침내 동화책으로 만들어지기까지 했다.

이렇게 본다면 '동물도 안 하는 짓'은 동성애가 아니라, '동성애자나 이성애자로 나눠 동성애자에겐 폭력과 차별을 가하는 짓'이 아닐까 싶다. 동물 세계에서 동성애는 발견되지만 동성애를 한다는 이유로 무리에서 따돌리는 일은 아직 발견되지 않았으니까.

출처: 무지개성상담소(2014). pp.27~29.

## 5. 양성애

양성애라는 용어는 남녀 모두에게 동일하게 성적 매력을 느끼는 것이 아니라, 남녀 누구에게든지 매력을 느끼고 성적인 관계를 가질 수 있다는 것을 뜻한다. 그런 의미에서 영문으로는 바이섹슈얼리티(bisexuality)라고 하지만, 앰바이섹슈얼리티(ambisexuality)라는 용어가 더 적절할 것이다(윤가현, 2008).

양성애의 특성도 여러 가지로 나타날 수 있다. 윤가현은 양성애를 세 부류로 나누어 설명한다. 첫째는 남녀를 구분하지 않고 성적인 상대자로서 관심을 가지고 접촉하는 순수한 양성애자, 둘째는 실제 동성애적 성적 지향을 지니고 있지만 자신의 성적 지향이 탄로나는 것을 두려워하여 이성과의 관계를 유지하면서 은밀히 동성과의 관계를 유지하는 경우, 그리고 셋째는 발달과정에서 이성에 대한 관심과 동성에 대한 관심이 교대로 나타나는 경우이다.

먼저, 순수한 양성애자는 남녀 모두에게 진정한 관심을 보인다. 왜 양성 모두에게 관심을 보이는지 그 이유는 잘 모르지만, 아마도 동성애나 이성애와는 다른 발달 경로를 취하고 있다고 여겨진다. 게이라고 밝힌 사람 중에서도 이성에 대한 관심을 가지고 상대하는 사람이나, 이성과 결혼하여 살면서도 동성과의 관계에서 또 다른 성적 흥분을 경험하려고 동성을 상대하는 사람들이 여기에 속한다.

순수한 양성애자 양성애 연구 자료는 아주 제한되어 있지만, 1980년대 초 『플레이보이(playboy)』에 발표된 내용을 보자. 남성 양성애자 2,786명(평균 31세)과 여성 양성애자 984명(평균 26세)을 조사한 바에 의하면, 성적 생활양식의 성차가 나타났다. 기본적으로 양성애자 여성은 윤택한 생활을 하는 반면에 남성은 힘들게 살아가고 있었다. 여성 948명의 반응에서는 70%가 자신들의 생활이 행복하다고 답했으며, 40%는 기혼자로 성관계의 빈도, 자위행위나 구강섹스의 빈도 및 만족감이 레즈비언이나 이성애 여성보다도 높다고 답했다. 남성의 반응을 보면, 거의 절반이 성생활에 불만을 표시했으며, 그러한 이유로 이성애 남성이나 게이 남성들보다 매춘부를 더 자주 방문하고 있었다. 또 게이 공동체로부터 불신의 대상으로 여겨지기 때문에 그들과 적절하게 접촉하는 것도 어렵다고 답했다.

둘째는 실제 동성애적 성적 지향을 지니고 있지만 자신의 성적 지향이 탄로나는 것을 두려워하여 이성과의 관계를 유지하면서 은밀히 동성과의 관계를 유지하는 경우이다. 미혼인 경우 자신의 동성애 정체성을 은폐시키기 위한 노력으로 가끔 남성(여성)과 관계를 가지기도 하지만, 이 경우 정서적으로나 성적으로 의미를 부여하지 않는다. 기혼의 경우도 결혼하여 이성애자인 것처럼 행동하지만, 아주 은밀하게 동성과의 접촉을 시도한다.

셋째는 발달과정에서 이성에 대한 관심과 동성에 대한 관심이 교대로 나타나는 경우이다. 아동기와 청소년기에 동성애적 정체성을 보이다가 나중에 이성애자가 되는 사람도 있고, 또 그와 반대로 나타난 사람도 있다. 사람은 생애 동안 성적 정체성이 여러 차례 변할 수 있으며, 또 본인도 그러한 변화 가능성을 잘 모르고 있다. 또 동성애자들은 자신을 이성애자로 여기고 이성과의 교제 경험을 갖기도 한다.

현재 레즈비언 관계를 유지하고 있는 여성들 중에서 과거 남성과 의미 있는 관계를 맺었던 사람들이 많다. 남성과 사랑에 빠져 결혼이나 동거, 연인관계를 유지했던 여성들은 그 당시 자신들이 순수한 이성애자였다고 여긴다. 그렇지만 어느 순간에 여성이 자신의 성적 및 정서적 끌림의 대상임을 인식하여 레즈비언이 되기도 한다. 그런데 이성애적 경험을 하다가 레즈비언 생활을 하는 여성들의 일부는 가끔 나중에 이성애자로 또다시 돌아간다. 그래서 그들의 성적 지향은 자신의 선택에 의하여 나타난 것처럼 보이므로 선택적 레즈비언들(elective lesbians)이라고 불린다. 또 어떤 여성들은 남성과의 긍정적인 관계를 유지하였지만, 여성과의 관계에서 만족이 더 크므로 레즈비언 생활을 지속하기도 한다.

양성애자들은 이성애자로부터 성소수자로 여겨져 편견과 혐오의 대상이 된다. 또한 동성애자들로부터도 신뢰와 지지를 받지 못한다. 또한 자신들만이 추구하는 공동체가 흔하지 않은 편이다. 그럼에도 불구하고 양성애자들도 성소수자들의 행진에 참여하며 성소수자의 권익 향상을 위해 목소리를 내기도 한다.

## 6. 이성애 중심주의와 호모포비아 그리고 인식의 변화

성소수자를 이해하는 태도는 문화권마다 조금씩 다르다. 또 동일한 문화권이라도 시대에 따라서 태도가 변해가고 있다. 예를 들면, 네덜란드는 근래 인구의 약 9할 이상이 동성애자들의 인권을 지지하고 있는데, 그 지지율은 1968년 68%에서 1975년 83%로 증가했고, 그리고 1980년에는 93%까지 증가하였다. 그리고 동성혼을 허용하고 있는 나라도 증가하고 있는 추세이다.

2015년 5월 15일 룩셈부르크 타운홀에서 결혼식을 올린 자비에르 베텔(오른쪽) 룩셈부르크 총리와 동성 남편 고티에르 데스테네이.
2015.5.15 AP 연합뉴스

왼쪽부터 프랑스 퍼스트 레이디 브리지트 마크롱, 미국의 퍼스트 레이디 멜라니아 트럼프, 도날드 투스크 유럽연합(EU) 정상회의 상임의장의 부인 말고자타 투스크, 룩셈부르크 총리 배우자 고티에 데스테네이, 터키 퍼스트 레이디 에미네 이르도안, 에스토니아 총리 파트너 카린 라타스, 슬로베니아 총리 파트너 모이카 스트로프니크, 스웨덴 총리 파트너 울라 뢰프펜, 불가리아 대통령 부인 데시슬라바 라데프, 샤를 미셸 벨기에 총리의 부인 아멜리 데르바우드렝힌과 스톨텐베르그 북대서양조약기구(NATO) 사무총장의 부인 잉그리드 슈레루드가 나토 정상회의 만찬을 앞두고 포즈를 취하고 있다. 2018.7.12 AFP 연합뉴스

출처: https://news.naver.com/main/read.nhn?mode=LSD&mid=sec&oid=081&aid=0002929048&sid1=001

위 사진은 2018년 7월 11일 벨기에 브뤼셀에서 열린 북대서양조약기구(NATO) 정상회의에 참석한 각국 정상들의 배우자들이다. 이들 중 룩셈부르크 총리 자비에르 베텔의 동성 배우자 고티에르 데스테네이가 있다. 이처럼 동성혼을 합법화한 나라가 증가하고, 동성애자임을 밝힌 사람들이 총리로 등장할 만큼 동성애에 대한 사회적 인식이 달라지고 있는 것도 사실이다.

우리나라도 인권에 대한 인식이 향상되면서 조금씩 변화하고 있지만 여전히 이성애 중심 사회로 볼 수 있다. 이성애 중심의 사고방식에 의한 동성애에 대한 차별을 이성애적 차별주의(heterosexism)라고 부른다. 이성애적 틀에서 성장한 사람은 동성끼리의 성행위를 상상하지 못하며, 이성과의 성행위만이 당연하고 정상적인 것이라고 믿는다. 그러한 믿음이 의식적으로나 무의식적으로 뇌리에 박혀 있기 때문에 동성끼리의 성행위는 종족 보존이라는 일반인의 가치체계에서 벗어난 부도덕한 처사로 평가된다. 그래서 동성애를 못마땅하게 여기는 사람은 동성애자가 고의로 이성애 가치를 저하시키는 사회적 반항행위를 한다고 본다. 따라서 아직도 성소수자의 권리를 보호하는 데 필요한 여러 가지 입법이 제대로 이루어지지 않고 있으며, 퀴어축제의 한 켠에 여전히 반대집회가 이루어지고 있다. 아직도 동성애를 부도덕하거나 비정상적인 것으로 보는 경우가 많다.

성소수자들에 대한 우리 사회의 시각은 신체적 장애나 다문화 가정 등 다른 소수자 집단에 비해 매우 배타적이고 편견적인 태도를 보이는 것으로 나타났다. 2014년 한국LGBT커뮤니티의 조사에 따르면, 총 3,208명의 성소수자를 대상으로 사회적 욕구 설문조사를 실시하였는데, 응답자들의 대부분이 성소수자가 혐오, 차별, 폭력의 대상이 된다고 느꼈고, 응답자의 87%는 성소수자를 향한 증오와 혐오 발언을 경험한 적이 있으며 42%는 직접적인 차별이나 폭력을 경험했다고 답했다. 강병철(2006)의 연구에서는 청소년 동성애자를 대상으로 한 연구에서는 응답자의 절반 이상이 욕설 등의 언어적 폭력을 경험했으며 20%에서 심각한 수준의 신체적 폭력의 위협을 느꼈다고 보고했다. 또한 성소수자 집단은 다른 신체적 장애인이나 북한이탈 주민, 외국인 노동자 등 다른 사회적 소수자 집단에 비해 사회적 거리감을 가장 크게 느꼈으며, 사회적 차별 또한 가장 많이 받는 것으로 조사된 연구도 있다.

동성애 및 동성애자, 동성애 문화에 대한 혐오감, 불쾌감, 공포감과 그러한 감정에 기초한 태도를 호모포비아(Homophobia, 동성애혐오)라 한다. 호모포비아는 사회 속에 은밀하고 교묘하게 자리 잡고 있어 인종차별, 여성차별만큼이나 심각하다. 이성애자들만이 아니라 동성애자들조차도 자유롭지 못한 경우가 많다. 사실 호모포비아는 조지 와인버거라는 미국 심리학자가 1969년에 처음으로 사용한 용어로 명명되기 이전부터 존재한 감정이다. 그는 호모포비아를 이성애자들이 동성애자들 앞에서 보이는 공포심 그리고 동성애자들이 자기 자신에게 갖고 있는 불쾌감으로 정의한다. 캐나다 동성애 인권단체인 에메르쟝스 재단은 호모포비아를 다음과 같이 아홉 가지 유형으로 정리하였다. 첫째, '태도의' 호모포비아는 동성애자를 비정상이거나 병자라고 여기는 감정이나 의견이다. 둘째, '이성애 중심주의적' 호모포비아는 모든 사람이 이성애자이며, 이성애만이 유일하게 가치 있는 것으로 보는 믿음이다. 사실 대다수가 이런 믿음을 가지고 있다. 셋째, '언어의' 호모포비아는 동성애자를 놀리기 위한 농담에서부터 비방하는 욕설에 이르는 단어와 표현들을 가리킨다. 넷째, '상호인격적' 호모포비아는 동성애자에 대해 불편, 불안, 공포를 드러내 보이는 것이다. 다섯째, '제도적이거나 체계적인' 호모포비아는 동성애자들을 불리한 위치에 놓는 사회체계 속의 모든 제도적 실행들이다. 여섯째, '관심의' 호모포비아는 개인적이거나 해로운 목적 아래 동성애적 경향성에 관심을 갖지만 동성애자와의 제휴는 거부하는 사람들의 태도이다. 일곱째, '내재화된' 호모포비아는 교육이나 전수된 사회적 가치로 인해 무의식적으로 생겨난다. 따라서 동성애자들 역시 이 교육이나 가치로부터 자유롭기 어렵다. 여덟째, '수동적' 호모포비아는 호모포비아적 태도 앞에서 아무 말도 하지 않고 아무 행동도 취하지 않는 사람들의 태도이다. 아홉째, '폭력적' 호모포비아는 언어폭력부터 증오가 담긴 범죄에 이르는 폭력을 말하며, 극단적인 형태이다.

호모포비아는 다양한 형태의 폭력을 유발한다. 동성애자들을 상대로 한 조사에서 동성애자라고 드러낸 사람들의 절반 이상이 명예 훼손, 괴롭힘, 협박, 폭행, 학대, 살인 등의 폭력을 당한 적이 있다고 보고하였고, 레즈비언의 경우 남성들의 기회적 강간의 희생자가 되기도 한다(Garnets, Herek, & Levy, 1990). 그리고 그중에서도 가장 위험한 사람들은 청소년 / 청년 동성애자들이다. 상당히 많은 수의 청소년 동성애자들이 가족이나 친구들로부터 언어적 · 신체적 · 성적 학대를 받는 것으로 나타났다. 만약 커밍아웃을 하지 않은 청소년이 반동성애 폭력을 목격하게 된다면 그것이 자기 일이 될 수도 있기 때문에 더욱 숨을 수밖에 없으며 발각의 공포에 떨며 자신을 더욱 비하하고 고립시킨다(Martin & Hetrick, 1988).

세상은 변화하고 있다. 성적 지향에 관한 많은 연구에도 불구하고 아직 선천적인지 후천적인지 명확하게 알 수 없다. 성적 지향에 대한 인식은 비교적 어린 시절부터 이루어지며 자발적 선택이라기보다 어쩔 수 없는 것이라고 본다. 취향이 아니라 지향이라고 표현한 이유도 여기에 있다. 중요한 것은 엄연히 존재하고 있는 성소수자에 대해 부정하는 것은 다른 것을 존중하지 않는 또 다른 폭력이다. '모든 인간이 다르다'는 명제에 입각해 다른 것을 존중해 주는 성숙한 사회로 나아가는 것이 중요하다.

# 참고문헌


강병철(2011). 사회적 낙인 인식이 성소수자의 삶의 만족도에 미치는 영향. **사회복지연구**, 42(2), 381-417.

강병철 외(2018). **성소수자-LGBT(Q)**. 알마출판사.

강병철, 강지혜(2006). **청소년 성소수자의 생활실태 조사**. 한국청소년개발원.

동성애자인권연대(2014). **무지개 성 상담소**. 양철북.

박경 외(2013). **성심리치료 이론과 실제**. 학지사.

박경 외(2015). **성심리와 성건강 2판**. 시그마프레스.

윤가현(2008). **동성애의 심리학**. 학지사.

함인희, 지승희(2003). **청소년의 고민: 내가 동성애자인가요?**. 한국청소년상담원.

홍주연 외(2012). **젠더심리학**. ㈜피어슨에듀코리아.

Chapter 06

# 사랑

사랑이란
사랑과 애착
사랑 그 시작과 끝
성과 사랑의 관계

# 사랑

Chapter 06

# 사랑

우리가 즐겨 보는 드라마는 사랑을 빼놓지 않고 담고 있다. 삶 속에서 사람들은 사랑과 동떨어져 살 수 없고 사랑이라는 것은 너무도 당연한 관심거리다. 성교를 포함한 성행위를 하기로 결심할 때 대개의 경우는 사랑을 전제로 한다. 본 장에서는 우선 사랑의 정의와 이론에 대해 간략히 소개하고, 우리가 어떻게 사랑을 경험하고, 어떻게 의미화하는가에 대해 알아보겠다. 또한 인간의 사랑 행위에 성을 배제시킬 수 있을지에 대해 논의할 것이다.

# 1. 사랑이란

## 1) 사랑의 세 가지 구성요소

우리는 '사랑'이라는 것에 대해 명확하게 정의를 내리지 못하면서도 특별한 관계 안에서 특정한 감정을 느끼고 특정한 태도를 보일 때 '사랑인 것 같아'라고 말한다. 사랑은 누구나 경험하는 보편적인 감정이지만 그 모습은 각양각색이다. 사랑에 대해 프롬(Fromm, 1956), 매슬로우(Maslow, 1954), 스턴버그(Sternberg, 1986) 그리고 리(Lee, 1988) 등은 보다 다양한 방식으로 사랑이라는 개념을 설명하고자 하였으며, 사랑을 유형화하거나 사랑을 구성하는 요소를 개념화하고자 하였다.

심리학자 스턴버그는 남녀 간의 사랑은 하나의 삼각형을 이루는 세 가지 구성요소로 되어 있다고 하였다. 사랑을 구성하는 친밀감, 열정, 헌신은 자신이 상대방과 상호작용하고 상대방에 대해 느끼는 방식을 나타낸다.

세 가지 구성요소 중 열정(passion)은 낭만적인 감정과 신체적 매력, 성적인 관계에 대한 바람을 이끌 수 있는 사랑의 동기 유발적 요소이다. 사랑하는 사람과 결합하기 위해서는 생리적 차원에서의 욕구나 흥분의 정도가 높아야 한다. 또한 그리움, 걱정, 불안 등과 같은 다양한 정서적 경험을 동반한다. 그렇기 때문에 친구에 대해 느끼는 감정과 연인에 대해 느끼는 감정을 구별해 준다. 그러나 열정은 관계 초기에 급속히 발달하여 그 절정에 달하지만, 관계가 지속되더라도 초기에 형성된 수준의 열정을 그대로 유지하든지 또는 그보다 더 낮아지는 것이 특징이다.

친밀감(intimacy)은 사랑하는 사람과 가깝게 느껴지는 감정으로 서로가 연결되어 있다고 느끼는 정서적 속성을 의미한다. 거기에는 사랑하는 사이에서 경험하는 따뜻함과 같은 느낌들이 포함된다. 일반적으로 친밀감은 두 사람 사이가 가까워짐에 따라 처음에는 증가하지만, 어느 정도 이상의 높은 친밀 수준에 이르면 더 증가하지 않는다. 가족, 친구, 연인들 간의 관계에서 매우 중요한 요소이다.

헌신(commitment)은 인지적 요소로서 관계를 유지하기 위한 결심과 책임감으로 구성된다. 우리는 누군가와 사랑에 빠지게 되면 '이 사람만을 사랑하겠다'고 결심하게 되고 '이 사람과의 사랑을 계속 지켜 나가겠다'고 스스로 다짐을 한다. 사랑에 대한 이러한 결심과 헌신은 의식적인 노력이 필요한데 시간에 따라 변하는 상대와의 관계 양상에 영향을 받는다. 또한 헌신은 초기에는 가장 느린 속도로 증가하지만 관계가 장기화될수록 그 속도는 빨라진다.

사랑의 3요소는 시간의 흐름에 따라 그 강도가 변하므로 사랑의 형태 역시 변할 수 있다. 일반적으로 열정은 연애 초기에 매우 빠르고 강렬하게 진행되지만, 연애가 진행됨에 따라 쇠퇴한다(그림 6-1). 반면에 친밀감과 헌신은 시간을 두고 발전한다. 낭만적인 감정과 신체적 매력으로 이루어진 열정적 사랑은 초기에 정점을 이룬 후 급속히 사라진다. 열정이 약해진 많은 커플은 친밀감과 헌신으로 두 사람 사이를 성숙시켜 우애적 사랑으로 거듭난다. 친밀감이 깊지 않고 서로에 대한 헌신이 없으면, 연애 감정은 사라지고 갈등이 나타나며 둘의 관계는 흔들리게 된다. 이에 반해 헌신과 결속의식 그리고 서로에 대한 관심은 불만족과 갈등 속에서도 연애를 유지하게 한다.

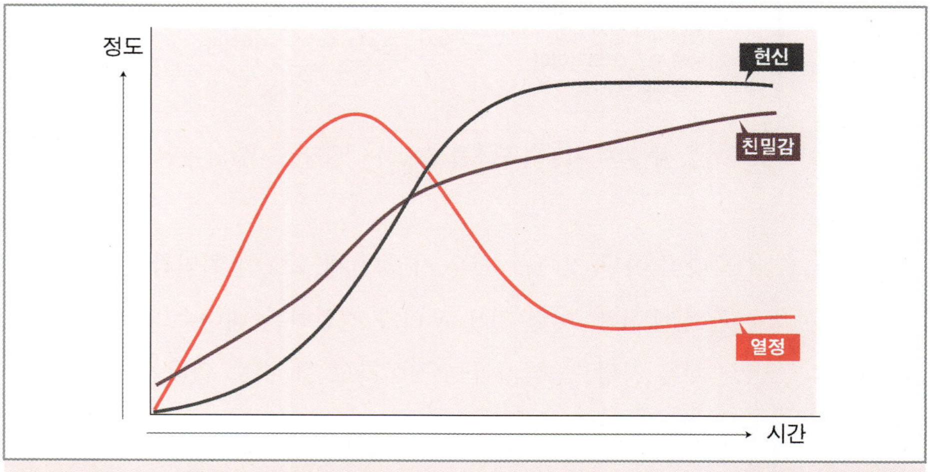


그림 6-1. 시간에 따른 사랑 3요소의 변화

## 2) 사랑의 유형

어떠한 사랑이든 사랑의 세 요소 중 최소 하나라도 강해야 지속된다. 스턴버그는 그 세 가지 요소의 강도에 따라서 여러 가지 사랑의 형태로 구분하였다. 즉, 사랑이 아닌 것에서부터 시작해서 성숙한 사랑에 이르기까지 여덟 가지 유형의 사랑의 형태를 구분하였다.

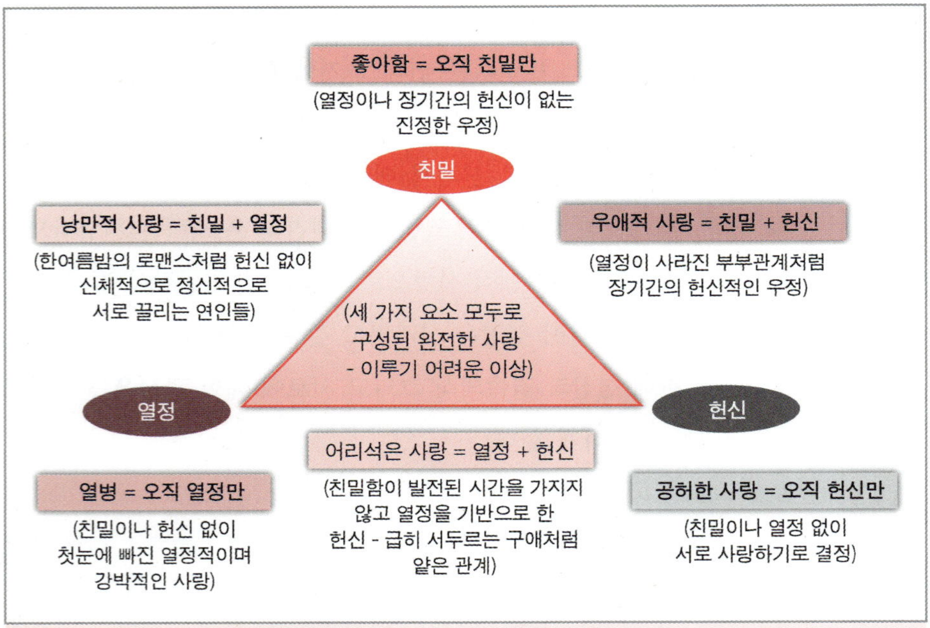


그림 6-2. 세 가지 사랑의 요소를 조합하여 나타낸 사랑의 종류

- 사랑이 아닌 것(nonlove)은 사랑의 세 요소인 친밀감, 열정, 헌신/결심이 부재한 상태이다. 이런 것은 우리가 경험하는 대다수의 대인관계에 나타난다. 그 관계는 사랑도, 심지어 우정이라고 할 수도 없다.
- 좋아함(liking)은 열정과 헌신/결심 요소가 결여된 채 친밀감 요소만이 경험될 때 나타난다. 이 경우 강한 열정이나 장기적 헌신 없이도 상대를 향해서 친밀

감, 결합되어 있다는 느낌, 따뜻함 같은 것을 느낄 수 있다.

- 열병적 사랑(infatuation)은 친밀감, 헌신의 요소가 결여된 열정적인 흥분만으로 이루어진 사랑이다. "첫눈에 빠진 사랑"은 여기에 해당할 수 있다. 이 사랑은 거의 즉흥적으로 생겨났다가도 상황이 바뀌면 갑자기 사라져 버릴 수 있으며 정신적·육체적인 흥분이 상당한 정도로 나타나는 특징이 있다.
- 공허한 사랑(empty love)은 친밀감이나 열정이 전혀 없이 상대를 사랑하겠다고 결심함으로써 생긴다. 몇 년 동안 서로 간에 감정적 몰입이나 육체적 매력을 전혀 느끼지 못하는 정체된 관계에서 가끔 발견되는 종류의 사랑이다.
- 낭만적 사랑(romantic love)은 사랑의 친밀감과 열정 요소가 결합되어 나타난다. 이것은 육체적 매력이나 그 밖의 매력들이 첨가된 좋아하는 감정이다. 가령 여름 한때의 사랑은 매우 낭만적이지만 여름이 지난 후, 둘 간의 지속적인 만남에 대해서는 미리 준비하려 하지 않는다. 이처럼 헌신은 낭만적 사랑의 필수 부분이 아니며 관계 지속에 대한 기대나 계획에 대해서는 특별한 주의나 노력을 기울이지 않는 것이 특징이다.
- 우애적 사랑(companionate love)은 사랑의 친밀감과 헌신/결심 요소의 결합으로 생긴다. 열정의 주된 원천인 육체적 매력이 약해진 오래된 우정 같은 결혼에서 자주 발견되는 사랑이다. 대부분의 낭만적 사랑은 차츰 우애적 사랑으로 변하면서 남게 된다. 우애적 사랑에 만족을 느끼는 정도에서는 개인이나 커플마다 차이가 있다.
- 어리석은 사랑(fatuous love)은 열정과 헌신 요소가 결합되어 생기는 것이며 여기에 친밀감의 요소는 빠져 있다. 남녀가 어느 날 만났다가 바로 약혼하고 결혼한다. 둘의 관계가 발전해 가는 데 필요한 친밀감 형성을 위한 시간 없이 열정에 근거해서 헌신이 이루어진다는 점에서 실체가 없어 보인다.

- 완전한 사랑(consumate love)은 사랑의 세 가지 요소인 친밀감, 헌신, 열정이 모두 존재할 때 생긴다. 모든 유형의 사람들이 도달하려고 노력하는 그런 종류의 사랑이다. 이러한 사랑을 얻기도 어렵지만 지키기는 더욱더 어렵다.

사랑의 삼각형은 현재 자신이 유지하고 있는 관계에서 가지고 있는 열정, 친밀 및 헌신의 상대적인 양을 반영하며 그 모양으로 사랑을 구성하는 요소들 간의 균형 정도를 볼 수 있다. 가령 한 사람이 상대에 대해 느끼는 사랑의 강도가 매우 크다면 사랑 삼각형의 면적 또한 넓을 것이다. 또 세 요소가 균형적으로 잘 발달한 사랑은 완전한 사랑을 할 것이고, 어느 요소가 지나치거나 작다면 둘의 애정관계 역시 불완전할 것이다. 이렇게 두 사람이 그린 삼각형을 비교함으로써 각자의 사랑 스타일을 시각적으로 평가할 수 있고, 이러한 평가를 통해 서로 일치한 사랑에 도달하기 위해서 어떤 요소를 더욱 성장시켜야 하는지에 대한 시사점을 얻을 수 있다.

## 생각을 나누어 봅시다

### 6-1 사랑의 삼각형 척도 - 나는 어떤 사랑을 하고 있나요?

다음의 문장들은 현재 당신이 사귀고 있는 이성친구에 대한 당신의 심리상태를 기술한 것이다. 각 문장을 잘 읽고 파트너에 대한 당신의 상태를 잘 나타내는 정도라고 생각되는 적절한 숫자에 ✓표 하시오.

| 전혀 아니다 | | 약간 그렇다 | | 웬만큼 그렇다 | | 상당히 그렇다 | | 매우 그렇다 |
|---|---|---|---|---|---|---|---|---|
| 1 | 2 | 3 | 4 | 5 | 6 | 7 | 8 | 9 |

1. 나는 파트너의 행복을 위해서 적극적으로 지원한다. 1 2 3 4 5 6 7 8 9
2. 나는 파트너와 따뜻한 관계를 맺고 있다. 1 2 3 4 5 6 7 8 9
3. 나는 힘들 때 파트너에게 의지할 수 있다. 1 2 3 4 5 6 7 8 9

| | |
|---|---|
| 4. 파트너는 힘들 때 나에게 의지할 수 있다. | 1 2 3 4 5 6 7 8 9 |
| 5. 나는 파트너와 나의 모든 것을 공유할 의향이 있다. | 1 2 3 4 5 6 7 8 9 |
| 6. 나는 파트너로부터 상당한 정서적 지지를 받고 있다. | 1 2 3 4 5 6 7 8 9 |
| 7. 나는 파트너에게 상당한 정서적 지지를 주고 있다. | 1 2 3 4 5 6 7 8 9 |
| 8. 나는 파트너와 말이 잘 통한다. | 1 2 3 4 5 6 7 8 9 |
| 9. 나는 내 인생에서 파트너를 매우 중요시한다. | 1 2 3 4 5 6 7 8 9 |
| 10. 나는 파트너와 친밀감을 느낀다. | 1 2 3 4 5 6 7 8 9 |
| 11. 나는 파트너와 편안한 관계를 느끼고 있다. | 1 2 3 4 5 6 7 8 9 |
| 12. 나는 파트너를 정말 이해하고 있다고 느낀다. | 1 2 3 4 5 6 7 8 9 |
| 13. 나는 파트너가 나를 정말 이해하고 있다고 느낀다. | 1 2 3 4 5 6 7 8 9 |
| 14. 나는 내 파트너를 정말 신뢰한다고 느낀다. | 1 2 3 4 5 6 7 8 9 |
| 15. 나에 관한 매우 개인적인 정보를 파트너와 공유하고 있다. | 1 2 3 4 5 6 7 8 9 |
| 16. 파트너를 보기만 해도 나는 흥분된다. | 1 2 3 4 5 6 7 8 9 |
| 17. 나는 낮에는 파트너에 대해서 생각하는 나 자신을 자주 발견한다. | 1 2 3 4 5 6 7 8 9 |
| 18. 파트너와 나의 관계는 정말 낭만적이다. | 1 2 3 4 5 6 7 8 9 |
| 19. 나는 파트너가 매우 매력적이라고 느낀다. | 1 2 3 4 5 6 7 8 9 |
| 20. 나는 파트너를 이상화하고 있다. | 1 2 3 4 5 6 7 8 9 |
| 21. 내 파트너처럼 나를 행복하게 만들 수 있는 사람을 상상할 수 없다. | 1 2 3 4 5 6 7 8 9 |
| 22. 나는 다른 어떤 사람보다도 파트너와 함께 있고 싶다. | 1 2 3 4 5 6 7 8 9 |
| 23. 파트너와의 관계보다 더 중요한 것은 이 세상에 없다. | 1 2 3 4 5 6 7 8 9 |
| 24. 나는 파트너와 신체적으로 접촉하는 것을 특히 좋아한다. | 1 2 3 4 5 6 7 8 9 |
| 25. 파트너와의 관계에는 마술적인 점이 있다. | 1 2 3 4 5 6 7 8 9 |
| 26. 나는 파트너를 찬미한다. | 1 2 3 4 5 6 7 8 9 |
| 27. 나는 파트너 없는 인생을 생각할 수 없다. | 1 2 3 4 5 6 7 8 9 |
| 28. 파트너와 나의 관계는 열정적이다. | 1 2 3 4 5 6 7 8 9 |
| 29. 낭만적인 영화나 책을 볼 때면 파트너를 생각하게 된다. | 1 2 3 4 5 6 7 8 9 |
| 30. 나는 파트너에 대해서 공상을 하곤 한다. | 1 2 3 4 5 6 7 8 9 |

| | |
|---|---|
| 31. 내가 파트너에 대해서 염려하고 있다는 것을 알고 있다. | 1 2 3 4 5 6 7 8 9 |
| 32. 나는 파트너와의 관계를 지속시키기 위해 최선을 다하고 있다. | 1 2 3 4 5 6 7 8 9 |
| 33. 다른 사람이 우리 사이에 끼어들지 않도록 나는 파트너에 대해 헌신할 것이다. | 1 2 3 4 5 6 7 8 9 |
| 34. 나는 파트너와의 관계가 흔들리지 않을 것이라는 점에 대해 자신감을 가지고 있다. · | 1 2 3 4 5 6 7 8 9 |
| 35. 나는 어떤 난관에도 불구하고 파트너에게 헌신할 것이다. | 1 2 3 4 5 6 7 8 9 |
| 36. 파트너에 대한 나의 사랑은 남은 인생 동안 계속되리라고 예상한다. | 1 2 3 4 5 6 7 8 9 |
| 37. 나는 파트너를 위해서 항상 강한 책임감을 느낄 것이다. | 1 2 3 4 5 6 7 8 9 |
| 38. 파트너에 대한 나의 사랑은 확고한 것이다. | 1 2 3 4 5 6 7 8 9 |
| 39. 나는 파트너와의 관계가 끝나는 것을 상상할 수 없다. | 1 2 3 4 5 6 7 8 9 |
| 40. 나는 파트너에 대한 나의 사랑을 확신한다. | 1 2 3 4 5 6 7 8 9 |
| 41. 나는 파트너와의 관계가 영원히 지속될 것이라고 생각한다. | 1 2 3 4 5 6 7 8 9 |
| 42. 나는 파트너와 사귀는 것을 잘한 결정이라고 생각한다. | 1 2 3 4 5 6 7 8 9 |
| 43. 나는 파트너에 대한 책임의식을 느낀다. | 1 2 3 4 5 6 7 8 9 |
| 44. 나는 파트너와의 관계를 계속 유지할 작정이다. | 1 2 3 4 5 6 7 8 9 |
| 45. 설혹 파트너와 갈등이 생긴다고 해도, 나는 여전히 우리 관계를 유지할 것이다. | 1 2 3 4 5 6 7 8 9 |

■ **채점 및 해석**

| 사랑의 요소 | 문항번호 및 채점방식 |
|---|---|
| 친밀감 | 1~15번까지 점수 합산 　　　점 ÷ 15 = 　　　점 |
| 열정 | 16~30번까지 점수 합산 　　　점 ÷ 15 = 　　　점 |
| 헌신 | 31~45번까지 점수 합산 　　　점 ÷ 15 = 　　　점 |

## 나의 사랑의 삼각형 그리기

위의 사랑의 세 가지 요소들의 점수를 각각 세 변의 길이로 하여 사랑의 삼각형을 그려 보십시오.

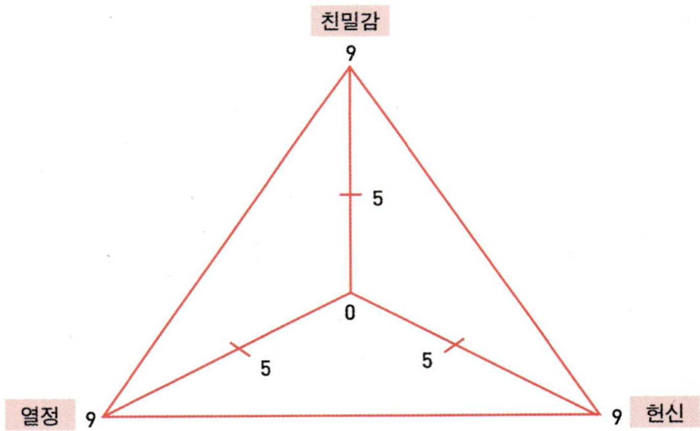


- 당신의 사랑의 삼각형은 어떤 모양입니까?
- 어떤 구성요소가 가장 크고, 어떤 구성요소가 가장 작습니까?
- 당신의 이성 친구도 이 척도에 응답했다면 이성 친구의 사랑의 삼각형은 어떤 모양입니까?
- 당신이 추구하는 사랑과 파트너가 추구하는 사랑은 어떤 차이가 있습니까?
- 앞으로 자신이 추구하고 싶은 사랑의 유형을 위해 무엇을 시도해 볼 수 있겠습니까?

## 2. 사랑과 애착

앞에서 거의 모든 사랑은 3개의 성분이 조합되어 8개의 사랑 유형이 탄생한다는 것을 알았다. 중요한 것은 서로 간에 사랑이란 어떤 것인지에 대한 일치가 없다는 것이다. 그럼에도 여전히 그들은 자기들의 고유한 방식대로 서로를 사랑한다. 그렇다면 개인의 고유한 방식에 기여하는 것은 무엇일까?

성인기 사랑의 차이가 왜 나타나는지 그 원인과 메커니즘을 설명하는 몇 가지 견해가 있는데, 대표적으로 애착이 있다. 애착은 보울비(John Bowlby, 1958)가 처음 제안한 개념으로, 인생 초기에 가까운 사람인 양육자나 특별한 사회적 대상과 형성하는 강하고 지속적인 정서적 유대관계를 말한다. 애착 형성에 가장 중요한 것은 '유아와 양육자 사이의 초기 관계의 질'이다. 생후 1년 동안 양육자와 안정된 애착관계를 형성한 유아는 애착 대상을 세상을 탐색하는 안전기지로 이용하고, 그 대상을 통해 안정감을 찾으려는 욕구를 갖게 된다. 애착은 가장 가까운 사람과 연결된 강하고도 지속적인 정서적 유대로, 다른 사람에게 접근을 추구하고 유지하려는 행동이자 그 접근이 손상되었을 때 그것을 회복하려는 강렬하고 지속적인 정서적 결속을 의미한다.

보울비의 이론을 바탕으로 에인스워스(Ainsworth)와 그 동료들은 '낯선 상황 실험'을 통해 아동의 세 가지 애착 유형을 밝혀냈다. 이 실험에서 아이의 어머니가 아이만 실험실에 남겨두고 떠났다가 다시 돌아왔을 때의 상호작용을 관찰하였다. 이때 아이가 보이는 반응을 크게 세 가지 형태로 분류하였고, 안정 애착, 불안-회피형 애착, 불안-양가형 애착으로 명명하였다.

안정 애착 아이는 분리되기 전에는 자신의 놀이와 주변 상황 탐색에 집중하다가 엄마와 분리되었을 때 불안감을 보이지만, 엄마와 재결합 시 엄마를 반갑게 맞이하고 불안이 완화되어 금방 안정을 찾는다. 반면 불안-회피형 애착 아이는 낯선 상황에서 엄마가 방을 나가도 울지 않고 다시 만나도 접근이나 접촉을 시도하지 않았으며, 엄마에게 무심한 반응을 보였다. 불안-양가형 애착 아이는 엄마와 격리되기 전부터 불안해하고, 주변 상황을 탐색하려 하지 않았으며, 엄마와 재결합 시 접촉을 시도하였으나, 엄마로부터 쉽게 안정감을 찾지 못하고 발로 차거나 밀쳐내는 등의 양면성을 보였다. 메인과 솔로몬(Main & Solomon, 1986)은 불안정 혼돈 애착이라는 새로운 애착 유형을 제시하였는데 이 유형의 아이는 엄마가 돌아오면 다가가서 안겼다가 이내 밀어버리거나 얼어붙거나 경직되는 등 여러 가지 모순행동을 보인다고 하였다.

아이와 주양육자 사이의 애착 결과는 자기와 타인에 대한 정신적 표상을 의미하는 내적 작동 모델의 형성에 영향을 미친다. 내적 작동 모델이란 유아가 어머니와 애착관계를 형성하는 동안의 경험들을 통해서 갖게 되는 자신과 타인 그리고 세계에 대한 내적 표상으로서, 개인은 이 모델을 통해 자신에게 일어난 사건을 지각하고 해석하며, 미래를 예상하고 계획하게 된다. 생애 초기에 주양육자와 안정된 애착을 형성한 개인은 스스로 사랑받을 가치가 있는 존재라고 여기며 타인을 충분히 신뢰할 수 있고 자신을 보살펴 줄 수 있는 대상으로 여기게 되어 긍정적인 내적 작동 모델을 형성한다. 반면, 주양육자와 불안정 애착을 형성한 개인은 스스로를 가치 없고 무능력한 존재라고 느끼면서 자신을 존중하지 못하고 타인을 신뢰하지 못하며 자신을 거부하는 대상으로 지각하여 부정적인 내적 작동 모델을 형성하게 된다(Bretherton & Munholland, 1999).

애착이론가들에 의하면, 내적 작동 모델은 전 생애 동안 개인이 새로운 관계를 형성할 때마다 영향을 주고 비교적 일관된 형태로 지속된다고 한다. 이는 성인기 애착에까지 영향을 미쳐 성인기에 맺게 되는 친밀한 대상과의 관계에서도 나타난다고 하였다. 성인 애착 연구의 대표적인 학자들인 헤이즌과 셰이버(Hazan & Shaver, 1987), 에인스워스(Ainsworth, 1989)는 성인기의 남녀관계에서 나타나는 사랑이 영아기에 부모와의 상호작용에서 발달된 애착 유형에 기초한다고 하였다. 구체적으로, 안정적 유형은 사랑 경험을 통해 행복과 우정, 신뢰를 느낀다고 보고하였으며 상대방의 잘못에도 불구하고 그들을 수용하고 지지할 수 있었으며 관계도 다른 유형보다 오래 지속되는 경향이 있었다. 불안-양가적 유형은 강박적으로 다른 사람들과 가까워지기를 원하지만 타인이 자신이 원하는 만큼 그렇지 않을까 봐 걱정하며 사랑받지 못할 것에 불안해한다. 마지막으로 회피 유형은 타인을 신뢰하지 못하고 그들과 가까워지면 불편함을 느꼈으며 타인이 자신과 지나치게 가까워지려고 할까 봐 걱정한다(김미나, 2008). 이에 따라, 아동기 애착 유형에서 회피형은 사랑에 무반응적인 사람으로 성장하는 경향이 있고, 불안-양가형은 열정적 사랑을 경험하고, 안정형은 성인기에 우애적 사랑을 경험하는 경향이 있었다. 그리고 사랑의 세 요소와 애착과의 관계를 연구한 스턴버그는 안정 애착과 친밀감, 열정, 헌신은 정적 관계를 가지며 회피 애착 및 불안-양가 애착 유형은 친밀감, 열정, 헌신과 부적 관계를 갖는다고 하였다. 이렇게 세 가지 애착 유형은 나중에 사랑관계에서 서로 다른 방식으로 사랑을 경험하고, 그 유형에 따라 개인이 가질 수 있는 사랑의 양식에도 차이가 난다. 또한 개인의 유형이 상대방과 얼마나 조화를 이루느냐에 따라서 그 관계의 질도 다르다는 것을 예상할 수 있다.

**표 6-1. 성인 애착의 분포와 특징**

| 유형 | 특징 |
|---|---|
| 회피 (~25%) | • 타인과 가까워지는 것을 불편하게 느낀다.<br>• 타인을 완전히 믿을 수 없다고 생각하며 남에게 의지하려는 자신을 용납하기 힘들다.<br>• 누군가가 너무 가까워지려 하면 불편해진다.<br>• 종종 나의 연인은 내가 편하게 느끼는 정도보다 더 친밀해지기를 원한다. |
| 불안 (~20%) | • 내 연인은 내가 원하는 만큼 나를 가까이 하고 싶어 하지 않는 것 같다.<br>• 종종 내 연인이 나를 진정으로 사랑하지 않거나, 나와 함께 있고 싶어 하지 않을 것 같아 걱정된다.<br>• 내가 너무 가까이 다가가고 싶어 해서 연인이 부담을 느끼고 멀어지기도 한다. |
| 안정 (~55%) | • 다른 사람과 친해지기가 비교적 수월하고, 남에게 의지하는 것도 편하다.<br>• 버림받을 것이라는 걱정을 하지 않고, 누군가가 나에게 매우 가까이 다가오려고 하는 것을 별로 두려워하지 않는다. |

출처: 곽금주 외(2015).

이상의 내용들에서 개인의 애착역사가 사랑 양식에 매우 중요한 영향을 준다는 것은 물론이고, 사랑이 단지 느낌이나 감정만을 의미하는 것은 아니라는 것을 이해할 수 있다.

## 3. 사랑 그 시작과 끝

### 1) 사랑의 시작

사랑이란 감정은 어떻게 생겨나는 것일까? 우리는 어떻게 해서 누군가에게 호감을 느끼는 것일까? 물론 누군가를 좋아하는 것에 이유를 붙인다는 것 자체가 이치에 맞지 않을 수도 있지만, 사랑도 인간 심리에 대한 몇 가지 근본 법칙에 의해 설명될 수 있는 복잡한 인간의 감정이다. 이 단락에서는 성적 매력을 유발하는 기본 원리들을 소개하겠다.

#### (1) 뇌의 화학 작용

뇌 과학자들은 사랑을 '두뇌의 화학적 작용'으로 보고 있다. 사랑을 느끼는 호르몬이 뇌에서 분비되고, 아주 특별한 화학 작용에 의해서 사랑을 느끼게 된다는 것이다. 여기서 사랑의 단계마다 도파민, 페닐에틸아민과 옥시토신, 엔도르핀 등의 신경조절 및 신경전달물질과 호르몬이 분비된다는 것이다.

옥시토신과 도파민은 모두 열정적 사랑을 촉진할 수 있는 성적인 자극을 만드는 데 기여한다. 상대방에게 호감을 느끼는 시기에는 상대방의 얼굴만 떠올려도 행복감이 느껴지는데 이것은 도파민의 작용 때문이다. 여기에 신경전달물질인 페닐에틸아민이 한몫을 한다면 이성으로 제어하기 힘든 열정이 분출되고 마냥 행복하다. 이 정도가 되면 사람들은 대체로 사랑하는 사람을 껴안고 싶은 충동이 일어나면서 뇌하수체에서는 옥시토신을 다량으로 분비한다. 평소에는 적당한 양이 분비되어 장기간 사랑의 감정을 이어갈 수 있도록 도와주며, 남녀가 육체적인 사랑을 나눌 때에는 많이 분비되면서 행복감과 쾌감을 느끼게 한다.

초반의 열정적인 사랑도 점차 안정되어 가면서 서로에게 편안함을 느끼게 되는데 이때는 엔도르핀이라는 새로운 신경전달물질이 나오게 된다. 엔도르핀은 일종의 마약과 같은 물질로 통증을 없애주고 즐거움과 기쁨을 느낄 수 있게 하는 물질이다. 엔도르핀의 도움으로 두 사람의 사랑의 기쁨이 몸과 마음에 충만한 상태를 경험하게 되는 것이다.

### (2) 근접성

근접성(proximity)은 다른 사람과의 지리적인 가까움으로, 사랑이나 호감을 좌우하는 요소로서 중요하다. 근접성이 사람들 사이의 매력에서 강력한 요인이 되는 이유는 무엇일까? 특정 자극과의 조건화 없이 단순히 반복 노출을 통해 어떤 대상에 대한 긍정적인 태도를 증가시킬 수 있다는 연구결과(Zajonc, 1968)가 있다. 즉, 우리가 어떤 사람을 자주 보게 되면 그것을 좋아하게 된다는 것이다. 처음에는 관심도 없거나 혹은 싫어하던 대상도 계속해서 마주치게 되면 나중에는 친근해져서 호감을 느끼게 되는 것을 단순노출효과(mere exposure effect)라고 한다.

반복 노출이 효과를 갖는 이유는 대상에 대한 친숙성이 증가하기 때문이다. 사람들은 종종 동호회나 학교, 교회에서 심지어 서로 말을 섞진 않았어도 오가며 안면을 튼 사이라도 연애는 이루어진다. 가까울수록 함께 보내는 시간의 양과 만난 횟수가 늘고 서로에게 익숙하고 친숙함을 느낀다. 이로써 서로 더 알게 되고 상대방의 행동을 예측할 수 있다고 생각하게 되면서 동시에 편안함을 느껴 호감이 커진다.

### (3) 유사성

사랑에 빠진 사람들을 유심히 보면 생김새가 비슷하고 가치관, 관심사, 교육 수준, 경제적 배경 등에서 공통점이 많다. 서로 비슷한 점을 가진 사람끼리 호감을 느끼는 것을 유사성(similarity)이라 한다.

그렇다면 왜 우리와 비슷한 사람에게 끌리는 것일까? 다양한 사회적 · 개인적 특징 속에서 자신과 비슷하거나 같은 수준의 사람과 관계를 맺으려는 경향은 인간의 본능적 성향 때문이다. 서로 닮았다는 것은 공유하는 경험이 많다는 것이고, 이는 친밀한 관계를 쌓을 수 있도록 돕는다. 또한 자신이 받아들여질 수 있으며, 자신과 비슷한 사람들에게 인정받을 수 있으리라는 기대를 하게 한다.

### (4) 상호성

어떤 특별한 이에게 끌리는 또 다른 요인은 내가 상대방을 좋아하는 만큼 상대방도 나를 좋아한다는 사실을 인식하느냐는 것이다. 상호성은 자기를 좋아하는 사람을 좋아하는 것이다. 또한 준 만큼 되돌려받게 마련이므로 상대를 적극적으로 대하면 그만큼 반응이 되돌아오게 마련이다. 자신에게 긍정적 감정이 있다고 믿어지는 사람에게 더 따뜻하게 대함으로써 그 사람을 더 좋아하게 되는 것이다. 이처럼 상호 교환의 반응들은 남녀관계를 보다 향상시킬 수 있다.

상호성은 자의식에도 영향을 미쳐서 자신을 좋아하거나 사랑하는 사람과 함께 있으면 상대에게 인정받는다는 생각에 자존감도 높아진다.

### (5) 신체적 매력

연인을 끌어당기는 데 중요한 역할을 하는 신체적 매력(phy attractiveness)은 신체적인 아름다움이라 할 수 있다. 개인의 신체적 매력은 인상 형성뿐만 아니라 호감에 일차적으로 큰 영향을 미친다. 왜 신체적인 아름다움이 다른 사람에게 매력적 요소로 작용할까? 모든 인간은 잘생기고 아름다운 사람을 좋아한다. 그리고 아름다운 외모만큼이나 인격 또한 훌륭할 것이라고 판단한다. 또 사람들은 신체적 아름다움을 건강의 척도로 여기고 건강한 사람을 매력적으로 느낀다.

사우스(South, 1991)는 미국에 거주하는 미혼 남녀들의 배우자 선택 선호도를 조사하였는데, 여성들은 사회적 지위, 경제력, 직업, 높은 교육 수준과 같은 사회 및 수입 등의 경제적 요소를 가진 남성을 선호하였고, 남성들은 여자의 매력과 어린 연령 등의 비경제적 요소를 가진 여성을 선호하였다.

미국 미혼 남녀들의 배우자 선택 선호도를 조사 분석한 결과에 의하면 이성 친구와 결혼 상대를 고르는 데 있어서 남성이 여성보다도 신체적 매력에 더 영향을 받는다고 한다. 또 매력을 판단하는 데 있어서 남성은 여성에 비해 성적 매력과 신체적인 외모에 중요성을 두었고, 이에 반해 여성은 야망, 사회적 지위, 자상함, 재력, 지적 능력, 사교성 등을 강조하였다. 다른 문화에서도 이견은 없었다.

왜 문화는 다르지만 파트너 선택에 있어 그 선호 경향은 같은가? 그리고 왜 여성과 남성들이 파트너를 선택하는 데 있어 중요한 가치를 두는 요인이 다른가? 그것은 종족 보존과 관련이 깊다. 진화이론가들은 우리가 좋다고 생각하는 특성을 가진 사람들과 사랑에 빠지는 이유도 결국 종족 보존을 위해서라고 하였다. 남성들은 자손을 낳아 기를 수 있는 육체적으로 건강한 여성을 원하고, 여성들은 가족을 보호하고 자신들이 종족 재생산에 헌신하는 긴 기간 동안 양육을 도와줄 수 있는 자원을 가진 남성을 원하기 때문이다.

## 2) 사랑의 유지

흔히 사랑은 불꽃처럼 일어나 영원할 것을 약속하지만, 도저히 깨질 거라고는 상상조차 못했던 연애도 언젠가는 끝이 난다. 사랑이 주는 행복감은 시간이 지날수록 줄어든다는 것을 우리는 이미 알고 있다. 들뜬 마음과 열정적인 감정이 감소하면 '권태'가 찾아와 두 사람 사이에 크고 작은 갈등들이 생기기 쉽다. 흥미나 관심의 차이, 구속에서 벗어나고 싶은 욕구, 새로운 이성의 출현, 장거리 연애, 부모의 반대 등이 이별의 이유가 된다. 이처럼 사랑이 끝나는 이유는 다양하지만 사랑의 실패를 모두 설명해 주지는 못한다. 무엇 때문에 사랑은 성공하기도 하고 실패하기도 하는가?

부부관계의 지속성을 연구한 루스불트(Rusbult, 1980)는 투자 모델을 통해 관계를 지속하는 데 중요한 요인으로 헌신을 강조하였다. 삼각형 이론에서 살펴보았듯이, 헌신은 지금의 관계가 유지되고 지속되길 바라는 마음에서 사랑하는 사람이 원한다면 비록 내가 내키지 않는 일일지라도 기꺼이 할 수 있음을 의미한다. 헌신은 상대에 대한 배려와 사랑하는 마음을 전제한다는 점에서 희생과 구별된다. 연인에게 헌신하고자 하는 마음은 두 사람 관계의 질을 개선시키기 위한 꾸준한 노력으로 볼 수 있다. 관계가 끝나게 되는 이유는 단순히 '사랑이 빠져나갔기 때문'이 아니라 어느 시점부터 서로 함께 노력하는 것을 멈췄기 때문이라고 봐야 한다.

헌신을 할지 말지를 결정할 때 먼저 지금 이 관계 내에서 나는 어느 정도 만족하는가를 물을 것이다. 만약 개인이 관계 내에서 많은 보상을 하고 적은 비용이 든다면, 또 본인이 관계에 대해 가지는 기대보다 훨씬 더 큰 긍정적인 경험들을 한다면 만족 수준은 높을 것이다. 헌신의 정도에 영향을 미치는 두 번째 요인은 '대안적 관계의 질'이다. 대안적 관계의 질은 파트너와의 관계 이외에서 만족감을 얻거나 헌신이 가능한 다른 관계의 질에 대해 지각하는 것을 의미한다. 예를 들어 친밀한 관계 내에 있는 개인의 주변에 다양한 데이트 파트너들이 존재하거나, 다른 낭만적인 관계를 시작할 수 있는 가능성, 반대로 혼자만의 생활이 더 유익하다는 판단이 들면 헌신은 줄어들 것이다. 마지막 세 번째 요인은 '관계 내 투자의 크기'이다. 관계에 투자한 것이 많을수록 그 관계에 묶이기 쉽고, 새로운 관계를 시작한다는 것은 곧 어떤 것을 잃는 것과 같아서 현재 관계를 쉽게 포기할 수 없을 것이다. 따라서 투자한 것이 많을수록 더 많이 헌신하려 할 것이다.

생각을 나누어 봅시다

**6-2** 나의 파트너와 언제 처음 성관계를 가질 것인가를 결정하는 데 영향을 미치는 요인은 무엇이라고 생각하는지 나누어 보자.

## 4. 성과 사랑의 관계

사랑하는 관계에서 두 사람은 사랑의 모든 과정을 경험하면서 성적인 면과 사랑의 복합적인 작용 속에 있게 된다. 사랑의 실현에 성이 반드시 필요한 것은 아니지만 서로가 허용된 상태는 더욱 친밀해지고 더 큰 만족을 얻게 되는데 필요한 요소가 되기도 한다(김향숙, 2001).

철학자 막스 셸러(Max Scheler)는, 사랑은 가치상승 운동이고 성충동은 가치에 무지한 쾌락추구라고 하며 성욕과 사랑을 전혀 다른 본질로 보았다. 물론 두 사람이 만나서 교제를 하면 육체적으로 가까워지고 싶은 강한 욕망이 생긴다. 하지만 사랑이 불타오른다고 해서 반드시 성욕이 솟는 것은 아니다. 반대로 성욕이 일어났다고 해서 반드시 사랑이 뒤따르는 것도 아니다(조정옥, 2008). 그러므로 '사랑 없는 섹스', '섹스 없는 사랑'이 얼마든지 가능하다.

섹스로 이어지는 여러 가지 수준의 관계들도 존재한다. 낭만적인 관계가 아닌 그저 서로를 친구로 여기는 사이에서도 성관계가 있을 수도 있다. 어떤 커플은 둘 사이의 관계가 좀 더 편안해질 때까지 성관계를 미루기도 하고, 어떤 사람은 성관계가 서로의 관계를 더욱 확고히 한다고 생각하여 매우 빨리 성관계를 갖는다. 이처럼 성관계에 이르는 과정은 개인마다 다르고, 성적인 친밀도가 사랑을 더욱 견고히 하는가에 대해서도 의견이 분분하다.

이제 막 교제를 시작한 커플이라면 어디까지 할 수 있을지 스킨십의 수위에 대해, 섹스할 준비가 되어 있는지를 고민할 것이다. 한 사람은 성적인 관계를 발전시키고 싶어 하는데 다른 한 사람은 거부하는 것으로 갈등을 겪고 있을 수도 있다. 당신이라면 어떻게 결정하겠는가?

성적 접촉을 할 것인지에 대한 결정은 두 사람의 기분과 욕구를 포함하기 때문에 상대방의 동기가 중요하고 나 자신의 동기도 고려해야 한다. 그러기 위해서 우선 자신에게 솔직해야 한다. 이 사람과의 만남에서 내가 정말 원하는 것은 무엇인지? 성적 관계가 우리 두 사람을 더 돈독하게 만들어 준다고 생각하는지 아니면 단순히 섹스를 하고 싶은 것인지? 섹스를 한 후에 나 자신에 대해서 더 나은 존재로 느끼겠는지? 아니면 못한 존재로 느끼겠는지? 내가 원해서 하는 것인지 아니면 파트너의 욕구에 이끌려 하는 것인지 등을 파악해야 한다.

둘째, 파트너에게 물어보아야 한다. 왜 파트너는 나와 성관계를 갖고 싶어 하는지, 그/그녀의 기대는 무엇이며 나와 다른지 같은지? 파트너는 정말 섹스를 하고 싶어 하는지 아니면 지금의 관계를 잃을지도 모른다는 걱정 때문인지를 나누어라.

이런 이야기를 나누다 보면 상대방을 얼마나 좋아하고 친밀감을 느끼고 있는지, 상대방에 대한 열정이 있는지, 관계는 지속 가능하고 자녀를 낳아도 책임을 질 수 있는 상황인지 등을 확인할 수 있다. 이러한 자기점검과 확신 없이 섹스하게 된다면 두 사람 사이에 유익할 것이 없다. 우리가 추구하는 이상적인 친밀한 관계는 상호 간의 사랑과 성적 만족감으로 채워질 때 가능하다고 본다. 이러한 관점에서의 성행위는 사랑이 토대가 되고 계기가 되고, 전제되는 것이 바람직할 것이다.

## 참고문헌


김미나(2008). 성인애착과 Sternberg의 사랑유형에 따른 의사소통과 갈등해결전략의 차이. 단국대학교 대학원 석사학위논문.

곽금주(2009). **20의 심리학**. 랜덤하우스.

곽금주, 안상수, 박영신, 박나영, 이승연, 송경희, 정윤경, 용정순, 최훈석, 유성경, 김은석, 설경옥, 윤가현, 강우선, 박효정, 강숙정, 이우경, 이수정, 박수현, 유경(2015). **여성심리학**. 학지사.

김향숙(2001). 대학생의 애착 · 사랑유형에 따른 성행동. 동국대학교 대학원 박사학위논문.

조정옥(2008). **행복한 성 · 사랑 · 남녀**. 철학과 현실사.

Ainsworth, M. D. S.(1989). Attachment beyond infancy. *American Psychologist, 44,* 709-716.

Bowlby, J.(1958). The nature of the child's tie to his mother. *International Journal of Psychoanalysis, 39,* 350-373.

Bretherton, I., & Munholland, K. A.(1999). Internal working models in attachment relationships: A construct revisited. In J. Cassidy & P. R. Shaver(Eds.), *Handbook of attachment: Theory, research, and clinical applications*(pp. 89-111). New York, NY, US: The Guilford Press.

Fromm, E.(1956). *The art of loving.* New York: Harper & Brothers.

Lee, J. A.(1988). Love-styles. In R. Sternberg & M. Barnes(Eds.), *The psychology of love.* New Haven CT: Yale University Press.

Maslow, A. H.(1954). *Motivation and personality.* New York: Harper & Row.

Main, M., & Solomon, J.(1986). Discovery of an insecure disoriented attachment pattern: Procedures, findings and implications for the classification of behavior. In T. Brazelton and M. Youngman(Eds), *Afective development in infancy*. Norwood, NJ: Ablex.

Rusbult, C. E.(1980). Commitment and satisfaction in romantic associations: A test of the investment model. *Journal of Experimental Social Psychology, 16,* 172–186.

South, S. J. (1991). Sociodemographic differentials in mate selection preference. *Journal of Marriage and the Family, 53,* 928-940.

Sternberg, R. J.(1986). A Triangular Theory of Love. *Psychological Review, 93*(2), 119-135.

Hazan, C., & Shaver, P.(1987). Romantic love conceptualized as an attachment process. *Journal of Personality and Social Psychology, 52*(3), 511-524.

Zajonc, R. B.(1968). Attitudinal effects of mere exposure. *Journal of Personality and Social Psychology, 9*(2), 1-27.

# Chapter 07

# 성과 의사소통

의사소통이란 무엇인가?

성적 의사소통이란 무엇인가?

# 성과 의사소통

Chapter 07

# 성과 의사소통

우리는 타인과의 관계에서 자신의 생각과 감정을 나누고 이해받기를 원한다. 특히 친밀한 관계를 형성하고자 하는 대상과의 관계에서는 더욱 그러하다. 관계 맥락에서 서로의 마음을 전달하는 가장 중요한 도구는 대화이지만, 서로를 이해할 수 있도록 이어주는 대화는 마음만큼 쉽지가 않다. 대화를 통한 의사소통은 자신의 생각과 감정을 잘 전달하려는 노력뿐만 아니라 상대방도 내가 의도한 바 그대로 이해할 수 있어야 한다는 것을 전제로 삼기 때문이다. 더구나 미묘한 감정이 오가는 연애관계에서 성적 의사소통은 매우 힘들게 느껴질 수 있다. 그러므로 친밀한 인간관계와 연애관계를 위해 의사소통에 대한 배움과 노력이 필요하다.

이에 본 장에서는 먼저 의사소통의 의미와 의사소통 방식에 대해 탐색해 보고자 한다. 그리고 성적 의사소통에 영향을 미치는 것은 무엇인지 살펴보고, 성적 의사소통을 통한 친밀하고 평등한 연애관계의 성장을 모색하고자 한다.

# 1. 의사소통이란 무엇인가?

의사소통은 두 사람 이상의 사이에서 개인의 뜻과 생각, 그리고 감정을 말이나 행동으로 표현하는 것이다. 먼저 '의사'는 자신의 경험과 기억에 의해 가지게 되는 뜻과 생각을 나타낸다. 이러한 뜻과 생각이 '트다'라는 뜻의 '소'와 '연결하다'라는 뜻의 '통'과 만나면 의미가 발전된다. 의사소통이란 바로 자신의 생각과 감정, 그리고 마음에 있는 것을 열어서 상대방과 연결하여 물과 같이 잘 흐르도록 하는 것이라 할 수 있다.

의사소통은 언어는 물론, 몸짓, 자세, 얼굴표정, 억양 등과 같은 비언어적 요소들까지 포함한다. '안녕하세요'와 같이 친근한 인사와 함께 주어지는 눈길과 태도는 서로에게 관심이 있는지를 판단할 수 있는 느낌을 준다. 그렇기에 의사소통은 언어적이거나 비언어적 메시지까지 포함해서 서로의 마음에 접근하는 것이다. 서로의 표정을 읽어내면서 대화를 통한 의사소통은 이처럼 사랑하는 사람과의 관계를 깊어지게 하고, 부모-자녀관계를 이어지게 하며, 학교나 직장에서 학습과 업무의 집중력, 그리고 효율성을 높일 수 있는 등 삶의 여러 영역에서 중요하게 작용한다.

의사소통은 상호작용이다. 서로의 생각이나 마음을 상대방에게 표현하고 전달하는 것뿐만 아니라 상대방의 이야기를 기꺼이 들어주는 경청을 통해 서로의 마음을 공유하고 이해하게 되는 양방향의 과정이기 때문이다. 이러한 의사소통의 상호작용을 통해 관계를 형성하고 발전시킨다. 그러므로 자신의 욕구와 마음의 상태, 소통방식과 경청의 태도 등에 따라 서로 이해하여 친밀해질 수도 있고 오해가 생겨 관계가 멀어질 수도 있다.

## 1) 어떻게 소통할 것인가?

의사소통의 본질은 자신의 내면을 의식적 · 무의식적으로 관계에 꺼내 놓는 것이다. 지금 여기에서, 자신의 있는 그대로의 마음을 전달하고 상대방에게 경청하고 공감하는 의사소통을 통해 관계의 친밀감이 향상되고 만족도 또한 증진된다. 그러므로 사람마다 선호하는 소통방식이 다르지만 의사소통을 잘하기 위해서는 어떻게 해야 하는지에 대해 살펴보는 것이 필요하다.

### (1) 자신의 의사소통 특성 알기

의사소통에 있어 필요한 것은 먼저 자신의 의사소통 방식의 특성을 아는 것이다. 일반적으로 사람들은 관계를 맺을 때 자신의 관점에서 의사를 표현하고 서로를 이해하고 받아들인다. 이러한 의사소통 과정에서 자신의 부족한 부분이 드러날까 걱정되어 감추기도 하고 예민해지기도 하며 반박하기도 한다. 그러다 보니 관계의 피로도가 높아져 소통을 회피하고 몸과 마음을 혹사시키게 된다.

자신의 의사소통 특성을 안다는 것은 무엇일까? 흔히 대화를 통해 그 사람의 인격을 알 수 있다는 말이 있다. 한 개인의 성격적 특성과 관계를 맺는 특성이 의사소통을 통해서 드러나고 상대방에게도 비춰진다는 뜻이다. 이러한 특성들은 일상생활을 살아가면서 관계를 통해 형성된 자신의 마음과 생각, 정서에 대한 특성이라 할 수 있고 의사소통 방식에도 영향을 끼친다. 그렇기에 자신이 어떻게 말하는지를 살펴보는 게 필요하다. 예를 들어 어린 시절 공부로 무시당한 경험이 있는 경우 말로는 드러내지 않지만 경쟁의식과 열등감을 가지고 있을 수 있다. 이러한 경쟁의식과 열등감은 마음을 지배하여 사랑하는 사람을 선택할 때나 소통할 때 영향을 끼친다. 자신의 부족한 부분을 싫어할까 두려워서 자신의 생각과 마음을 사실대로 쉽게 알아들을 수 있도록 전달하거나 반응하지 못할 수 있다. 이로 인해 관계에서 위축되거나 자신을 주장할 수 없어 불안과 불만을 느낄 때가 많아 갈등을 일으키게 된다. 그러므로 자신의 의사소통 특성에 대해 아는 것이 원만한 관계를 맺기 위한 첫걸음일 것이다.

### (2) 경청하기

의사소통에 있어 두 번째로 필요한 것은 경청이다. 경청은 나를 기울여서 상대방의 이야기와 마음을 주의 깊게 듣는 것이다. 사실 소통에 있어 상대방의 이야기를 잘 들어야 잘 말할 수 있기 때문에 제대로 경청할 수 있다면 좋은 관계를 유지할 수 있다. 그러나 경청을 잘 한다고 하는 사람은 많은데도 불구하고 관계가 풀리지 않아 답답함을 호소하는 경우가 많다. 이는 제대로 된 경청을 하고 있지 않은 경우이다. 제대로 된 경청은 상대방이 전달하고자 하는 말의 내용을 듣기만 하는 것이 아니라, 그 내면에 깔려 있는 동기나 정서에 귀 기울여 듣고 이해하는 것이다.

그렇다면 과연 무엇이 경청을 방해하는 것일까? 상대방의 메시지를 잘 이해하려면 표면적인 메시지와 그 속에 담겨 있는 상대방의 욕구를 알아차려야 한다. 예를 들어 "지금 좀 바쁘니?"라고 물어보는 친구가 있을 경우 그 친구의 숨은 마음은 "하고 싶은 이야기가 있는데 나한테 시간 좀 내줄 수 있니?"이다. 그러나 사람들은 대부분 표면적 메시지에만 집중하는 경우가 많다. 또한 언제나 정답이나 해결방안을 말해줘야 한다는 부담감이 크면 이야기에 몰입하기가 어렵다. 해결책을 내려줘야 한다는 부담감에서 벗어나 상대방의 메시지를 이해하기 위해서 경청한다면 상대방의 마음을 잘 읽을 수 있을 것이다. 그렇게 될 때 상대방은 충분히 존중받고 수용받는 느낌을 가질 수 있다.

### (3) 공감하기

의사소통에 있어 세 번째로 필요한 것은 공감이다. 공감은 상대방의 생각과 감정을 상대방의 입장에서 함께 느끼고 이해하고 마음을 읽어주는 것이다. 누구나 공감의 중요성을 알지만 공감만큼 어렵고 힘든 게 없다고 이야기한다. 이처럼 공감에 이르는 길은 쉽지 않음에도 공감을 배울 필요가 있다. 왜냐하면 공감의 과정을 통해 서로에 대한 생각과 감정이 변화되기 시작하면 관계에서 질적인 변화를 가져오기 때문이다.

관계에서 자연스러운 공감의 표현과 전달을 어렵게 만드는 것은 무엇일까? 그것은 상대방의 처지에서 문제를 바라보고 이해하기보다는 자신의 가치관에 비춰 분석과 판단을 하는 것이다. 공감은 작은 표현이라도 진심을 담아 상대방이 그럴 수밖에 없었던 이유와 마음을 읽어주는 것이다. 예를 들어 '너는 정말 잘하고 싶었는데 친구들이 네 마음을 몰라줘서 많이 섭섭했다는 거네. 진짜 그랬겠다. 그 마음이 이해가 된다.'라고 말하는 것이다. 공감은 상대방의 행동에 대해 그 당시에는 최선의 선택을 했음을 인정하고 존중한다는 마음을 표현하는 것이다. 서로에게서 나타나는 부정확한 인식, 실수, 불확실성, 그리고 대인관계에서의 갈등이 현명하게 보이지 않더라도 비난이나 평가보다는 그 당시에는 그런 마음일 수 있다는 것을 공감적인 태도로 탐색하고 표현하는 것이다. 그렇기에 공감의 과정은 상대방에게는 자신을 이해하고 의사소통을 위한 협력적인 초청으로 받아들여지게 되어 자신의 핵심적인 관심사나 진짜 문제에 가까이 가게 만드는 힘이 있다.

## 2) 나의 의사소통 방식 살펴보기

자신의 의사소통 방식을 살펴보기 위해 객관적인 심리검사를 이용하는 것도 한 방법이다. 사티어(Satir)의 이론에 의거한 의사소통 유형검사에서는 사람들이 관계에서 긴장할 때 의사소통에서 나타나는 모습을 다섯 가지 유형으로 나누고 있다. 체크리스트의 활용법은 평소 자신의 모습이라고 느껴지는 문항을 선택하고 체크한 문항 번호의 각각의 유형을 조합해 자신의 의사소통 방식을 확인해 보는 것이다.

※ 다음 글을 읽고 자신에게 해당하는 문항의 (    ) 안에 ○표 하십시오.

1. 나는 상대방이 불편하게 보이면 비위를 맞추려고 한다. ······ (    )
2. 나는 일이 잘못되었을 때 자주 상대방의 탓으로 돌린다. ······ (    )
3. 나는 무슨 일이든지 조목조목 따지는 편이다. ······ (    )
4. 나는 생각을 자주 바꾸고 동시에 여러 가지 행동을 하는 편이다. ······ (    )
5. 나는 타인의 평가에 구애받지 않고 내 의견을 말한다. ······ (    )
6. 나는 관계나 일이 잘못되었을 때 자주 내 탓으로 돌린다. ······ (    )
7. 나는 다른 사람들의 의견을 무시하고, 내 의견을 주장하는 편이다. ······ (    )
8. 나는 이성적이고 차분하며 냉정하게 생각한다. ······ (    )
9. 나는 다른 사람들로부터 정신이 없거나 산만하다는 소리를 듣는다. ······ (    )
10. 나는 부정적인 감정도 솔직하게 표현한다. ······ (    )
11. 나는 지나치게 남을 의식해서 나의 생각이나 감정을 표현하는 것을 두려워한다. ······ (    )
12. 나는 내 의견이 받아들여지지 않으면 화가 나서 언성을 높인다. ······ (    )
13. 나는 나의 견해를 분명하게 표현하기 위해 객관적인 자료를 자주 인용한다. (    )
14. 나는 상황에 적절하지 못한 말이나 행동을 자주 하고 딴전을 피우는 편이다. ······ (    )
15. 나는 다른 사람이 내게 부탁을 할 때 내가 원하지 않으면 거절한다. ······ (    )
16. 나는 사람들의 얼굴표정, 감정, 말투에 신경을 많이 쓴다. ······ (    )
17. 나는 타인의 결점이나 잘못을 잘 찾아내어 비판한다. ······ (    )
18. 나는 실수하지 않으려고 애를 쓰는 편이다. ······ (    )
19. 나는 곤란하거나 난처할 때는 농담이나 유머로 그 상황을 바꾸려 하는 편이다. ······ (    )
20. 나는 나 자신에 대해 편안하게 느낀다. ······ (    )
21. 나는 타인을 배려하고 잘 돌보아주는 편이다. ······ (    )
22. 나는 명령적이고 지시적인 말투를 자주 사용하기 때문에 상대가 공격받았다는 느낌을 받을 때가 있다. ······ (    )
23. 나는 불편한 상황을 그대로 넘기지 못하고 시시비비를 따지는 편이다. ······ (    )
24. 나는 불편한 상황에서는 안절부절못하거나 가만히 있지를 못한다. ······ (    )
25. 나는 모험하는 것을 두려워하지 않는다. ······ (    )

26. 나는 다른 사람들이 나를 싫어할까 두려워서 위축되거나 불안을 느낄 때가 많다. ( )
27. 나는 사소한 일에도 잘 흥분하거나 화를 낸다. ( )
28. 나는 현명하고 침착하지만 냉정하다는 말을 자주 듣는다. ( )
29. 나는 한 주제에 집중하기보다는 화제를 자주 바꾼다. ( )
30. 나는 다양한 경험에 개방적이다. ( )
31. 나는 타인의 요청을 거절하지 못하는 편이다. ( )
32. 나는 자주 근육이 긴장되고 목이 뻣뻣하며 혈압이 오르는 것을 느끼곤 한다. ( )
33. 나는 나의 감정을 표현하는 것이 힘들고, 혼자인 느낌이 들 때가 많다. ( )
34. 나는 분위기가 침체되거나 지루해지면 분위기를 바꾸려 한다. ( )
35. 나는 나만의 독특한 개성을 존중한다. ( )
36. 나는 나 자신이 가치가 없는 것 같아 우울하게 느껴질 때가 많다. ( )
37. 나는 타인으로부터 비판적이거나 융통성이 없다는 말을 자주 듣기도 한다. ( )
38. 나는 목소리가 단조롭고 무표정하며 경직된 자세를 취하는 편이다. ( )
39. 나는 불안하면 호흡이 고르지 못하고 머리가 어지러운 경험을 하기도 한다. ( )
40. 나는 누가 나의 의견에 반대해도 감정이 상하지 않는다. ( )

- 회유형 1, 6, 11, 16, 21, 26, 31, 36번
- 비난형 2, 7, 12, 17, 22, 27, 32, 37번
- 초이성형 3, 8, 13, 18, 23, 28, 33, 38번
- 산만형 4, 9, 14, 19, 24, 29, 34, 39번
- 일치형 5, 10, 15, 20, 25, 30, 35, 40번

체크한 것을 유형별 문항 번호대로 골라 점수를 합산해 본다. 합산하여 그중 가장 높은 점수가 나온 유형이 바로 자신의 의사소통 유형이라 할 수 있다.

출처: 김영애(2004)에서 인용.

먼저 회유형은 자신의 감정이나 생각의 제시 없이 무조건 상대방의 의견을 따르거나 기분을 맞추려고 말하는 유형이다. 회유형이 인간관계에서 무조건 '예'라고 말하는 이유는, 자신의 감정을 억압해서라도 상대방과 불편한 관계를 하고 싶지

않고 관계의 평화를 유지하고자 하는 목적이 있다. 예를 들어 상대방이 자신에게 화를 내며 야단칠 때 회유형은 분노를 표현하는 데 어려움을 겪으면서, 외적으로 보이는 행동은 '제가 정말 잘못했어요.'라며 사과를 선택한다. 그러나 내면에는 '나는 아무것도 아니다. 나는 가치 없는 존재다.'라며 자신은 힘이 없고 가치가 없는 존재라고 느낀다.

비난형은 상대방의 말이나 행동을 사정 없이 비판하고 일반화시켜 탓하면서 말하는 유형이다. 그래서 경우에 따라서는 자신이 잘못했음에도 불구하고 최선의 방어가 좋은 공격이라고 느껴 먼저 비난을 가해 예상되는 공격을 차단한다. 예를 들어 비난형은 상대방이 자신에게 화를 내며 야단칠 때 외적으로 보이는 행동은 '자꾸 이렇게 야단치니깐 내가 얘기하기 싫잖아. 다 너 때문이야.'라며 공격적으로 표현한다. 그러나 내면으로는 자신이 고통과 두려움을 다루거나 표현할 능력이 없는 존재라고 느끼며, 스스로 외로운 실패자라고 생각한다.

초이성형은 오로지 상황만을 중시하여 자신의 감정을 통제하고 매우 완고하고 냉정하게 말하는 유형이다. 그래서 본 마음이 잘 드러나지 않고, 이성적이며, 결코 실수를 시인하지 않으면서 지나치게 상황이나 도덕적 가치만을 고려한다. 예를 들어 초이성형은 상대방이 자신에게 화를 내며 야단칠 때 외적으로 보이는 행동은 '화나셨어요? 제가 왜 그렇게 늦었는지에 대해 이성적으로 생각을 해 보면 화를 낼 만한 일이 아닐 거예요.'라고 말한다. 그러나 내면으로는 자신의 감정을 두려워하면서 정서적인 부분이 부족하고 인간관계가 삭막해지는 것을 걱정한다.

산만형은 자신에게 불리한 질문이나 대화가 이어지면 정서적으로 혼란된 심리상태를 보이면서 주제나 상황에 맞지 않는 말을 하는 유형이다. 이는 문제에 직면하면 싸움이 일어날 수도 있기 때문에 직접적인 눈 맞춤과 대답을 피하고, 산만하고 엉뚱한 주제로 관심을 돌려 자신이 안전한 상황인 산만의 형태로 나가는 것이다. 예를 들어 산만형은 상대방이 자신에게 화를 내며 야단칠 때 외적으로 보이는 행동은 '화가 났나 봐. 누가 화나게 한 거야? 쇼핑이나 하자.'라고 말한다. 그러나 내면으로는 자신은 공감능력이 결핍되어 있고 문제를 해결하고 갈등을 해소할 수 없는 무능한 사람이라고 생각한다.

일치형은 자신과 상대방, 그리고 상황을 모두 고려하여 말을 하는 유형이다. 그래서 상대방의 이야기를 경청하고 자기 감정을 잘 알아차리며 이를 적절하게 표현한다. 예를 들어 일치형은 상대방이 자신에게 화를 내며 야단칠 때 외적으로 보이는 행동은 '제가 정신이 없어 약속을 깜빡했어요. 죄송해요. 무슨 일이 있을까 걱정하셨죠?'라고 말한다. 자신의 생각과 느낌뿐만 아니라 상황과 상대방의 마음까지 일치시켜 자연스럽게 표현하고 전달한다. 그러므로 일치형 의사소통은 내면으로도 높은 자기이해가 형성되고 친밀한 관계를 맺게 되므로 일치형 의사소통만이 바람직하고 건강한 의사소통 유형이라 할 수 있다.

위의 다섯 가지 의사소통 유형 분석을 통해 인간관계에서 자신의 의사소통 방식을 살펴볼 수 있다. 사티어(Satir)의 의사소통 유형을 예로 들어 살펴보았지만 그 외에도 로젠버그(Rosenberg)의 비폭력 의사소통 네 단계가 있다. 상대방의 말과 행동을 있는 그대로 관찰하기, 느낌을 알아차리고 표현하기, 욕구 표현하기, 상대에게 나의 욕구를 충족할 만한 행동을 직접 부탁하기이므로 단계별로 활용해 나가면 된다. 이제 상황과 관계에 따라 자신에게 어떠한 의사소통 방식이 적절한지를 주목해야 하며, 조화로운 관계의 성장으로 나아갈 수 있는 의사소통 방식을 배우고 익히는 노력이 필요하다.

### 생각을 나누어 봅시다

**7-1** 현재 자신이 사용하고 있는 의사소통 유형은 무엇인지, 의사소통 유형분석을 통해 자신을 이해하게 된 부분이 있다면 무엇인지, 인간관계에서 어떤 영향을 미치고 있는지 나누어 보자.

## 2. 성적 의사소통이란 무엇인가?

성적 의사소통은 성과 관련한 성행동, 성관계 등의 주제로 이루어지는 대화를 말한다. 대학생들에게 있어 성적 의사소통은 친구관계나 연애관계에서 성적 친밀감의 타협과정에서 경험하게 되는 의사소통을 의미한다. 성은 사랑을 필요로 하고, 사랑은 언어적이거나 비언어적으로 표현하고 소통할 수 있어야 한다. 그렇기에 성적 의사소통은 성과 관련한 자신의 생각이나 정서를 상대방에게 표현하고 전달하면서 성적인 존재로서의 자신의 특성을 이해하게 된다. 또한 성적 의사소통을 통해 서로의 감정에 동의하면서 애정과 정서적 친밀감을 상승시켜 관계에서의 만족도를 높일 수 있는 힘이 된다.

성에 관해 소통하는 것은 왜 이렇게 어려울까? 여러 가지 이유가 있겠지만 우선 성에 대해 언급하는 것은 저속한 것으로 생각하는 경향이 있다. 성에 대한 고민이나 문제가 발생해도 쾌락적인 성의 특성으로 인해 친밀한 관계에서도 상대방에게 자신의 요구, 감정을 솔직하게 개방하지 못하게 된다. 또한 성관계에 대한 비이성적인 믿음에 사로잡혀 있는 경우가 있다. 굳이 물어보지 않더라도 상대방이 무엇을 원하는지 어느 정도 알고 있다고 생각하는 것이다. 그래서 상대방과의 관계에서 내가 거절하여 상대방이 무안해하면 어쩌지?, 사이가 나빠지거나 헤어지게 되지 않을까?처럼 성적 의사소통에서 상대방의 기분이나 입장을 먼저 고려하느라 거절이 쉽지 않다. 내가 더 적극적이면 나를 성적으로 문란한 사람으로 오해하지 않을까?처럼 상대방이 자신을 어떻게 평가할지, 어떤 사람으로 비춰질지 신경이 쓰여 성적인 제안도 회피하는 경향을 보이게 된다.

연애관계에서의 성적 의사소통의 어려움은 원하지 않는 성행동을 일으킬 수 있다. 성적 의사소통의 바탕은 관계의 평등함에서 소통되는 솔직함이다. 그러나 의사소통 과정에서 원하지 않지만 거절할 수 없거나 자신의 의도와는 다른 애매모호한 응낙으로 나타난다. 이처럼 서로 간의 성적 의사소통이 원활하지 않을수록 관계의 불안감이 높아지고 서로를 이해하지 못하여 갈등을 일으킨다. 그러므로 성적 주체로서 자신의 성을 행복하고 안전하게 누리면서 서로 간의 친밀감과 애정을 확인하고 신뢰감을 유지하는 성적 의사소통에 영향을 주는 요인과 요소에 대해 살펴보는 것이 필요하다.

## 1) 성적 의사소통 요인

최근 들어 SNS 공간이나 대중매체와 인터넷 등에서 자극적이고 혐오 성향을 보이는 성희롱 대화가 사람들을 경악하게 한다. 이를 통해 우리 사회가 성적 의사소통에 대한 여러 관점이 혼재하고 있음을 알 수 있다. 그것은 성적 의사소통이라는 것이 매우 개인적인 영역이면서 사회적·문화적 요인에 따라 차이가 있고, 성에 대한 가치관, 그리고 성태도와 성행동에도 영향을 받기 때문이다. 긍정적이고 솔직한 성적 의사소통의 문화를 경험하고 있는 반면 잘못된 성적 통념으로 자신의 의견을 명확하게 표현하기 어려워 관계 속에서 갈등을 일으키고 불안이 생겨나기도 한다.

### (1) 환경적 요인

개인의 성적 의사소통에 영향을 미치는 모델은 바로 부모라고 할 수 있다. 자녀가 부모에게 성과 관련하여 질문할 때 부모는 격려자, 때로는 상담자로서 자녀의 눈높이에 맞춰 섬세하게 의사소통한다면 자녀의 성 가치관과 성에 대한 태도에 긍정적인 영향을 미친다. 반면 무관심하게 대처하거나, 성 관련 질문을 못하게 하거나, 거짓말로 대응해 버리는 의사소통 방식은 자녀가 성을 부정적으로 내재화할 가능성이 높다. 청소년기부터 대학생 시기는 친구들과의 은밀한 성적 의사소통과 학교에서의 성별 고정관념을 통해 성태도나 성행동 발달에 영향을 받는다. 또한 SNS 공간에서 성에 대한 다양한 정보의 공유와 성욕구 충족, 성적 자극을 받게 되는 빈도가 높아지면서 성적 의사소통 발달에 영향력이 커지고 있다.

### (2) 문화적 요인

우리나라는 유교사상의 영향으로 성에 관한 대화를 기피하고, 자신의 생각을 성적으로 표현하는 것을 수치스럽게 여겨 금기시 해왔다. 특히 남성에 비해 여성은 성에 대해 언급하거나 성행동을 하려 할 때 정숙하지 못한 것으로 평가된다. 그렇기에 성에 대한 고민이나 문제가 생겨 의사소통이 필요할 때에도 수치심이나 죄의식을 느껴 이야기를 꺼내지 못하거나 참는 편이 낫다고 생각하게 된다. 그러나 최근에는 이러한 전통적 성적 의사소통 방식에서 서로 간의 애정만 있으면 성관계를 가질 수 있으며, 자신의 성적 욕구를 표현하고 상대에게 피임을 제안하는 안전하고 개방적인 성적 의사소통으로 조금씩 나아가고 있다. 이것은 기존의 관습보다는 개인의 자유의사와 성적 결정을 지향하는 문화적 가치에 따라 적극적인 성적 의사소통으로 변화되고 있음을 알 수 있다.

### (3) 성태도와 성행동

성태도는 성에 대한 느낌과 생각, 가치관에 대해 긍정적 혹은 부정적으로 반응하는 경향 및 행동을 말한다. 그러므로 개인의 발달과정에 긍정적인 성태도 형성이 중요한 요소라고 할 수 있다. 성태도는 의사소통의 과정을 통해 성적 가치관을 확립하게 되는데, 성태도의 유형이 개방적인지 보수적인지에 따라 성적 의사소통 양상이 달라질 수 있다. 허용적이고 개방적인 성태도는 연애관계에서 원활한 성적 의사소통이 이루어지며, 성적 의사소통이 원활할수록 성적 만족감과 성적 자율성, 그리고 성태도가 긍정적으로 나타난다.

성행동은 성과 관련된 외현적 행동을 의미한다. 연애관계에서 성행동은 친밀감과 애정을 기반으로 서로 합의하는 과정이므로 무엇보다 성적 의사소통이 중요하다. 특히 연애관계에서 서로 간의 동의방식을 살펴볼 필요가 있는데, 동의방식은 대화와 몸짓과 표정, 무반응, 그리고 싫다고 하지 않음의 의사소통을 보인다. 여성은 연애관계에서 원하지 않음에도 거절하지 못하거나 적극적 의사표현을 하지 못하는 것으로 알고 있었으나 최근에는 안전한 성관계를 위해 여성들이 스킨십과 피임에 대해 적극적으로 요구하면서 남녀 모두 의사소통과 피임의 중요성을 인식하는 것으로 나타났다.

**사례** 성관계를 원하지만 임신이 걱정돼요. 피임을 자연스럽게 이야기하고 싶은데 어떻게 소통해야 하나요?

피임에 관한 주제는 관계에서 어색할 수 있다. 그러나 이야기되지 않는다면 갈등의 시작점이 된다. 피임에 관해 소통하는 것은 관계에서 책임감을 느끼게 하면서 친밀하고 편안한 만남으로 변화시키기에 어떻게 이야기하는 것이 자연스럽고 관계를 더 발전시킬 수 있을까를 고민하게 된다.

피임에 관해 언제 소통해야 할까? 상대방과 격렬히 안을 때일까? 첫 번째 데이트할 때일까? 성관계를 시작하면서일까? 그것은 성관계 전에 피임할 시간을 줄 수 있어야 하는 게 핵심이다. 여성의 경우 경구 피임약은 먹는 즉시 피임 효과가 나타나지 않으므로 적어도 1~2주 전이어야 한다. 남성이 콘돔을 사용하려면 성관계 전에는 얘기되어야 하고 소통되어야 한다. 그러나 대개는 성적으로 가까워졌을 때만 피임에 관해 얘기하게 된다. 그럼 첫 만남에서 성관계를 하게 된다면 어떻게 해야 할까? 여성이 피임약을 복용하고 있을 수도 있으나 콘돔만으로는 100% 피임을 장담할 수 없다. 물론 첫 만남 시 피임에 관해 얘기하는 것이 성관계를 희망하는 것으로 비춰져 무안하게 느껴지거나, 오해받을까 걱정스러울 수 있지만 성관계 전에 피임에 관해 계획하고 결정하는 것이 서로를 배려하고 대비할 수 있도록 해 준다.

피임에 관해 소통하기 위해서는 제일 먼저 시간에 쫓기지 않아야 되고 서로가 원하는 것을 알아갈 수 있도록 이야기를 나누는 데 방해받지 않는 공간이어야 한다. 그래야 성에 대해 이야기하는 것을 편안하게 여길 수 있다.

두 번째는 의도를 알리고 동의를 구하는 것이다. "이야기를 나누고 싶은 것이 있어. 살짝 오해받을까 불편하기도 해서 어떻게 말을 꺼내야 할지 모르겠지만 서로에게 지금이 말할 수 있는 좋은 시간인 것 같아"로 이야기를 꺼낼 수 있다.

세 번째는 솔직하게 이야기를 이어가면서 구체적으로 이야기하는 것이다. 몸짓이나 표정, 그리고 목소리에 자신의 의미와 감정을 실어 "내 생각에는 우리 관계가 피임에 관해 이야기할 정도로 가까워진 것 같아. 우리가 아직 성관계를 갖지 않았지만 피임은 미리 계획해야 해. 혹시 피임에 관해 생각해 본 적 있어?" 묻는 것이다. 이야기를 이끄는 것이 긴장된다면 혼자 있을 때 전하고자 하는 내용과 얼굴표정이나 음색 등이 자연스럽게 전달되는지 확인하고 연습해 보는 것이 도움이 된다.

마지막으로는 상대방이 자신의 이야기에 피드백을 하지 않더라도 이야기의 흐름을 중단하거나 차단하지 않고 상대방의 이야기에 경청한다. 서로에게 요구하거나 강요하지 않으면서 상대방의 마음을 읽어주는 것이다. "조금 쑥스럽지만, 여러 가지 피임법이 있다고 들었어. 우리가 성관계를 갖기 전에 어떤 방식이 가장 적합할지 서로 이야기 해보자" 상대방이 피임법이나 특정 방식에 관해 어떻게 생각하는지 들어볼 기회를 이용하는 것이 필요하다. 성적 의사소통은 관계에서 서로의 생각과 감정을 공유하고, 서로가 원하는 바가 무엇인지 분명하게 확인이 되므로 연애관계에서 생길 수 있는 오해를 방지하고 긴장과 갈등을 풀어주는 열쇠가 될 수 있다.

출처 : 인간의 성(2014)에서 인용

## 2) 성적 자기주장

누구나 사랑을 하거나 연애관계를 이어갈 때 어려움을 겪을 수 있다. 그러므로 다양한 성적인 상황과 관계적 상황에서 자신의 성적 의사표현을 주체적이고 명확하게 할 수 있는 성적 자기주장, 성적 자기결정 능력이 필요하다.

성적 자기주장은 개인이 자신의 성적 건강과 성적 자율성을 보호하기 위하여 사용하는 의사소통 능력과 기술을 의미한다. 성적 자기주장을 한다는 것은 성적 관계에서 주체적이고 능동적으로 행동한다는 것으로, 다양한 성적인 상황에서 의사표현을 명확하게 할 수 있는 효과적이고 합리적인 의사소통 기술이다. 성적인 상황에서 의사표현은 첫째는 자기의 성적 욕구와 필요를 분명하게 말하는 것이다. 이것은 성적 감정에서 수치심을 느끼지 않고 자연스럽게 표현하고 상대방과 성적 의사소통할 수 있는 능력이다. 성에 대한 자율성은 적극적으로 자신이 원하는 성생활을 스스로 결정하고 이에 동의하는 상대방과 함께 할 것을 결정하는 권리이다. 두 번째는 원하지 않은 성적 상황에서는 거절해도 된다는 것이다. 자신이 원하지 않는 사람과의 성관계를 거부할 자유에 관한 권리를 의미한다. 연애 상대가 성관계를 요구했을 때 거절하지 못하고 응낙했을 때 여성들의 성행동은 원치 않는 임신, 인공유산, 출산 등 여성의 몸에 직접적인 결과를 가져온다. 또한 적절한 성적 자기주장을 하지 못할 경우 상대방과의 성관계에서 자신이 희생자가 되었다고 느끼거나, 정서적으로 부끄러움과 분노를 느껴 자신에 대해 실망하고 자존감이 하락하게 되는 부정적 결과를 불러오게 된다. 그러므로 자신의 심리적 특성에 대해 살펴보고 주체적인 성적 자기주장을 높일 필요가 있다. 성적 자기주장이 잘 이루어지면 성행동과 성 만족도, 그리고 관계 만족도가 높아진다.

### 3) 나의 성적 자기결정권 살펴보기

자신의 성적 자기결정권을 살펴보기 위해 심리검사를 활용해 볼 수 있다. 성적 자기결정권은 자기 삶의 주체로서 자신의 성적 행동을 스스로 결정하고 선택할 수 있는 권리를 의미한다. 심리검사를 통해 성적 자기결정권의 정도를 측정할 수 있으며 점수가 높을수록 성적 의사결정권이 높은 것을 의미한다.

**※ 문항을 읽고 당신을 가장 잘 표현하고 있다고 생각되는 보기의 번호에 ✓표시해 주시기 바랍니다.**

1. 좋아하다가도 싫어지는 감정이 생길 수 있다는 걸 인정하고 받아들일 수 있다. ······ (  )
2. 나는 나의 성적 욕망이나 지식에 대해 상대에게 이야기할 수 있다. ······ (  )
3. 상대가 화났을 때, 고마울 때 나의 감정을 상대에게 표현할 수 있다. ······ (  )
4. 상대가 어떻게 반응할지 걱정되더라도 감정을 감추거나 왜곡하지 않는다. ··· (  )

5. 상대의 일방적인 요구에 대해 '부당함'을 이야기 할 수 있다. ( )
6. 나는 원하지만 상대가 싫다고 하면 강요하지 않고 상대의 의사를 존중한다. ( )
7. 나는 여전히 좋아하는데, 상대는 헤어지려할 때 억지로 붙잡지 않는다. ( )
8. 나는 나의 성적인 욕망에 대해 그대로 인정한다. ( )
9. 나는 나에게 맞는 안전한 피임법에 대해 알고 있다. ( )
10. 성적 욕망이 생기면 나름대로 해소할 수 있는 방법을 알고 있다. ( )
11. 성관계 의사 없이도 상대와 여행을 함께할 수 있다. ( )
12. 내 감정과 느낌이 소중한 만큼 상대의 상태를 충분히 고려할 수 있다. ( )
13. 상대의 감정을 통제하기 위해 내 감정을 과장, 왜곡 표현하지 않는다. ( )
14. 합의된 신체적 접촉(예: 키스)을 하는 중에 내 맘대로 다른 행동을 하지 않는다. ( )
15. 상대의 신체적 접촉에 대한 제안을 내가 원하지 않을 경우엔 거절하지 않는다. ( )
16. 교제하고 싶은 사람이 생길 때, 상대에게 제안해 볼 수 있다. ( )
17. 나는 사람을 사귈 때 '이 사람은 내 거다'라는 생각을 우선하지 않는다. ( )
18. 내가 고백했을 때 상대가 관심 없다고 말해도, 자존심 상하지만 받아들일 수 있다. ( )
19. 상대가 술에 취해서 정신없을 때를 기회로 평소에 원했던 접촉을 시도하지 않는다. ( )
20. 성적으로 끌리는 대상이 있으면, 상대방의 동의를 구하면서 성관계를 제안할 수 있다. ( )

출처: 한국여성민우회(2011).

연애관계에서 즐거움도 두려움도 상대방과 함께 나누고 소통하는 것이 필요하다. 성적 관계에서 서로의 마음을 공유하며 이해와 합의를 구축하는 것은 바로 성적 의사소통 기술에 달려 있다고 할 수 있다. 그것은 자신의 성적 욕구와 성태도, 그리고 성행동에 대해 솔직함과 진정성에 기반을 두고 서로가 원하는 것을 알아가고, 상대방의 성적 자기주장을 존중하는 것이다. 이러한 성적 의사소통의 과정이 바로 관계를 연결하고 친밀감과 깊은 유대감을 형성할 수 있다.

## 생각을 나누어 봅시다

**7-2**

① 만약 자신의 연인이 공공장소에서 신체적 접촉을 요구할 때 허용한다면 허용한 이유 3가지, 거절한다면 거절한 이유 3가지를 말풍선 안에 채워 주세요.

② 짝끼리 마주 봅니다.

③ 성적 의사결정에 대한 자신의 생각과 느낌에 대해 서로 이야기를 나누면서 자신에 대해 새롭게 알게 됐거나 생각이 변화된 것이 있는지 자유롭게 나누어 주세요.

허용

거절

# 참고 문헌


고상균 외(2014). 인간의 성(제8판). ㈜바이오사이언스출판.

김영애(2004). 사티어 의사소통 프로그램. 김영애가족치료연구소.

유미영(2019). 여대생의 거절 민감성과 성적 자기주장의 관계에서 단절 및 거절도식의 매개효과. 한양대학교 상담심리대학원 석사학위논문.

이경순, 이미경, 김경희(2014). A to Z 인간관계와 의사소통. 현문사.

이은하 외(2015). 대학생 커플 간의 성 의사소통 양상에 따른 성태도, 성적 자율성 및 성만족도의 상관관계에 관한 연구. 이화여자대학교 이화간호학회지, 49(1), 119-133.

이현주(2016). 관계의 99%는 소통이다. 메이트북스.

장문자, 정혜정, 이선혜, 전영주(2012). 가족치료의 이해. 학지사.

한국여성민우회(2011). 성적 자기결정권 척도.

Chapter 08

# 인간의 발달과 성적 특성

성과 생애주기

인간발달과 성의 이슈

# 인간의 발달과
# 성적 특성

Chapter 08

# 인간의 발달과 성적 특성

여러분은 사람이 모든 연령에서 성적인 존재라고 생각하는가? 본 장에서는 인간의 생애 주기에 따른 성적 변화를 정리해 보고, 성욕이 우리 삶에서 절대적으로 필요한 부분으로 남거나 남을 수 있다는 것에 대해 이해하고자 한다.

## 1. 성과 생애주기

많은 사람이 성에 관해 제한된 견해를 가지고 있으나 전 생애를 통해 성적인 존재라는 것은 알지 못한다. 즉, 성적 존재는 10대 후반에서 30대나 40대 사이의 개인으로 여긴다. 심지어 어린 사람, 나이 든 사람, 장애를 가진 사람 그리고 신체적인 의료문제를 가진 사람들은 성적으로 무관하다고 생각한다. 이는 인간의 성을 주로 성관계나 어떤 다른 성행동으로만 축소하여 인식했을 때 생길 수 있다.

지금 바로 '성'은 무엇을 의미하는지 정의해 보라. 그리고 가까이 앉은 사람과 내용을 비교해 보면 단지 성행동이나 성의 생물학적인 면만 있는 것은 아닐 것이다. 성욕을 충족하고 쾌락을 찾기 위한 성, 남녀의 애정표현, 정신적 연결 그리고 성역할 등을 포함할 것이다. 이것은 성은 다른 사람과 성적으로 무엇을 하는 그 이상의 것이라는 것을 알게 한다.

인간의 성은 다른 인간 행동이나 인격발달과 마찬가지로 생물학적 · 정신적 · 사회적인 세 가지 차원의 개념을 포함한다. 성과 관련된 인격의 발달은 ① 성염색체 등이 뇌 구조와 기능의 발달에 미치는 영향, ② 성호르몬 분비에 따른 2차 성징의 출현과 성행위의 가능성, ③ 신체적 요구와 환경적 요구에 대응하는 자아 기능의 발달, ④ 환경의 영향(경험, 교육, 법과 윤리, 종교) 등이 상호작용하는 가운데 인간 발달의 과정에서 통합적으로 이루어지는 것 같다(한국성과학연구협회 성교육교재 편찬위원회, 2016). 결국 성 발달은 타고난 것과 자라면서 사회적으로 경험 · 학습 또는 교육되는 바에 영향을 받는다는 것이다. 다시 말해 성은 출생과 더불어 인간발달 단계에 따라 지속적으로 성장해 가는 개념이고, 인간의 삶에 지속적인 영향을 준다.

**생각을 나누어 봅시다**

**8-1** 성에도 휴면 기간이 있다고 생각하는가? 그렇다면 그 기간은 언제인가?

**8-2** 성적이라고 말할 수 있는 당신의 최초 경험은 무엇이며, 그것은 어떠했는가?

## 2. 인간발달과 성의 이슈

### 1) 태아기와 영아기

#### (1) 성적 능력

태아와 유아는 '충분히 성적'이라고 할 수는 없지만 많은 성적 행동들이 있다는 것이 밝혀졌다. 초음파 검사를 한 결과, 자궁 안에서 남자 태아의 발기가 있고, 어떤 신생 남아들은 태어난 지 수 분 만에 발기하기도 한다. 이와 유사하게 신생 여아에서도 첫 24시간 이내에 질 분비와 음핵 발기가 관찰되었다. 성기관은 태어나기 이전부터 기능하고 있다는 것을 통해서 인간의 성적 반응에 대한 능력은 출생 시부터 시작된다는 것을 알 수 있다.

### 2) 유아기

유아들은 성에 대한 관심을 발달에 따라 성에 대한 질문이나 성에 관련된 놀이 및 행동으로 표현한다. 이 시기의 유아들은 자신의 성기에 관해, 부모와 자기의 성별 및 신체 차이, 아기의 기원과 출생 등에 호기심이 많다.

#### (1) 성 인식

인지발달 이론가들은 유아들의 성 인식은 인지발달 수준과 밀접한 관계가 있으며 순서화된 발달 양식이 있다고 한다. 먼저 자신을 남성이나 여성으로 구별하고 자기의 성이 계속 같은 성으로 유지된다는 것을 인식하여야만 외형이 바뀐다고 해도 성이 변화될 수 없다는 것을 받아들이게 된다. 구체적으로 살펴보면, 2~3세경에는 자기 성에 대해 명명하기 시작하고, 4~5세경에는 자기와 자기 가족 이외의 사람들에게도 '남성' 또는 '여성'이라는 명칭을 부여할 수 있다. 6~7세가 되면 자기와 타인이 어느 성에 속하는지를 확실하게 말할 수 있게 되는데 아마 보존개념의 획득과 관련이 있을 것이다.

### (2) 자위행위

영유아기에 보이는 성적인 행동은 자위행동이다. 6~12개월의 영아들은 자신의 성기를 베개나 인형과 같은 장난감 등에 비비거나 미는 행위를 하고, 만 3~ 4세가 되면 이러한 탐색을 더욱 구체화한다(교육인적자원부, 2006). 영유아의 자위행위(childhood masturbation)는 자신의 신체에 대해 관심을 갖고 신체를 탐색하는 과정에서 나타나는 자연스러운 현상이자 성적 놀이의 한 형태로 간주한다.

유아의 성 표현이 성인의 성적 호기심과 같다고 단정지을 수는 없지만 이런 행동이 유아에게 만족을 준다는 것은 분명한 사실이다. 이는 성인이 가지는 성적 호기심이 아님에도 부모는 아이의 자위행위를 편안하게 여기지 않으며 이런 불편함이 아이에게 전달된다.

그렇다면 부모가 어떤 방식으로 아이의 행동을 수용한다고 표현할 수 있을까? 그 방법의 하나는 아이들에게서 전형적으로 나타나는 성기 마찰에 대해 부정적인 반응을 보이지 않는 것이다. 이후 아이들이 자기 몸에 대해 질문할 때 “네가 성기를 만질 때 좋은 느낌이 들 수 있다”는 식으로 그 느낌에 대해 언급해 주는 것이 바람직하다. 자위행위에 대해 처벌하겠다고 위협한다거나 이런 행동을 멈추라고 이야기하는 것보다는 “아빠(엄마)도 네 성기를 가지고 놀면 기분이 좋아진다는 것을 알아. 하지만 이건 비밀스러운 것이야. 다른 사람들이 볼 수 없는 곳에서 하렴”이라고 말하는 것이 자위와 관련된 죄책감과 불안을 예방할 수 있는 길이다.

### (3) 성적 놀이

만 3~4세 유아들은 병원놀이나 소꿉놀이 같이 성과 관련된 다양한 형태의 놀이를 한다. 또 동성이나 이성 친구에게 자신의 성기를 보여주며 “나에게 네 것 보여주면, 내 것도 보여줄게." 하고 각자 상대방의 몸을 눈으로 탐색하기도 한다. 실제로 유아교육기관에서 관찰되는 유아의 성적 행동 중 가장 빈번한 행동은 '자신의 성기를 만지는 행동'이며, 다음으로는 화장실 안을 엿보는 행동, 성과 관련된 이야기나 욕설을 하는 행동, 자위행위, 남아가 여아의 치마를 들치며 놀리는 행동, 서로의 알몸을 보여주며 놀이를 하는 경우, 여아가 남아처럼 일어서서 소변을 보는 행동 순으로 나타났다(박선미, 2004). 대부분의 어른들은 유아의 이러한 놀이를 성적 행동으로 해석하지만 아이들에게는 하나의 놀이나 실험에 해당하여 매우 정상적이며 건강한 것이다.

**질문 있어요!!**

**아이가 부모의 성관계를 우연히 보게 되었다면 어떤가요?**

만약 부부의 사랑 행위를 아이가 보았다면 부모는 민망하기도 하지만 먼저 아이가 받았을 충격과 놀라움을 어떻게 해야 할지, 뭐라고 설명하는 것이 맞는지, 그냥 아무렇지 않게 넘어가는 것이 좋을지 매우 어렵다. 이때 부모가 취할 수 있는 최적의 행동은 당황하지 않고 침착하게 아이에게 아빠와 엄마가 서로 얼마나 사랑하는지에 대해 보여주는 것이라고 말해 주는 것이다. 그리고 이번이 성행위의 의미에 대해 교육할 수 있는 절호의 기회라 생각하고 본격적인 성교육을 실시하는 것도 좋은 대처이다. 또 서로의 사생활을 존중하자는 의미에서 부모의 침실에 들어오기 전에 꼭 노크를 해야 한다는 것을 가르쳐주고 부모 역시 아이의 방에 갈 때는 노크하도록 하자.

## 3) 사춘기 전기 아동

청소년 이전의 행동은 성적이기보다는 성적으로 관련된 것이다. 6~12세 시기의 아이들은 남자는 남자끼리 놀고 여자는 여자끼리 노는 경향이 있다. 동성과의 관계를 형성하면서 이성을 의식하며 남녀 간에 함께 놀기를 꺼리고 반발하는 경향이 있다. 또 남아들이 여아들에게 거칠고 짓궂은 행동을 하는 것을 종종 볼 수 있고 이성 친구와 놀게 되면 동성 친구들에게 놀림을 받게 된다고 생각한다.

한편 아동의 신체적 성장은 성장 급등이라 할 만큼 신체적·심리적·정신적 발달이 급진전하여 많은 학생이 초등학교 저학년 시기부터 사춘기의 특성들을 보인다. 신장과 체중의 변화와 더불어 성호르몬이 급격히 증가하면서 생식기관 역시 급격한 성장을 가져오게 되는데 여자 아동의 경우는 난소에서 에스트로겐이라는 호르몬을 분비하며, 남자 아동의 경우는 고환에서 테스토스테론을 분비한다. 이러한 호르몬은 2차 성징의 발달과 함께 성욕 증가의 원인이 된다. 최근에는 초등학교 3학년에서도 월경 현상이 일어나고 있으며 초등학교 고학년으로 갈수록 월경이나 몽정을 경험하는 학생이 급격히 많아지고 있다.

섹슈얼리티에 대해 또래나 대중매체로부터 정보를 얻기 시작하며, 그런 정보가 부모보다 더 큰 영향을 미친다. 최근 어린 나이에 일찍부터 음란물에 무차별적으로 노출되어, 과도한 성 놀이를 하거나 자위를 심하게 하기도 하고 심지어 성폭행하는 경우가 발생하고 있어 큰 우려를 자아낸다.

이 시기 아동의 성의식은 신체적·심리적 발달 및 성적 성숙이 급격히 이루어지고 있다. 그러나 성의 긍정적인 면과 부정적인 면을 정확하게 이해하지 못하여 올바른 성 가치관과 성행동이 완전히 확립되지 않은 것이 특징이다.

### 4) 사춘기 청소년

사람마다 성장과 성숙의 속도가 다르지만, 연령을 기준으로 할 때 보통 12~20세까지를 청소년기라 한다. 청소년기는 유년기와 성인기 사이의 이행기로서 11~12세 무렵에 제2차 성징이 점차 발현하기 시작하며 18~20세 사이에 신체 성장이 멈추는 것으로 간주한다. 그것을 3단계로 나누면 초기 청소년기(early adolescence, 11~14세),

중기 청소년기(middle adolescence, 15~17세), 후기 청소년기(late adolescence, 18~20세)이다. 사춘기란 성적인 성숙이 성취되는 시기로서 남녀의 성적 구별이 명확해지는 시기이며, 보통 11~17세를 말한다. 심리학적으로 청소년기는 아동기와 성인기 중 어느 쪽에도 완전히 소속되지 않는 주변적 상황에서 새로운 심리적 적응을 추구하는 시기라고 할 수 있다. 또한 10~15세 사이의 청소년은 대부분 영화, TV, 잡지, 음악을 포함하는 대중매체 세대라고 불린다. 왜냐하면 그들이 대중매체를 성과 친밀감의 원천으로 하기 때문이다.

그리고 청소년기의 가장 뚜렷한 특징의 하나는 새로운 성적 태도와 가치관의 발달이다. 이 성적 태도와 가치관은 사회제도나 구조로 만들어진 규범에 의해 구속받는 것이 아니라 개인의 가치관에 따라 적절한 성에 대한 태도를 형성하려는 경향을 두드러지게 보인다. 또한 이 시기에는 남녀 간의 성숙한 관계 형성, 이성 간의 교우관계에 대한 관심, 성별에 따른 사회적 역할의 수행 능력, 올바른 이성관과 흥미의 확립 등이 성 발달에 매우 중요한 주제들이다.

### (1) 성충동

사춘기가 되면서 청소년들은 신체·생리적인 발달에 따라 성기능이 활발해지면서 강한 성적 욕구를 일으키게 된다. 성충동이란 '흥분할 만큼 강한 성적 자극, 본능적이고 반사적인 행동으로 그 특징이 나타나고, 동작이나 행위가 수행되지 않을 때는 불안감과 불쾌감이 따름'으로 설명할 수 있다.

성충동도 남녀 차이가 있는데 먼저 남학생의 경우 성충동을 일으키게 되는 동기가 두 가지로 나누어진다. 하나는 성의 산물이 체내에 축적된 것을 밖으로 배출하고 싶어 하는 방출 충동이며, 또 하나는 이성 접촉 욕구로서 이성의 존재를 명확하게 의식하고 상대에게 육체적으로나 정신적으로 가까이 하려는 접촉 충동이다. 여학생의 경우는 방출 충동은 약하고, 접촉 충동이 더 강하게 작용할 수 있다. 실제 남녀 고교생 조사를 보면 비디오 시청 후 성충동을 느꼈다는 반응은 55%로

74%의 남학생이 여학생보다 비디오 시청 후 성충동을 느꼈다고 하였다. 이러한 성충동은 이성 교제 시 서로의 감정을 조절하지 못하고 서로가 순결을 잃게 되는 경우가 되는데 주로 동년배 중학생이나 고교생이 대부분이었고, 순결 상실 동기는 남녀 모두 '타의'(13%)보다 거의 '자의'(87%)에 의한 것으로 밝혀졌다.

이러한 결과로 볼 때 요즘 청소년들은 과거 유교적 전통사회에서의 성에 대한 입장과는 사뭇 다른 태도를 보인다. 즉, 혼전이나 혼외 관계를 더욱 쉽게 생각하고 있으며 사랑하는 사람과 성관계를 맺는 것을 수치스럽고 어렵게 생각하지 않는다고 볼 수 있다. 또한 사랑하는 사람뿐만 아니라 쾌락추구를 위하여 상대를 잘 알지 못하는 상태의 우연한 만남의 기회에서도 성행위를 가질 수 있다고 한다.

### (2) 이성교제

사춘기 전기의 청소년은 아동기가 막 끝나고 청소년기로 접어들기 때문에 아직 이성교제를 수용하지 못한다. 동성에 대하여 강한 애착을 보이는 경향이 있으며, 이성교제가 아직 보편화되지 않았고 남녀 공동모임의 성격을 띠고 있다(채진선, 2007). 청소년 중기로 넘어가게 되면 이성교제의 개념이 일반화되면서 남녀 커플끼리의 교제로 전환된다. 이 시기에는 비슷한 연령의 이성에게 관심을 가지지만 애인과 친구 사이가 완전히 구분되지 않은 채 사랑을 경험하게 된다. 이렇게 볼 때 청소년기의 이성교제는 애정관계가 아니라 우애관계의 범주를 벗어나지 않는다.

### (3) 성 정체성

2014년 국가인권위원회가 성적 지향과 성별 정체성에 따른 차별 실태조사에서 학교에서 청소년 성소수자를 인지한 중 · 고등학교 교사의 비율이 무려 40%에 달한다는 결과를 보고했다. 통계로 봐도 성 정체성을 고민하는 청소년이 적지 않다.

청소년기는 자신의 정체성에 대한 고민의 연속선상에서 동성과 이성에 대한 친밀감이나 호감을 느끼며 자신의 성 정체성을 찾아가는 과정이다. 동성애적 성향을 가진 청소년은 이성에는 관심이 가지 않고 동성을 좋아하는 자신을 발견함으로써, 자신이 동성애자가 아닐까 하는 자각을 하게 된다.

동성에게 매력을 느낄 때, 이성애적인 성향이 강한 사회에서의 동성애에 대한 편견으로 인하여 그들 자신이 정신적으로 문제가 있는 것은 아닌지 비정상은 아닌지 고민하게 된다. 그 이유는 동성애자에 대한 사회적 인식 또는 학교 분위기 등이 어떠한지 본인 스스로 잘 알고 있기 때문이다. 그래서 이러한 동성애적 성향을 가진 청소년들은 가족에게까지 비밀로 하며, 자신의 성 정체성을 숨기기에 급급하다. 그들은 주로 성소수자 커뮤니티를 통해 자신과 같은 처지인 사람들을 접하고 만나면서, 고민을 공유하고 위안을 받게 된다. 그리하여 그들끼리만의 소통 속에서 자신의 존재 가치와 성 정체성을 받아들이고 인정해 간다. 대부분의 동성애 청소년들은 정체성을 확립해 가는 과정 중에 있어 드러내기 단계와 통합 단계의 경계에 놓여 있다.

그러나 동성애적 정체성 형성과정에서 가족이나 다른 사람에게 자신을 드러내는 것은 동성애자에게 매우 중요하면서도 큰 스트레스 요인이다. 주변 사람들의 부정적인 반응 때문에 '소통의 부재'를 경험하고 커밍아웃을 유보한다고 한다. 이러한 과정에서 자신의 성 정체성을 긍정적으로 인식하면서도 사회적 낙인을 경험하게 됨으로 인해 자신을 숨기기도 한다. 자신의 삶 속에 성소수자로서 조금씩 자리매김하기 위해서는 그들을 있는 그대로 인정하고 수용해 주면서 성소수자의 문제를 함께 공감하고 이해해 가는 것이 필요하다.

### 생각을 나누어 봅시다

**8-3** 최근에 본 드라마, 광고 그리고 영화에서 청소년의 성 발달과 관련 있는 장면들을 생각해 보고 그 내용을 작성해 보자.

## 5) 성인기

성인기의 남녀는 단순히 성적인 욕구를 충족할 뿐만 아니라 정서적인 애착관계를 유지하면서 삶을 공유한다. 성인의 애정 형태인 비혼, 결혼, 동거는 사회문화적 영향에 근거하여 남녀의 가족과 결혼에 대한 다양하고 유연한 시각의 변화가 반영된 것이다.

### (1) 비혼

몇 년 전부터 혼인한 적이 없는 사람에게 미혼(未婚)이라는 단어 대신 싱글, 독신, 비혼(非婚)이라는 용어를 사용하고 있다. 미혼은 기혼의 반대 개념으로 결혼을 당연시 여기는 사회적인 분위기에서는 자연스럽게 받아들여지는 용어였으나 '결혼이 정상적인 삶의 형태이며, 결혼하지 못한 미완의 상태로 결핍이 내포'되어 부정적 이미지를 가진다고 하여 '미혼'이라 호칭하는 것에 대해서 1990년대 후반부터 비판이 일기 시작했다. '아직 미(未)'자가 아닌 '아닐 비(非)'자를 사용하여 '현재 혼인 상태가 아님'이라는 보다 주체적인 의미를 뜻하는 '비혼'이라는 명칭을 사용하기 시작하였다. 비혼은 적극적으로 결혼을 거부하는 것이 아니라 현재 결혼하지 않은 상태에 있는 사람을 뜻하는 개념으로 최근 미혼이나 독신을 대체하는 용어로 일반화되었다.

'결혼은 필수가 아닌 선택'이라는 관점이 확산되면서 비혼으로 사는 사람의 수가 늘고 있다. 교육, 취업, 직장생활 등 자신이 꿈꾸는 생활을 유지하기 위해 비혼을 선택하기도 하지만 적임자를 찾지 못해서 비혼으로 남게 된다. 때로는 결혼보다 최소한 잠시 동안의 '동거'를 결정하기도 한다.

비혼자들은 결혼을 안 해도 충족된 삶을 사는 것이 가능하다고 말하며, 독립적이고 자유로운 삶이 매우 만족스럽다고 한다. 그러나 심리적 · 정서적 지지자가 없는 것을 걱정하고 질병 등 위급할 때 대처능력이 떨어지는 부분에서 아쉬움을 느끼기도 한다. 이러한 근심에도 불구하고 대부분의 비혼자들은 혼자 사는 삶에 적응하면서 비혼의 불편함을 수용한다.

비혼자들은 다양한 성적 패턴을 경험하고 성적 만족도 다르다. 어떤 비혼은 친구들과의 친밀감을 통해 감정적·정신적 안정감을 나눈다. 어떤 비혼은 한 파트너와 장기간 성관계를 유지하고 어떤 비혼은 파트너와 기본적인 성적 관계를 가지지만 다른 파트너와도 성관계를 갖는다. 또 다른 비혼은 선택 또는 기회의 부족으로 금욕한다.

### (2) 동거

동거는 결혼제도를 통하지 않고 친밀한 관계에 있는 커플이 같이 살고 성적인 관계를 갖는 생활을 말한다. 우리나라에서 동거는 1990년대까지만 해도 결혼 준비 단계로 선택되었지만, 최근에는 동거에 대한 인식이 크게 변화하고 있다. 과거보다 성에 대한 개방적인 인식과 사랑하는 사람과 함께 있고 싶은 자연스러운 욕망이 현대 동거의 가장 큰 이유이다. 또한 경제적인 합리성과 데이트하는 과정에서의 편리성 역시 젊은이들에게 매력적이어서 대학가 주변에는 동거촌이 자리 잡고 있으며, 임대룸에서 동거하는 학생들도 늘어나고 있다. 이 외에도 현재 사랑하는 상대와의 결혼이 행복을 가져다줄 수 있는지를 미리 살아보면서 상대방의 성격과 생활방식, 능력 등을 미리 확인하고 판단하는 시간을 갖기 위해 동거한다. 이러한 유용한 목적 외에도 동거는 성적인 욕구와 갈망을 충족시키는 방안이 된다.

어떤 면에서 동거는 결혼과 크게 다르지 않다. 동거 커플 또한 정기적으로 성관계를 하고 동거 동안은 다른 파트너와의 성관계를 배제한다는 점에서 결혼한 부부와 큰 차이점이 없다. 동거 커플과 결혼한 부부를 구분하는 요소로는, 결혼은 법적인 문서와 예식, 그리고 죽을 때까지 함께 한다는 공적인 선언이 요구되는 반면 동거는 그렇지 않다는 것이다(곽금주, 2009). 또 언제나 파트너가 옆에 있을 것이라는 결혼의 전제는 결혼 커플에게 동거 커플이 가질 수 없는 심리적·정서적 안정감을 보장한다.

동거에 대해 과거 보수적인 관점에서 점차 개방적인 관점으로 변하고 있다. 하지만 동거에 대한 지금의 선택이 어떤 의미가 있으며, 그것이 미래의 내 인생에 어떤 영향을 미칠지에 대해 현실적으로 심사숙고해 봐야 할 것이다.

### (3) 결혼과 성생활

결혼생활에서 성은 매우 중요한 위치를 차지한다. 일반적으로 연령이 증가함에 따라 부부의 성교 빈도는 감소하고 결혼기간이 길수록 부부는 성적으로 소원한 경향이 있으며 성적 매력의 정도도 낮아진다. 실제로 부부관계에 나타나는 성문제는 성에 대한 두려움, 성행위를 잘해야 한다는 강박관념, 성 지식의 부족, 효과적인 대화의 결핍, 성행위에 대한 공감대 부족, 성에 대한 비관적 사고방식 등에 의하여 발생한다.

만족스러운 성생활은 부부간의 친밀감을 증진시키고 결혼을 유지시키는 중요한 요인이며 가장 훌륭한 의사소통 수단이기도 하다. 성관계에 있어 의사소통이 중요한 이유는 성관계는 부부가 함께 신체를 매개로 하기 때문이다. 성관계를 단순한 신체접촉이라는 협의적 개념을 넘어서 분위기 조성 - 전희(상호 수음) - 삽입관계 - 후희(after play) 등의 성행위에서 성과 관련된 언어적 · 비언어적 소통으로 파악할 때, 성관계는 사랑을 주고받는 언어적 · 비언어적 의사소통의 한 종류라고 볼 수 있다. 부부는 이런 성적 의사소통을 통해 서로의 감정을 전달하고 정서적 교감으로 말미암아 만족을 느끼게 된다.

이 중에서 특히 부부간의 친밀감이나 정서적 만족, 개방적 대화와 같은 관계적 요인이 즐거운 성관계에 많은 비중을 차지한다. 성 만족에 대한 기준을 단순히 오르가슴의 경험에 국한시키고, 부부간의 성생활이 남편에게는 의무, 아내에게는 권리라는 편견이 강하다면 성 만족도는 낮아질 것이다.

관계적 요인 외에 성 만족의 부조화는 남녀가 서로의 신체적 · 심리적 차이를 이해하지 못하여 생기기도 한다. 결혼을 준비하는 예비부부들은 혼수와 같은 외적인 부분에는 상당한 정성을 기울이면서 정작 결혼과 동시에 새롭게 접하게 되는 성관계에 대해서는 아무런 준비를 하지 않는다. 그렇다 보니 배우자와 자신의 성 심리, 성 반응에 대한 무지로 인해 여러 가지 갈등을 겪는다. 더욱 원숙한 부부관계와 만족스러운 성생활을 보장받기 위해 정확한 성지식을 습득하려는 개인의 노력과 아울러 부부가 함께 성교육을 받을 필요가 있다.

**생각을 나누어 봅시다**

**8-4** 사람들이 결혼하기 전에 동거를 하는 이유에 대해 각자의 생각을 나누어 보자. 그리고 동거의 득과 실을 따져보자.

## 6) 노년기

우리 사회는 노인을 '성적 욕구가 쇠퇴한 탈성적 존재'로 바라보는 경향이 있다(이소원, 김찬우, 2013). 젊은이들은 언제나 사랑할 수 있는 존재이고, 그들의 사랑은 하나의 로맨스로 여겨지지만, 노인들의 성은 젊은이들과 비교하면 주변화되어 있다. 노인은 성에 관해 무심하고 과묵해야 한다는 사회적 분위기로 인해 성에 대한 관심을 밖으로 드러내지 못한다.

나이가 들면 생리적인 반응은 조금 더 느려지고 약해지는 경향이 있다. 그래서 과거에는 남성의 경우 발기부전을, 여성의 경우 폐경을 성적 자아를 상실하게 되는 시점으로 생각하였다. 그러나 여러 연구결과에서 보여주고 있듯이 현실에서는 나이의 고하를 막론하고 성적 능력이나 욕구가 여전히 존재할 수 있고 이를 통해 행복감을 느낄 수 있으며, 성적 만족도를 높이면 삶의 질이 향상된다는 것으로 조사되었다.

노인 대부분은 이성에 대해 성적 욕구를 느끼며 성적인 상상을 하고 기회만 되면 새로운 이성 친구를 사귀고 싶어 한다. 단지 노인이라는 신체적 · 생리적 차이 때문에 현실적으로 성을 충족시킬 수 없으므로 의도적으로 성 욕구 자체를 억제하려는 모습을 보일 뿐이다.

이러한 맥락에서 2002년 개봉한 영화 '죽어도 좋아'가 상영되자 사회 전체적으로 작은 소란이 일어났다. 노인들은 성생활을 잊고 살 것이라는 편견을 깨뜨리고, 실제 출연자 자신들의 성 생활을 있는 그대로 세상에 보여줌으로써 젊을 때와 다름없이 '여전히' 뜨거운 사랑 속에 살아갈 수 있다는 노인들의 성에 대한 인식을 새롭게 밝혀 주었다.

여기서 주목할 점은 노년기 사랑의 특성은 정서적인 안정과 애착 · 존경 · 함께 시간 보내기 · 자기노출을 위한 의사소통 등을 내포하고 있다는 것이다. 이 시기의 성적인 만족도는 생물학적이기보다는 사회 · 심리적인 요인이 크게 작용한다고 볼 수 있다. 이러한 성행동 동기를 가지고 있기 때문에 노년기의 성은 노인들의 삶의 만족 요인에 큰 영향을 미친다고 볼 수 있다.

이처럼 노년기의 성은 직접적인 성적 욕구 충족도 되지만 노년기의 삶을 살아가는 노인들에게는 위로 · 위안이라는 정신적인 의미로도 중요하다. 노인에게 성생활이 실질적으로 얼마나 중요하며 삶에 어떤 의미가 있는가에 대해 분명히 알 필요가 있다.

# 참고문헌


국가인권위원회(2014). **성적지향·젠더정체성에 따른 차별실태 조사**. 국가인권위원회.

교육인적자원부(2006). **유아를 위한 성교육 프로그램**. 교육인적자원부.

곽금주(2009). **20대 심리학**. 북세미나.

박선미(2004). 유아 성교육 현황 및 유아 성교육에 대한 교사의 인식 조사. 이화여자대학교 교육대학원 석사학위논문.

이소원, 김찬우(2013). 남녀 노인의 생애주기별 성생활 인식의 변화. **사회복지연구**, 44(4), 261-285.

채진선(2007). 부모 양육태도 및 부모와의 청소년기 애착이 이성 친구 애착에 미치는 영향. 성신여자대학교 교육대학원 석사학위논문.

Chapter 09

# 이상 성행동

- 정상과 이상 성행동의 구분
- 성도착증이란 무엇인가
- 성도착증의 진단기준
- 성도착증의 유형
- 성도착증의 원인과 치료

# 이상 성행동

Chapter 09

# 이상 성행동

'인간의 성행동은 매우 다양하다'는 말에 모두 동의할 것이다. 만약 누군가가 이성의 옷을 입어야 성적으로 흥분된다고 한다면 독특한 성적 기호일 뿐이라며 웃고 넘길 수 있을까? 이처럼 성도착증의 한 유형에 속하는 행동도 어떤 문화에서는 독특한 성적 기호로 생각된다. 그렇다면 성적 만족을 느끼는 데 있어 정상적인 방식은 무엇이며 일반적이지 않은 방식은 무엇인지 그 기준이 궁금할 것이다.

성도착증은 '비정상'을 의미한다. 인간의 성행동에 관해서 비정상성에 대한 정의는 문화와 사회에 따라 달라질 수 있다. 하지만 심리학자들과 정신의학자들은 비정상 성행동으로 분류할 수 있도록 몇 가지 기준을 제시하고 있다. 우선 이 장을 읽는 독자들은 앞으로 소개될 성도착증 역시 인간의 성적 표현의 한 형태로 이해했으면 한다. 그런 다음 인간의 성적 표현의 전 범위 안에서 무엇이 전형적이고 비전형적인지를 규정하는 기준을 논의하고자 한다.

# 1. 정상과 이상 성행동의 구분

사람들은 대부분 동의나 거부의사를 자발적으로 분명히 표현할 수 있는 신체적으로 성숙한 성인에게 성적으로 끌릴 것이다. 그러나 만약 구두와 같은 사물이나 동물에게 성적 매력을 느낀다면 어떻게 되는 걸까? 이 사실을 다른 사람에게 이야기한다면 대부분 충격, 혐오, 심지어 분노의 반응을 나타낼 것이다. 이처럼 특이한 성적 기호와 다양성을 가진 사람들이 생각보다 우리 주변에 많으며 그들 자신 그리고 만약 그들의 행동이 다른 사람을 포함하고 있다면 그 당사자에게 말할 수 없는 고통을 야기한다.

이처럼 인간의 성은 매우 다양한 방법으로 표현될 수 있는데, 여태껏 성의 다양성에 대해 인색했고, 그러한 행동들을 변태라거나 비정상적이라고 여겼다. 인간의 성행동 중에서 어떤 행동이 정상적인 성행동이고, 어떤 행동이 이상 성행동일까? 그 경계선을 어디에 둘 것인가? 이는 문화적인 차이와 시대의 가치관에 따라 변화하고 개인마다의 성적 취향과 성적 표현 등이 다르기 때문에 다양성을 지향하는 현대사회에서의 성은 정상과 비정상으로 분류하지 않고 어떻게 바라보는지에 따라 달라질 수 있다.

# 2. 성도착증이란 무엇인가

성도착증(paraphilia)이란 그리스어 'para(그 외에)'와 'philia(사랑 또는 매력)'에서 온 단어이다. 성도착증은 평범하지 않고 문제가 있을 가능성이 있는 성적 표현들의 종류를 묘사하는 데 사용되는 임상 용어이다. 성도착증에 대해 프리드만(Freedman, 1970)은 "정상적인 성행위에서 만족될 수 없는 성적 욕구를 만족시키려는 대체로 습관적인 행동양식"이라고 정의했으며, 심리학과 정신의학에서는 "비정상적인 대상, 행위 및 상황과 관련된 반복적이고 강한 성적 충동, 성적 환상 및 성적 행동이 사회적, 직업적 또는 기타 중요한 기능 영역에서 심각한 고통이나 장애를 일으키는 경우"라고 정의를 내리고 있다. 즉, 사람이 아닌 대상을 성행위 대상으로 삼거나, 아동을 비롯하여 동의하지 않은 사람을 대상으로 성행위를 하거나, 자신이나 상대방이 고통이나 굴욕감을 느끼게 하는 성행위 방식이 이에 포함된다. 주류에서 이탈한 성적 기호를 가지고 있지만, 아직은 여전히 심리적으로 건강한 상태를 유지하고 있는가에 의해 분명하게 구별된다. 비정상적 성적 기호들은 보통 다른 사람에게 해를 끼치는 경우에만 병리적이다.

성도착증에는 매우 다양한 하위 유형이 있는데, DSM-5에서는 관음증, 노출증, 접촉마찰증, 성적 피학증, 성적 가학증, 소아기호증 등이 제시되고 있다. 시대와 문화권마다 수용되는 성적 행위나 대상이 다르기 때문에 성도착증은 사회문화적 요인을 고려하여 진단되어야 한다. 임상 장면에서 가장 흔히 나타나는 성도착증은 소아기호증, 관음증, 노출증이다. 또한 성도착증 환자의 약 반수는 기혼자인 것으로 보고되고 있으며, 발생비율이 20 : 1로 추정될 만큼 압도적으로 남성에게 많이 나타난다. 여성은 성적 피학증으로 진단되는 경우가 있으나 성도착증은 남성에게 나타나며 보통 두 개 이상의 도착증을 동시에 보인다. 대개, 18세 이전에 발병하여 20대 중반까지 흔히 나타나다가 그 이후에 감소하는 경향이 있다.

성도착증자는 법률적인 문제가 수반된다. 소아에 대한 성적인 가학증, 노출증, 소아기호증, 관음증은 체포된 성범죄의 대부분을 차지하며, 성적 피학증의 경우와 같이 다른 사람에게 해를 입히지는 않지만 자신의 성도착적 상상이 현실화되어 자해적 결과를 초래할 수 있다. 또한 배우자나 성적 파트너 등이 성도착적 성행위를 수치스러워하여 강하게 반발하면 사회적 · 성적 관계에 부적응 문제가 발생하게 된다.

## 3. 성도착증의 진단기준(DSM-Ⅳ; APA, 1994)

성도착증이라는 진단을 내리기 위해서는 반드시 다음과 같은 두 가지 경우에 해당되어야 한다.

A. 인간이 아닌 대상, 자신이나 상대방의 고통이나 굴욕감, 아동이나 동의하지 않은 사람들을 대상으로 하여 반복적이고 강렬한 성적 환상, 성충동 및 성행동이 적어도 6개월 이상 지속되는 경우이다.

B. 어떤 사람들은 성도착증적 환상이나 자극이 성적 흥분을 일으키는 데 반드시 필요하며, 성행위를 할 때 항상 동반된다. 또 다른 경우에는 성도착증이 간헐적으로만 나타나며(예: 스트레스 기간 동안), 성도착증적인 공상이나 자극 없이도 성적으로 기능할 수 있다.

C. 이러한 성적 행동이나 성충동, 환상이 임상적으로 심각한 고통이나 사회적 · 직업적 또는 기타 중요한 영역에서 장애를 일으키는 경우이다.

## 4. 성도착증의 유형

성도착증은 임상학자와 연구자들에 의해 두 개의 큰 범주로 나누어진다. 첫 번째로는 비강압적이고 비희생적인 사람들 즉, 자기 자신에만 관여하거나 혹은 합의가 이루어진 성인을 포함하는 성도착들이다. 여기에는 물품음란, 의상도착증, 성적 가학증, 성적 피학증 등이 해당된다. 두 번째로는 강압적이고 희생되는 사람들 즉, 성인 혹은 어린아이, 합의되지 않은 성행동을 하는 성도착자 집단에는 접촉마찰 도착증, 관음증, 노출증, 전화외설증, 소아기호증, 시체기호증, 동물기호증 등이 해당된다(손정락 외 공역, 2016).

## 1) 물품음란증(Fetishism)

페티시(fetish)라는 용어는 '매력에 사로잡히다' 또는 '부적'이라는 뜻을 지닌 포르투칼어 fetico에서 유래하였다(Allgeier et al., 1991).

상대적으로 흔한 성도착증 중의 하나인 물품음란증의 초점은 무생물의 사용이다. 물품음란증은 무생물인 물체나 생식기가 아닌 신체 부위와 관련되어 극심한 성적 충동, 성적 흥분을 일으키는 환상이나 행동을 말하며 대체로 이외의 자극에는 반응하지 못하곤 한다(APA, 2013). 이러한 증상은 여성보다 남성에게 흔하게 나타나며, 대부분 청소년기에 처음 시작되며 만성화된다. 사랑의 상징이나 표적으로 특히 남성이 이용하는 물건은 흔히 부드러운 감촉을 지닌 여성의 팬티, 브래지어, 스타킹 등이다. 물품음란자들은 이를 만지거나 문지르거나 냄새를 맡으면서 자위행위를 하거나, 성교 시 상대방에게 그런 물건을 착용하도록 요구한다. 또 이들이 이용하는 물건의 종류는 아동기 때의 개인적인 경험에 따라 달라진다. 이러한 증상이 있는 사람 중 일부는 원하는 물건을 가능한 한 많이 얻기 위해 훔치기도 하며, 보통 그런 물건들은 성적 흥분을 위해 필요하며 그런 물건이 없을 경우에는 발기 부전이 일어나기도 한다.

**물품음란증의 진단기준** (DSM-5; APA, 2013)

A. 무생물인 물건(예: 여성의 속옷)을 중심으로 성적인 흥분을 강하게 일으키는 공상, 성적 충동, 성적 행동이 반복되며, 적어도 6개월 이상 지속된다.
B. 이러한 성적 공상, 성적 충동, 성적 행동이 임상적으로 심각한 고통이나 사회적, 직업적, 또는 기타 중요한 기능, 영역에서 장애를 초래한다.
C. 기호물이 옷 바꿔 입기에 사용되는 의류 품목(복장 도착증) 또는 촉감으로 성기를 자극하는 기구(예: 진동기)에 국한되지 않는다.

## 2) 의상도착증(Transvestism)

의상도착증은 성적인 흥분이나 정서적인 안정을 얻기 위하여 이성의 옷을 입는 행위를 말한다. 의상도착들은 대개 두 집단으로 분류된다. 하나는 신발과 같은 한 가지 착용물만을 일생 동안 즐겨 이용하는 집단이고, 또 다른 집단은 완전한 여성 복장과 화장을 하는 사람들이다. 이런 집단은 이성 복장을 착용하지 않을 때는 외모나 직업에서 남성으로 활동하나 이성 복장을 착용했을 때는 몸가짐에서 목소리에 이르기까지 완전한 여성으로 행세한다. 보통 의상도착증을 지닌 남성은 여성의 옷을 수집하여 바꿔 입으며 자신을 성적 공상 속의 남성 주인공과 상대 여성이라고 상상하면서 자위행위를 하는 경우가 있다. 이 증상은 이성적인 남성에게만 주로 보고되며, 성 정체감 장애로 인하여 이성의 옷을 입는 경우는 의상도착증이라 진단되지 않는다. 이성 복장을 착용하는 목적은 여성에 대한 적개심을 표현하려는 것과 여성과 동일시함으로써 쾌감을 느끼려고 하는 것이다.

**의상도착증의 진단기준** (DSM-5; APA, 2013)

A. 옷 바꿔 입기를 중심으로 성적 흥분을 강하게 일으키는 공상, 성적 충동, 성적 행동이 반복되며, 적어도 6개월 이상 지속된다.
B. 이러한 공상, 성적 충동, 행동 등이 직장이나 사회생활에서 임상적으로 심각한 장애를 일으킨다.

## 3) 성적 가학증(Sexual sadism)

성적 가학증을 가지고 있는 사람은 대부분 남성이며, 동의하지 않은 상대방에 대하여 고통이나 굴욕감을 느끼게 함으로써 성적 흥분을 즐기거나 그러한 성적 행위를 반복하는 경우이다. 새디즘은 자신의 성적 요구를 위해 다른 사람을 고문한 것으로 유명한 마르키 드 사드(Marquis de Sade, 1740~1814)의 이름에서 유래하였다.

성적 가학행동의 초점은 상대방의 심리적 또는 육체적 고통을 통해 성적 흥분을 얻는 것이다. 가학적 상상이나 행위는 상대방에 대한 가해자의 우월성을 상징하는 행태로 행해지며 사지 구속, 구타, 채찍질, 눈가림, 불로 지지기, 전기 쇼크, 목 조르기, 고문, 상해, 강간, 살인 등의 다양한 행동을 포함한다.

가학적인 성적 공상은 성적 피학증과 동일하게 어린 시절이나 청소년기에 시작되는 경향이 있지만, 가학적 행동의 시작은 대부분 성인기 초기이다. 이러한 행동패턴은 장기적으로 나타나며, 대부분 시간이 갈수록 이러한 가학증이 점점 더 심각해져 상대방의 목숨을 잃게 하는 경우도 있다.

정신분석학에서는 배변훈련을 받던 항문기에 경험한 처벌 때문에 나타난 새디즘을 항문기 새디즘(anal sadism)이라고 한다. 이와 같은 공격성이나 이기심은 주로 부모를 향해 나타나며, 강간범이 여성에게 굴욕을 느끼게 하려고 대소변을 보는 행위도 항문기 새디즘에 속한다. 또한 남성이 자신의 성기를 공격과 우월성의 무기로 여기며, 성교를 폭력행위로 여기면서 환상을 즐기는 행위를 남근기 새디즘(phallic sadism)이라고 한다. 정신분석이론에서는 후자와 같은 가학적 도착은 거세불안 때문에 상대방에게 고통을 가하면서 자신의 우월감을 과시하려 한다고 본다.

### 4) 성적 피학증(Sexual masochism)

성적 피학증이 있는 사람은 자신이 수치를 당하거나 구타를 당하거나 묶이거나 고통스러운 상황에서 반복적이고 격렬하게 성적 흥분을 느끼는 경우이다. 오스트리아 작가 슈발리에 레오폴트 폰 자허 마조흐의 이름에서 유래했다. 그는 매를 맞고 굴복당함으로써 얻는 만족감에 대해 광범위한 저술을 펴내면서 여성은 남성의 동물적인 열정, 욕망을 정복하기 위해 만들어졌다고 믿었고, 애인의 손에 경험된 채찍질에 대해 묘사하였다.

이러한 성향을 가진 사람은 상대방에게 자신의 몸을 묶게 하거나 뾰족한 물건으로 찌르게 하거나 채찍으로 때리게 하거나 스스로 매우 굴욕적인 행동을 하는 등 매우 다양한 피학적 행동을 요구하면서 고통 등을 인내한다. 성적 피학증의 극단적 형태는 저산소 기호증(hypoxyphililia)으로서 성적 쾌락을 증가시키기 위하여 가슴을 압박하거나 목을 조르거나 올가미, 플라스틱 주머니, 마스크 등을 사용하는 것으로 죽음에 이르는 경우도 있다. 이러한 고통을 즐기는 사람은 많지 않으나, 의외로 고통을 당하는 환상을 즐기는 사람은 많다.

성적 피학적 공상은 어린 시절부터 시작되며, 상대방과 더불어 행하는 피학적 성행위는 대부분 성인기 초기에 시작된다. 대체로 오랜 시간 지속되며, 동일한 피

**성적 가학증과 성적 피학증의 진단기준** (DSM-5; APA, 2013)

■ **성적 가학증 진단기준**

A. 다른 사람의 신체적 또는 심리적 고통을 통해 반복적이고 강렬한 성적 흥분이 성적 공상, 성적 충동 또는 성적 행동으로 발현되어 적어도 6개월 이상 지속된다.

B. 동의하지 않는 사람에게 이러한 성적 충동에 따라 행동하거나, 이러한 성적 충동 혹은 성적 공상이 사회적, 직업적, 또는 다른 중요한 기능 영역에서 임상적으로 현저한 고통이나 손상을 초래한다.

■ **성적 피학증 진단기준**

A. 굴욕을 당하거나, 매질을 당하거나, 묶이거나 기타 다른 방식으로 고통을 당하는 행위를 통한 반복적이고 강렬한 성적 흥분이 성적 공상, 성적 충동 또는 성적 행동으로 발현되어 적어도 6개월 이상 지속된다.

B. 이러한 성적 공상, 성적 충동 또는 성적 행동이 사회적, 직업적, 도는 다른 중요한 기능 영역에서 임상적으로 현저한 고통이나 손상을 초래한다.

학을 반복하는 경향이 있으며, 시간이 경과함에 따라 피학행위의 정도가 심화되어 심각한 신체적 상해나 죽음까지 초래하는 경우도 있다.

마조히즘(masochism)에 접근하는 방식에는 남녀 간 차이를 보인다. 남성에게 마조히즘은 전통적 남성 역할에서 도피하고자 하는 전략을 보이며, 굴욕을 당하고 자신의 성적 쾌락을 희생하는 것은 남성적 모습과 모순되며, 이러한 자아에서 도피하는 행위는 남성에게 자아감을 감소시킨다. 반면, 여성에게 마조히즘은 여성의 고정관념을 과장하면서 자신의 일상적인 자아에서 도피하는 행위로서 자기 파트너의 쾌락에 헌신하는 것이다(Baumeister, 1988).

## 5) 접촉마찰 도착증(Frotteurism)

동의하지 않는 사람에게 자신의 성기나 신체 일부를 접촉하거나 문지르는 행위를 반복적으로 하면서 성적인 쾌감을 느끼는 경우이다. 이러한 행위는 들킬 염려가 없는 대중교통수단, 붐비는 길거리 등의 밀집된 지역에서 행해진다. 상대방의 허벅지나 엉덩이에 자신의 성기를 문지르거나 손으로 상대방의 성기나 유방을 건드린다. 대부분은 접촉행위 중 피해자와 비밀스러운 애정관계를 맺는 상상을 한다. 발병은 보통 청소년기에 시작되며, 대부분의 행위는 15~20세 사이에 발생하며 그 후 발생 빈도는 점차 줄어든다.

**접촉마찰 도착증의 진단기준** (DSM-5; APA, 2013)

A. 동의하지 않은 상대방에게 접촉, 문지름을 중심으로 성적 흥분을 강하게 일으키는 공상, 성적 충동, 성적 행동이 반복되며, 적어도 6개월 이상 지속된다.
B. 이러한 공상, 성적 충동, 행동이 임상적으로 심각한 고통이나 사회적, 직업적 또는 기타 중요한 기능 영역에서 장애를 초래한다.

### 6) 관음증(Voyeurism)

관음증을 가지고 있는 사람은 이성과의 성적 접촉에서 얻는 쾌감보다 몰래 이성이나 동성이 벌거벗은 모습이나 또는 옷을 벗는 모습이나 성행위를 봄으로써 극심한 성적 흥분을 느낀다. 다른 성도착증과 마찬가지로 이 흥분은 환상, 충동 또는 행동의 형태를 취한다(APA, 2013). 관음행위는 타인의 사생활을 침범하는 범죄로 처벌될 수 있으며, 유병률의 경우 남성 약 12%, 여성 약 4%로 추정되고 있다. 관음증적 행동은 대개 15세 이전에 시작되며 지속되는 편이다.

관찰되는 상대방은 낯선 사람인 경우가 대부분이며, 관음행위를 할 때나 그 후에 그 내용을 회상하며 자위를 하기도 하지만, 그 사람과 직접적인 성관계를 가지려 하는 일은 매우 드물다. 관음증자들은 상대의 취약성과 자신이 관찰되고 있다는 것을 알았을 때 상대가 느낄 수치심을 즐긴다. 또한 발각될 수 있다는 위험이 흥분을 더하게 하며, 관음증은 노출증과 같이 성적 환상의 근원이 된다.

관음증자들은 이성관계나 대인관계에서 수줍음을 느끼거나 미숙하여 이러한 행동을 통해 상대방에게 우월감을 느끼려는 무의식적 동기가 숨어 있다.

**관음증의 진단기준** (DSM-5; APA, 2013)

A. 옷을 벗는 과정에 있거나 성행위에 몰입해 있어, 눈치채지 못하고 옷을 벗고 있는 사람을 관찰하는 행위를 통한 반복적이고 강렬한 성적 흥분이 성적 공상, 성적 충동 또는 성적 활동으로 발현되어 적어도 6개월 이상 지속된다.
B. 개인이 동의하지 않는 사람에게 이와 같은 성적 충동에 따라 행동하거나, 혹은 이러한 성적 충동이나 성적 공상이 사회적, 직업적 또는 다른 중요한 기능 영역에서 임상적으로 현저한 고통이나 손상을 초래한다.
C. 이러한 성적 흥분을 경험하거나 성적 욕구에 따라 행동하는 개인은 적어도 18세 이상이어야 한다.

관음자증들은 남들에게 피해를 주지는 않는다고 생각할 수도 있으나, 간혹 이들이 강간, 절도, 방화 등의 범죄를 저지르는 경우도 있다.

## 7) 노출증(Exhibitionism)

노출증이란 강렬한 성적 흥분에 도달할 목적으로 경계하지 않는 낯선 사람에게 또는 공공장소에서 자신의 성기를 노출하는 행위이다. 그중 많은 남성이 자신의 남성성에 두려움이나 의심을 가지고 있으며, 자신의 성기를 모르는 여성에게 노출함으로써 자신이 거세되지 않았다는 사실을 스스로 확인하려고 한다. 또한 자신의 충격적 행동에 대한 여성들의 반응을 보면서 거세불안을 극복하고 이성을 정복했다는 느낌을 얻으며, 여성에게 충격을 줌으로써 모욕감에 복수를 하는 것이라는 설명이 있다. 때로는 성기를 노출하거나 또는 노출했다는 상상을 하면서 자위행위를 하기도 한다. 낯선 사람과 성행위를 하려고 시도하는 경우는 거의 없고 상대를 놀라게 하거나 충격을 주기 위하여 이러한 행동을 한다.

과도한 노출증은 법적 구속의 사유가 된다. 보통 18세 이전에 발생하지만 그 이후에도 시작될 수 있다. 노출증의 유병률은 남성의 2~4%로 추정되고 있으며, 나이 든 사람들이 이 문제로 구속된 적이 없는 점으로 미루어 보아 40세 이후에는 상태가 완화되는 것으로 보인다.

**노출증의 진단기준** (DSM-5; APA, 2013)

A. 낯선 사람에게 성기를 노출하는 행위를 중심으로 성적인 흥분을 강하게 일으키는 공상, 성적 충동, 성적 행동이 반복되며 적어도 6개월 이상 지속된다.
B. 이러한 성적 공상, 성적 충동, 성적 행위가 임상적으로 심각한 고통이나 사회적, 직업적 또는 기타 중요한 기능 영역에서 장애를 초래한다.

### 8) 소아기호증(Pedophilia)

소아기호증은 성도착증 중 가장 흔하며, 신체적으로 성숙한 사람보다는 아동에게서 더 큰 성적 흥분을 경험한다. 이 흥분은 환상이나 충동, 행동을 통해 표현된다(APA, 2013). 16세 이상의 개인이 사춘기 이전의 아동과의 성적 접촉을 더 선호하거나, 성적 접촉이나 이에 대한 상상을 통해서만 성적으로 흥분이 되는 경우, 이들을 소아기호증 환자로 진단한다. 대부분 환자는 남성이고 결혼한 남자이며, 결혼생활 중 성생활에 문제가 있는 경우이거나 알코올 문제가 있는 경우도 많다. 대상이 여자 아동인 경우가 2배 더 많으며 8~10세의 소녀가 선호된다. 또한 소아기호증은 중년 이후에 잘 일어나며, 희생자에 대한 지배와 통제의 욕구나 성적 무능감에 대한 병적 극복에서 기인한다고 본다.

최근 들어 성범죄 중 아동 성범죄자들이 아동 음란물을 본 후 아동 성범죄를 저지르는 사건이 잇달아 발생하고 있으며, 소아기호증의 특정한 심리적 변인 요소가 아닌 특성들이 나타나고 있음을 알 수 있다. 특히 아동 성범죄자는 성적인 측면에서 열등감을 가지고 있는 범죄자가 손쉬운 대상을 전략적으로 선택하여 성범죄를 저지른다.

소아기호증이 있는 사람들은 대부분 청소년 때 이런 패턴의 성욕을 발전시키게 된다(Farkas, 2013). 이 중 일부는 어린 시절 자신이 성적 학대를 당한 적이 있고(Nunes et al., 2013), 많은 사람이 어린 시절 방치되었거나, 지나치게 처벌받아 왔거나, 친밀한 관계를 형성하지 못한 경우가 많다. 이 중 결혼을 하거나 결혼 후 성적 어려움을 겪거나 생활에서 다른 절망감을 느끼는 사람들이 다소 있으며, 그러한 이유로 자신이 주인이 될 상황을 찾는 것이다. 이들은 대부분 사회적이나 성적 기술이 미숙하고 정상적인 성적 관계를 갖는 것에 불안감을 느낀다.

**소아기호증의 진단기준** (DSM-5; APA, 2013)

A. 사춘기 이전의 아동들(일반적으로 13세 이하)을 상대로 한 성적 활동을 통해 반복적이고 강렬한 성적 흥분이 성적 공상, 성적 충동 또는 성적 행동이 반복되며, 적어도 6개월 이상 지속된다.
B. 개인은 이러한 성적 충동에 따라 행동하거나, 이러한 성적 충동 혹은 성적 공상이 현저한 고통이나 대인관계에서의 어려움을 초래한다.
C. 나이가 적어도 16세 이상이며 진단기준 A에 언급된 아동보다 적어도 5세 연상이어야 한다.

## 9) 기타 성도착증

• **시체기호증**(Necrophilia)

이미 사망하였거나 죽어가고 있는 사람을 바라보거나, 성교를 하거나, 시신의 일부에서 성적 매력을 느끼고 자위행위를 함으로써 성적 쾌감을 얻는 경우이다. 시체기호증의 가장 일반적이고 유일한 이유는 상대방이 저항하거나, 거절하지 않는 상태(Rosman & Resnick, 1989)를 바라는 것이라고 밝히고 있다. 이러한 욕구를 실현하기 위해, 어떤 시체기호자는 묘지의 시체를 파내거나 영안실에서 일을 하기도 한다.

• **전화외설증**(Telephone scatologia)

전화외설증은 아무런 의심 없이 무방비한 사람들에게 외설적인 전화를 거는 행동으로 역시 노출증의 한 형태이다. 노출증처럼 전화를 거는 사람은 전화를 받는 사람의 당황한 반응에서 만족을 얻는다. 대개 남성이고 그 대인관계에 문제를 가지고 있고, 고립과 무능력함, 위축의 기분에 대해 고통 받고 있는 경우가 많다. 익

명의 상태에서 얼굴을 맞대지 않고도 자위를 통해 성적 흥분에 도달한다.

• **동물기호증**(Zoophilia)

동물과 성교행위, 자위행위, 구강섹스 등을 하거나 또는 이러한 환상을 통해 성적 만족을 얻는 경우이다. 단순히 동물과 성적으로 접촉하는 경우를 수간(bestiality)이라고 한다면, 동물기호증은 사람보다 동물이 성적 흥분을 얻기 위한 상대로 더 선호하는 경우이다. 남성의 경우 대개 동물의 질에 자신의 성기를 삽입하고, 여성의 경우에는 동물이 자신의 성기를 자극하도록 유도한다.

• **배설도착증**(분변애호증, 관장애호증, 소변애호증)

분변애호증은 대변을 보는 행위나 대변행위의 관찰에서, 관장애호증은 관장을 통해서, 소변애호증은 소변에서 성적인 흥분을 느낀다. 이들은 일반적으로 더러운 것, 오염 상태에 대해 성욕을 느끼며, 배설 기능에 집착한다.

• **신체 부분 도착증**(Partialism)

신체 부분 도착증은 사람 그 자체보다 신체의 일부분, 예를 들면 발과 같은 인간의 몸의 한 부위에서 성적인 쾌감을 구하고 집착하는 경우이다. 인격체와의 교류보다 일부분의 무생명성에 집착하는 경향은 성도착증의 공통적 특징이라 할 수 있다.

## 5. 성도착증의 원인과 치료

### 1) 원인

성도착증자들의 발달 배경을 살펴보면 양육환경이 불안정했고 성도착적인 장면들을 종종 목격한 경험으로 인해 성생활에 대한 왜곡된 관점, 사회적 기술의 결핍과 같은 많은 가족문제를 경험했다는 것을 발견하였다(Seligman & Hardenburg, 2000). 또한 성도착증자들은 사회적으로 고립되어 있으며 대인관계가 미숙하고 자기주장적이지 못하다는 보고도 있다. 따라서 이들은 정상적인 이성관계를 형성하여 성적 욕구를 해소하지 못하기 때문에 결과적으로 비정상적인 대상을 통해 성적 욕구를 만족시키려는 시도가 성도착증으로 나타날 수 있다. 어린아이, 동물, 여성의 물건 등과 같이 자신이 마음대로 통제할 수 있는 대상을 통해 성적 욕구를 발산하는 동시에 현실생활에서 좌절된 지배 욕구를 충족하게 된다는 주장도 있다.

성도착증자들은 도박, 먹는 것과 관련된 질병, 물질남용과 같은 충동조절 문제가 있는 장애와 유사하여 행동이 과도하게 충동적이고 갈등을 느끼며 더불어 집착과 흥분이 동시에 일어나며 성적 행동을 억제하기 위한 노력을 하는 것에 대한 어려움이 있다. 이들은 성적 대상물들이 성적 관심을 향상시키는 수단이 아니라 성적 집중 대상이 되며 전체를 일부분과 바꾼다거나 복잡한 인간관계에서의 성적 접촉으로부터 거리두기를 하여 생명이 없는 사물, 행동이 요구되지 않는 반응으로 사람을 대신하는 심리가 있다. 그렇다면 이들은 왜 이런 행동을 하는 것일까?

생물학자들은 많은 조건들이 성도착증 행동을 시작할 수 있게 한다는 것을 발견했다. 일시적인 측두엽 간질, 두뇌 종양, 뇌의 어떤 부분에 불안이 일어날 때 남성들이 성도착 행동을 보이며(Kreuter et al., 1998; Simpson et al., 2001), 뇌의 화학적 작용이나 뇌의 일부에서 발생하는 장애와 연관되며 일부 학자들은 남성 호르몬과 신경전달물질의 관련성을 주장하고 있다(Kafka, 1997). 이러한 연구결과들은 성도착증을 발달시켰다는 요인으로 볼 수 있는 핵심 요소들이 아니기 때문에 성도착적 행위 모두를 설명할 수는 없다.

정신분석을 통해 성도착을 설명하기 위해서는 오이디푸스 콤플렉스와 거세불안과 갈등을 통해 성장할 수밖에 없는 유년기에서 발생한다고 본다. 이러한 근거로 성도착증이 왜 남성들이 많을 수밖에 없는지 설명이 가능하다. 유년기 동안 남자아이들과 여자아이들은 모두 엄마를 자신과 강하게 동일시한다. 그러나 여자아이들은 그 동일시를 스스로 확인할 수 있게 되어 동일시에서 점차 벗어나게 되지만 남자아이들은 자신의 정체성을 세우기 위해 엄마로부터 고통스럽게 분리해야만 한다. 예를 들면, 공공장소에서 성기 노출을 하는 남성은 여성들로부터 성기에 대한 반응을 불러냄으로써 자신이 거세되지 않았다는 사실을 확인하려는 무의식적 동기를 지니고 있다는 것이다. 자신의 노출 행동에 대해서 여성이 충격을 받는 모습을 보면서 거세불안을 극복하고 이성을 정복했다는 느낌을 갖게 된다. 또한 관음증이 있는 사람은 어릴 때에 부모의 성교 장면을 목격하거나 엿듣게 되는 충격적 경험과 관련되어 있다고 주장한다. 아동은 부모의 성교 장면을 충격적으로 받아들이며 자신이 목격하고 있다는 사실을 부모가 알지 못하도록 꼼짝하지 않은 채 몰래 지켜보거나 엿듣게 된다. 이러한 충격적 경험은 아동의 거세불안을 촉발하여 수동적으로 경험했던 충격을 성인이 되어서 능동적으로 극복하려는 시도가 관음장애로 나타난다는 설명이다. 성적 가학증을 보이는 사람들은 어린 시절에 성적인 외상 경험을 지니는 경우가 많으며 자신이 경험했던 외상 경험을 타인에게 가함으로써 복수를 하는 동시에 아동기의 외상을 극복하려는 무의식적 시도인 반면, 성적 피학증을 지닌 사람들은 아동기에 학대받은 경험을 반복하는 것인데 이는 거세를 당하는 대신 희생물이 됨으로써 덜 가혹한 불행을 받아들이는 무의식적 시도라고 설명되고 있다.

발달적 이론으로는 성도착증자들이 정상적인 사랑을 구할 수 있는 구애 진행의 준비 단계에서 고착되어버린 것에서 비롯되었다고 이야기한다. 예를 들면 남자아이가 여성의 몸에 대한 호기심 단계에서 엄마 몸을 만졌을 때 심하게 비난 받거나 모욕을 받았을 경우 구애 단계에 머물러 비정상적인 성행동으로 고정되며 전형적인 성행동으로 발전하지 않게 된다.

사회학적인 이론은 우리 사회가 어떤 행동을 장려하고 장려하지 않는 것인가에 대한 미디어의 영향을 주장한다. 미디어가 남성과 여성의 성적인 이미지를 구분해 그러한 이미지가 현실을 대신하는 세계로 보여줌으로써 에로틱한 환상을 심어

주고 성 자체로 대신하여 성도착증을 부추기고 있다고 보았다.

행동이론은 고전적 조건형성 과정을 통해 성도착증이 발생한다고 주장한다. 예를 들면, 여성자의 구두에 대한 물품음란증을 가진 사람이 어린 시절 누이의 구두가 자신의 성기를 스쳤던 반복적인 경험을 보고하였는데, 이는 구두와 성적 흥분이 잘못 조건형성되었을 가능성을 시사한다.

발병연령이 어릴 때, 행위가 빈번할 때, 수치심이나 죄책감이 없을 때, 술 또는 약물남용이 있을 때에는 치료 예후가 좋지 않다. 반면에 정상적인 성행위의 과거력이 있거나 치료에 대한 욕구가 높을수록 그리고 스스로 병원에 올 경우에는 예후가 좋다.

## 2) 치료

대부분의 성도착자들은 치료를 원하지 않을 뿐 아니라 치료하는 일 또한 매우 어렵다. 이들은 성도착행동을 통해 오랫동안 성적 쾌락을 얻어 왔으며, 자신의 행동을 비정상적이라고 생각하기보다는 개인적인 독특한 성적 취향이라고 생각하는 경향이 있다. 성도착증자가 치료를 받게 되는 경우는 범죄와 관련되어 법적 문제가 발생했을 때 강제로 정신건강의학과에 오는 것이므로 사실상 치료에 대한 동기가 거의 없어 적절한 치료가 이루어지기 어렵다. 그러나 환자가 협조를 한다면 개인의 특성에 따라 정신역동적 심리치료, 인지적 재구성, 행동적 재조건화와 재발 예방 같은 방법을 사용할 수 있다. 성도착증에 대한 일반적인 치료목표는 환자가 자신의 성도착증을 장애로 인정하여 치료에 응하도록 하고 성도착행위의 피해자가 느낄 수 있는 고통과 불쾌감을 공감할 수 있도록 하며, 사회적 고립과 부적절한 대인관계를 개선하여 정상적인 이성관계가 가능하도록 유도하고, 성도착행동이 유발되기 쉬운 상황을 인식하여 회피하는 방법을 비롯한 재발 예방 계획을 세울 수 있도록 돕는 것이다.

성욕이 과도하여 위험할 때나 자위가 심할 때에는 성욕을 감퇴시키는 약물이 처방될 수 있으며, 최근에는 세로토닌계 약물이 시도되고 있다. 우울증이나 조현병이 원인이 되어 나타나는 성도착증에는 향정신성 약물이 사용된다.

성도착증은 무엇보다도 예방이 중요하다. 예방은 아동기의 성교육과 부모들의 건강한 성의식 변화를 통해 가능하다.

### 생각을 나누어 봅시다

**9-1** 정상적인 성행동과 비정상적인 성행동을 어떻게 결정하겠는가?

**9-2** 접촉마찰증이나 노출증 등 성도착자들을 본 경험이나 그 상황에 대한 대처 방안에 대해 함께 의논해 보자.

# 참고문헌


저스틴 레밀러 저(2016). **인간 성행동 심리학**. 손정락, 최명심, 소현영 공역. 전북대학교출판문화원.

Allgerier, E., & Allgerier, A.(1991). *Sexual Interactions*(3rd ed.). Lexington, Massachusetts: D. C. Heath.

American Psychiatric Association(1994). *Diagnostic and Statistical Manual of Mental disorders*(4th ed.). Arlington, VA: American Psychiatric Association.

American Psychiatric Association(2013). *Diagnostic and Statistical Manual of Mental Disorders*(5th ed.). Arlington, VA: American Psychiatric Association.

Baumeister, R.(1988). Gender Differences in Masochistic Scripts. *J of Sex Researcb, 25,* 488-499.

Farkas, M.(2013). Pedophilia. *Psychiatria Hungarica: A Magyar Pszíciatriai Tarsasag Tudomanyos Folyoirata, 28*(2), 180-188.

Kafka, M. P. (1997). A monoamine hypothesis for the parthophysiology of paraohilic disorders. *Archives of Sexual Behavior, 26,* 343-358. DOI:10.1023/A:1024535201089.

Kreuter, M., Dahllof, A. G., Gudjonsson, G., Sullivan, M.,& Siosteen, A.(1998). Sexual adjustment and its predictors after traumatic brain injury. *Brain Injury, 12,* 349-368.

Rosman, J. P., & Resnick, P. J.(1989). Sexual attraction to corpses: A psychiatric review of necrophilia. *Bulletin of the American Academy of Psychiatry and Law, 17,* 153-163.

Seligman, L., & Hardenburg, S. A.(2000). Assessment and treatment of paraphilias. *Journal of Counseling and Development, 78*(1), 107-113.

Simpson, G., Tate, R., Ferry ,K., Hodgkinson, A., & Blaszczynski, A.(2001). Social, neuroradiologic, medical, and neuropsychologic correlates of sexually aberrant behavior. *Journal of Head Trauma Rehabilitation, 16*(6), 556-572

Chapter 10

# 성폭력과 심리

성폭력이란 무엇인가?
대학 내 성폭력 유형
성폭력피해경험자에게 미치는 영향
성폭력 대처하기

# 성폭력과 심리

Chapter 10

# 성폭력과 심리

우리 사회에서 성폭력은 대다수의 여성과 생각보다 많은 남성이 경험하는 폭력임에도 불구하고 여전히 '특별한 경험'으로 다루어진다. 삶과 인간 심리에 미치는 영향이 강력하기 때문이다. 그리고 그 이면에는 성폭력은 결코 있어서는 안 되며 일어나더라도 지우고 숨겨야 할 일처럼 여기는 사회문화가 존재한다. 누구에게나 언제나 어디에서나 일어나고 있는 '보통의 경험'이 '존재하지 않아야 할 경험'으로 다뤄지기 때문에 성폭력은 한편에서는 지워지고 또 한편에서는 거대한 괴물이 되어버리는 것이다. 그 결과 성폭력피해경험자[1]의 이야기에도 성폭력가해자의 이야기에도 귀 기울이지 않은 채 우리 사회는 성폭력에 대한 두려움을 키우고 있다.

'지워지거나' 또는 '거대한 괴물'이 된 성폭력과 맞서기 위해서는 '마주 봄'이 필요하다. 이에 본 장에서는 성폭력 개념과 대학에서 발생하는 최근의 성폭력 유형 그리고 성폭력피해경험자가 겪는 심리에 대해 살펴보고자 한다.

1) 한겨레신문 2016.8.14. 김민예숙의 마음의 집, 성폭력 '피해자'와 '피해경험자'. "'성폭력피해경험자'라는 용어의 사용을 제안하고 싶다. 경험 해석의 주체성과 통제력을 당사자인 경험자에게 주자는 의도이다. 성폭력은 나쁜 경험이지만 그것을 어떻게 경험해 내느냐는 과정은 가부장제 사회가 정의하는 성폭력 피해에 있는 것이 아니라, 경험자의 선택에 있음을 지지하자는 것이다. 니체가 "나를 죽이지 못하는 것은 나를 강하게 한다"고 했듯이, 나쁜 경험을 '독'으로 받아들여 무력해지거나 죽을 수도 있지만, 나쁜 경험을 '약'으로 전환시키기로 선택함으로써 강해질 수도 있기 때문이다."

# 1. 성폭력이란 무엇인가?

성폭력은 '상대방의 의사에 반하여 또는 동의 없이 성을 매개로 힘의 차이, 권력을 이용하여 상대방의 성적 자기결정권을 침해하는 모든 폭력행위'이다(한국양성평등교육진흥원, 2018). 상대방이 원하지 않는 성적 행위를 통해 타인에게 정신적 · 육체적 손상을 주는 행위로 성희롱, 성추행, 강간 등 성에 관련한 범죄를 아우르는 개념이며, 일상생활에서 막연히 느끼는 불안이나 공포, 행동의 제약도 넓은 의미에서 성폭력에 해당할 수 있다(다음백과사전, 2019).

'성적 자기결정권의 침해'라는 개념 정의와 별개로, 우리 사회에는 성폭력 개념에 대한 여러 관점이 혼재되어 있다. 오래된 과거처럼 여전히 여성의 정조 문제로 바라보거나 폭력 정도가 기준이거나 시대와 사회의 흐름에 따라 다르게 구성되어 온 성폭력 개념이 사회적으로 그리고 우리 인식에 흩어져 존재하고 있는 것이다.

오랫동안 인류 역사에서 성폭력은 남성의 재산인 여성의 정조권 침해로 정의되어 왔다. 여성의 사회적 위치가 남성에 의해 결정되는 사회에서 강간은 여성에게 해를 끼친 것이 아닌, 여성의 정조를 통제하는 남성의 위엄을 침범한 행위로 간주되었던 것이다. 그러나 사회 발전과 여성들의 투쟁으로 여성의 위치는 변화되었고 강간을 더 이상 남성의 재산권에 대한 침해로 규정하지 않게 되었다. 하지만 여성의 정조에 대한 신화는 매우 강력하여 '모든 여성은 강간당하기를 원한다'거나 '여성이 정말 원하지 않으면 강간은 일어날 수 없다'는 통념을 만들고 '여성의 외양과 행실이 정숙한지 아닌지'가 잣대가 되게 한다. 정조를 지키기 위해 남성의 성욕을 자극하지 않도록 품행을 정숙히 하지 않았다면 그 여성은 성폭력피해의 원인제공자라는 것이다.

이러한 통념들을 뒤집는 기준 중 하나가 '폭력성'의 강조이다. 품행이 정숙하든 그렇지 않든 심각한 폭력은 비난받아 마땅하다는 것이다. 수잔 브라운 밀러(Susan Brown Miller, 1975)는 여성들을 공포의 상태에 있게 하는 통제수단으로 강간을 설명하며 '폭력성'을 강조하였다. '성'이 아닌 '폭력성'에 초점을 두면서 성폭력의 원인을 신체적 조건의 차이로 인한 '물리적 힘'이라고 본 것이다. 남성 시점의 정의에서 벗어나 성폭력을 재정의하였다. 그러나 '폭력성'이 강조될수록 직접적 폭력이 개입되지 않거나 경미한 폭력은 인정받기 어려워지고 드러나기 어렵다. 친밀한 관계일수록 일상에서 상대방의 '보호'와 '지배', '성'과 '폭력'을 명확하게 구분하기 어려워 고통을 받음에도 불구하고 폭력으로 인식하지 않게 되는 것이다.

맥키넌(Mackinnon)은 성폭력을 개인의 문제를 넘어선 사회구조적인 문제로 바라봐야 할 필요성을 강조하였다. 여성과 남성의 불평등한 위치는 왜곡된 의사소통을 만들고 서로가 원하는 것을 알지 못하고 설령 알더라도 이를 주장하기 어렵도록 만든다. 이러한 사회화 과정에서 여성에게 성적 친밀함과 성적 희생은 극히 상반된 것이 아니며 여성들은 일상적으로 성폭력을 경험할 수 있게 된다. 결국 성차별적인 사회에서 여성들의 삶에는 성적인 것과 폭력적인 것이 혼재되어 있기 때문에 강간과 성관계를 구별하기 힘들다는 뜻이다.

켈리(Kelly)는 폭력 피해경험자들을 인터뷰하면서 "구타를 당한 여성들은 강간을 당하거나 강요에 의해 성관계를 가졌으며, 근친강간이나 학대를 겪은 여성은 신체적 폭력을 경험하는" 등, 어느 하나의 폭력에 국한되지 않음을 발견하였다. 이에 여성의 성적 경험이 '동의'와 '성폭력' 양극단이 아니라 선택, 압력, 강제 그리고 힘으로 나아가는 연속선상에 있다고 하는 '성폭력의 연속선(continuim of sexual violence)' 개념을 설명하였다(Kelly, 1983). 여성의 동의로 이뤄진 성관계라 하더라도 그 동의가 암묵적인 강요일 수 있으며, 일상에서 반복·강제된 성희롱이 추행과 강간으로 나아가고, 그것이 반복되고 지속되어 관습이 되고, 또다시 일상의 성희롱이 반복된다는 것이다.

성폭력 개념 확장의 과정을 거치면서 이제 성적 행위 전반에서 발생하는 여러 층위의 불편함이 존재하며 그것을 '성폭력'으로 설명할 수 있게 되었다. 강간은 나쁘고 성희롱은 괜찮은 것이 아니라는 것, 직접적 폭력이 개입되지 않더라도 성폭력은 발생할 수 있다는 것이다. 또한 성차별 사회에서 동의된 성적 행위와 폭력을 구분해 내기 어렵기 때문에 항상 상대가 거부할 수 있다는 의문을 가져야 한다는 것이다.

지금 우리 사회는 성폭력을 법적으로는 폭력의 문제나 성적 자기결정권의 문제로, 그러나 사회통념적으로는 아직도 정조 개념에 기반한 피해자유발론이 작용하고 있다. '정조'와 '폭력성' 그리고 '성폭력 연속선' 개념이 혼재된 사회 속에서 성폭력은 무엇보다 성폭력피해경험자의 삶에 지대한 영향을 미치며, 가해자 그리고 우리 모두의 삶에 영향을 끼치고 있다.

**알고 넘어갑시다!!**

✓ **동의** : '어떤 의견에 찬성하거나, 남의 행위를 승인하는 의사표시'(21세기정치학대사전)
자유, 평등의 존중을 기본원리로 하며, 평등한 관계성을 전제로 의식 또는 자각할 수 있는 상태에서 자유로운 의사표현이 가능한 상태에서 이뤄져야 한다.

- **평등한 관계성** : 사회 내 발생하는 권력 차이에 대한 인식에서부터 출발한다. 권력은 타인이나 집단에 영향력을 미칠 수 있는 힘으로서 성별, 연령, 사회적 지위, 지적 수준, 경제력, 장애 유무 등이 있을 수 있다. 이러한 권력 차이가 크면 클수록 동의 여부를 자유롭게 표현하기 어렵다는 것을 인식해야 한다.
- **의식 / 자각 상태** : 자신의 동의 / 비동의 의사를 판단할 수 없는 상태에서 이뤄지는 동의는 동의로 볼 수 없다. 예를 들어 술이나 약물 등으로 인해 의식 또는 자각할 수 없는 상태에 이른 경우가 이러하다고 볼 수 있다.
- **자유로운 의사표현** : 동의 / 비동의 의사표현을 자유롭게 할 수 없도록 폭행이나 협박 등 강제성이 개입되었다면 동의로 볼 수 없다.

✓ **성적 자기결정권** : "개인이 사회적 관행이나 타인에 의해 강요받거나 지배받지 않으면서, 자신의 의지나 판단에 따라 자율적이고 책임 있게 자신의 성적 행

동을 결정하고 선택할 권리"이며 "자신이 원하지 않는 성적 행위를 거부하고 반대할 수 있는 권리"

- **근거** : 헌법 제10조의 인간의 존엄과 가치, 행복을 추구할 권리, 제17조의 사생활의 비밀과 자유
  자신과 관계되는 것을 스스로 결정할 수 있는 권리를 가짐과 동시에 그에 따른 책임을 가지는 것이다. 책임 있는 태도가 동반되지 않는 성적 자기결정권은 타인의 권리를 침해할 수 있는 성적 행동, 성폭력으로 나타나거나 미처 준비되지 않은 임신과 낙태로 인해 태아의 생명권과 여성의 재생산권 등의 문제를 가져올 수 있기 때문이다. 즉, 성적 자기결정권은 자신과 타인의 인격을 존중하여야 하며, 타인의 자유와 권리를 해치지 않아야 함을 전제하는 것이다.

## 2. 대학 내 성폭력 유형

그러면 성폭력은 어떤 양상으로 나타날까? 행위를 기준으로 강간, 성추행, 성희롱으로 구분되며, 피해경험자의 연령으로는 유아성폭력, 아동성폭력, 청소년성폭력, 성인성폭력, 노인성폭력 등으로 구분할 수 있다. 가해자와의 관계나 성폭력 발생 장소로 구분할 때는 친족 성폭력, 직장 내 성폭력, 교사 성폭력, 대학 성폭력, 문화예술계 성폭력 등이 있다. 그 외에도 여러 기준으로 성폭력 유형이 나누어질 수 있는데, 그중 최근 대학에서 이슈가 되고 있는 디지털 성폭력, 그루밍 성폭력, 데이트 성폭력과 SNS 성희롱 등에 대해 살펴보겠다.

### 1) 디지털 성폭력

디지털 성폭력은 당사자의 동의 없이 카메라 등으로 상대방을 촬영하거나 그

촬영물을 반포·판매·임대·제공·전시·상영하는 등의 불법행위를 의미한다. 넓은 의미에서는 비밀번호 등 개인 정보를 입수할 목적으로 행하는 촬영이나 영상물의 불법복제를 위한 촬영도 포함될 수 있지만, 보통은 디지털 기기 등을 이용해서 성적 목적으로 다른 사람의 신체 등을 동의 없이 촬영, 유포하는 성범죄를 뜻한다. 「성폭력범죄의 처벌 등에 관한 특례법」(성폭력처벌법)에 따라 처벌되고, 유죄 판결을 받으면 신상정보 등록대상자[2]가 되어 신상정보가 공개된다.

초기에는 '몰카', '도촬' 등으로 명명하였으나, 범죄행위를 희석하기 때문에 2017년 9월 정부에서 공식적으로 '불법 촬영'이란 용어를 사용한다고 발표했다. 그러나 불법을 강조하는 '불법 촬영'에 동의를 구하지 않았다는 의미를 포함해야 한다는 뜻에서 '불법 도촬'이라는 용어를 사용해야 한다는 의견도 있다.

디지털 성폭력의 유형으로, 첫째는 촬영과 유포를 모두 동의하지 않았는데 발생하는 경우이다. 두 번째는 비동의 유포 영상으로 촬영은 동의했지만 유포는 동의하지 않은 경우이다. 둘만의 추억 등 어떤 이유로 촬영에 동의할 수도 있지만, 관계 유지 또는 상대방의 마음을 돌리기 위해서, 혹은 상대방의 가스라이팅[3]을 통해서 동의를 하게 되었다면 진정한 '동의'가 아닐 수 있다. 세 번째는 촬영과 유포 모두 동의한 경우이다. 정상적인 상태에서 생각과 감정이 모두 합의된 동의는 진정한 동의라고 보겠지만, 이성적인 판단이 힘든 아동이나 심리적으로 취약한 사람에게 접근해 심리적으로 의존하게 한 뒤 촬영물을 직접 보내도록 회유하고 촬영물을 유포하겠다고 협박하며 심리적 착취를 한다면 그것은 동의가 아니다.

2) 선고받은 형벌의 수위에 따라 차등하여 10년부터 30년까지 성범죄자의 거주지주소를 관할하는 경찰서에 신상정보를 제출할 의무를 부담시키는 것이다. 신상정보등록대상자는 자신의 성명, 주민번호, 거주지 주소, 직장 주소, 신체정보, 전자우편, 연락처, 차량번호 등 신상정보를 빠짐없이 제출하여야 하고, 이와 같이 등록된 정보에서 변동이 발생할 경우에도 그 사유와 내용을 제출하여야 한다.

3) 상황 조작을 통해 타인의 마음에 스스로에 대한 의심을 불러일으켜 현실감과 판단력을 잃게 만듦으로써 그 사람을 정신적으로 황폐화시키고 그 사람에게 지배력을 행사하여 결국 그 사람을 파국으로 몰아가는 것을 의미하는 심리학 용어(위키백과)로서 패트릭 해밀턴(Patrick Hamilton)이 1938년에 연출한 스릴러 연극 〈Gaslight〉에서 유래하였다.

디지털 성폭력은 기존 성폭력과 달리 개인인 성폭력피해경험자와 추상적이며 복합적인 가해자 연대가 존재한다. 피해경험자는 가해자가 누구인지조차 알 수 없고, 영상을 만드는 생산자, 그 영상을 소비하는 소비자, 사이트 운영자 모두 가해자가 된다. 누군가 업로드한 영상을 다운로드하는 순간 소비자는 2차 유포 가능자가 되는 것이다.

## 2) 그루밍 성폭력

그루밍 성폭력이란 피해경험자와 친밀한 관계를 쌓아 심리적으로 영향력을 행사하고 성적으로 가해행위를 하는 것을 뜻한다. 대부분 가해자는 공통 관심사를 나누는 등 신뢰관계를 형성하여 쉽게 성적 학대를 할 수 있도록 만들고, 성폭력 이후 피해경험자를 회유하거나 협박하는데, 이런 행위가 그루밍 성폭력에 해당한다. 그러나 심리적 지배 상태에서 벌어지는 범죄이기 때문에 수면 위로 드러나기가 매우 힘들다.

가해자들은 오랜 기간 피해경험자를 길들이면서 자신에게 호감을 느끼고 신뢰할 수 있도록 만든다. 피해경험자의 심리나 상황을 교묘히 조작하고 피해경험자의 현실감과 판단력을 흐리게 한다. 피해경험자의 인정과 애정에 대한 욕구가 높을수록 가해자의 지배종속적인 관계를 유지하고 피해에 노출될 가능성이 높다.

가장 큰 문제는 신뢰를 바탕으로 진행되기 때문에 피해경험자가 스스로 인지하지 못하여 오랜 기간 지속되거나 자발적 동의로 보일 수 있다는 점이다. 나중에 피해로 인식하게 되더라도 성폭력 피해 발생 시 적극적으로 신고하지 않은 이유에 대해 의심받는 경우들이 허다하다. 또한 피해경험자 스스로 자신이 선택하여 피해가 발생했다고 생각하기 때문에 외부에 도움을 청하기 어려워하며, 일부는 가해자를 사랑한다고 착각하기도 한다. 그리고 경찰, 검찰 및 법원이 그루밍 성폭력에 대해 충분히 인지하지 못할 경우 피해경험자가 동의한 성관계로 판단할 수 있다. 심지어 적극적으로 신고하지 않은 점과 저항이 충분치 않았다는 이유로 피해경험자에게 성폭력의 책임을 묻는 2차 피해가 발생하기도 한다.

**알고 넘어갑시다!!**

✓ **가스라이팅 가해자의 행동 단계**

관계형성 "나니까 네 얘기를 들어주지." → 기억 왜곡 "넌 왜 이런 잘못을 반복하는 거야?" → 미니마이징 "주변 사람들이 널 얼마나 알아? 내가 더 잘 알지." → 무시 "내가 분명히 기억해. 넌 왜 생사람을 잡아? 쓸데없이 예민하네."

✓ **가스라이팅 피해경험자의 행동 단계**

논쟁 "네 생각, 너무 억지 아니야?"→ 매달림 "내 얘기 좀 들어줘, 제발." → 자책 "난 왜 이 모양일까."

✓ **가스라이팅의 징후**

- 평소 내가 한 말을 자꾸 되새기고 후회하며 자책한다.
- "내가 너무 예민한가?"라고 하루에도 몇 번이나 자문한다.
- 가끔 지나치게 혼란스럽고 미쳐가고 있다는 생각도 든다.
- 나는 늘 상대방에게 사과한다.
- 내 삶은 충분히 축복받은 부분이 많은데, 왜 더 행복하지 않은지 이해가 안 된다.
- 친구들에게 파트너의 이상행동을 계속해서 변명한다.
- 더 이상 변명하며 설명하기 싫어서 말하지 않고 숨기는 일이 많다.
- 무언가 심각하게 잘못됐다는 것을 알지만, 스스로 무엇이 잘못됐는지 콕 집어서 말하기가 어렵다.
- 파트너가 나를 무시하고 현실을 왜곡하는 것을 피하려고 거짓말을 하기 시작했다.
- 간단한 결정조차 스스로 하기 힘들다.
- 예전의 나는 완전히 다른 사람인 것 같다. 그를 만나기 전의 나는 분명 지금보다 자신감 있고 즐겁고 편안했다.

- 미래에 대한 희망이 없으며 뭘 해도 기쁘지 않다.
- 뭘 해도 제대로 해낼 수 없는 쓸모없는 사람 같다.
- 나는 내가 '이 정도면 충분히 괜찮은 사람'인지 잘 모르겠다.

출처 : 보그 코리아, http://www.vogue.co.kr/2018/09/11/166746

## 3) 데이트 성폭력

데이트는 '둘만의 특별함'으로 형성되는 개인적이고 비밀스러운 관계라는 점에서 일상적이고 폐쇄적이며 상호의존적이다. 이러한 특성으로 인해 데이트 관계에서 여성은 폭력 상황에 더 빈빈하게 노출되고 폭력 피해를 경험하게 될 위험성이 있다. 그럼에도 여성은 친밀함과 유대관계로 인해 자신의 경험을 즉각 폭력으로 규정하지 못하기도 한다. 또한 두 사람의 성별 권력관계가 강할수록 사랑과 폭력의 경계는 모호해진다.

데이트 폭력은 연인관계나 호감을 가지고 만나는 관계에서 둘 중 한 명 이상에 의해 발생하는 폭력의 위협 또는 실행이며(위키백과, 2019), 미국의 관계폭력 각성센터는 데이트 폭력을 "현재 사귀고 있거나 예전에 사귀었던 상대를 강압하거나 조정하기 위해 사용되는 폭력이나 억압"으로 정의하고 있다. 상대방에 대한 권력적 통제 우위 속에서 상대를 감시하거나 통제하려는 행위 등도 데이트 폭력에 해당한다 할 수 있다. 이러한 데이트 폭력은 협박, 물리적 · 언어적 · 정신적 폭력, 스토킹, 성폭력 등의 형태로 나타나는데, 크게 물리적 폭력, 감정적 폭력, 심리적 폭력, 성적 폭력, 통제 행위로 구분할 수 있다.

통계청에 의하면 데이트 폭력은 2017년 기준 1만 303건으로 2015년 이후 매년 10%씩 늘어나고 있으며 가해자 연령대는 20대가 인구 1만 명당 5.69명으로 가장 많았다. 2016년 한국여성의전화가 만 18세 이상 데이트 관계 유경험 성인을 대상으로 실시한 온라인 설문조사에서는 여성 61.6%가 데이트 폭력 피해경험이 있다고 응답했다. 여성 응답자 62%가 통제를 경험했으며 성적 폭력 피해 48.8%, 언어·정서·경제적 폭력 피해 45.9%, 신체적 폭력 피해 18.5%로 나타났다. 11.5%의 여성은 모든 유형의 폭력 피해를 경험했다고 응답하였다.

데이트 폭력의 특성을 살펴보면 첫째, 폭력이 반복해서 나타난다. 특히 폭력이 반복됨에 따라 강도도 점점 심해져 살인으로까지 이어지기도 해 매우 심각한 정도에 이르고 있다. 2016년 발간한 한국형사정책연구원 연구보고서에 의하면 2005년부터 2014년까지 10년간 연인 간 살인사건이 전체 살인범죄의 10% 정도를 차지한다고 보고하고 있다(대검찰청 「범죄분석」 통계 기준).

둘째, 피해경험자가 피해사실을 인지하는 데 오랜 시간이 걸리고 법적 대응을 하기 어렵다. 가해자에 대한 신뢰가 있기 때문에 너무 좋아해서라거나 타고난 성격 탓이라고 이해하면서 자신의 경험을 폭력이라고 인식하지 않는다. 폭력이라고 인식하게 되더라도 가해자의 보복에 대한 두려움 때문에 아무런 조치를 하지 못하는 경우도 있다. 집이나 직장, 가족, 친구, 개인정보 등이 노출된 상황에서 가해자와의 관계를 정리하거나 법적 대응하기 쉽지 않은 것이다. 이런 이유로 많은 피해경험자가 참거나 개인적으로 해결하려고 하기 때문에 신고율이 매우 낮은 편이다. 뿐만 아니라 데이트 폭력을 개인의 문제로 치부하는 사회적 인식도 피해경험자가 적극적으로 해결하기 어렵게 만드는 요인이다.

셋째, 데이트 폭력의 피해경험자들은 자신이 무언가를 잘못하여 당한 것이라거나 자신이 상대방을 변화시킬 수 있을 것이라는 심리에 빠지기 쉬우며, 신체화, 강박증, 우울증, 불안증, 공포불안, 편집증 등 이후 각종 트라우마에 시달린다. 그러므로 이에 대한 심리적 치료 지원이 중요하다.

데이트 성폭력은 성적인 친밀감이 있는 관계에서 상대방의 동의 없이 성폭력을 하는 것을 정의하기도 하고(배수희, 2015; Koss, 1988), 명백한 신체 상해의 위협이 없는 '비도발적 성폭행' 또는 동의하지 않는 섹스로 정의하기도 한다(배수희, 2015; Pineau,

1989). 또한, 성적 친밀함이 있는 상태에서 데이트 관계에 있는 상대방의 동의 없이 행해지는 강간, 강간 미수, 성추행, 성희롱 등 성적 행동을 하여 신체적 · 정신적 피해를 입히는 행위로 정의하기도 한다(장윤경, 2002).

데이트 성폭력의 심각성에도 불구하고 우리 사회에서는 여전히 성폭력을 사랑의 행위 혹은 개인적 문제로 인식하는 경향이 높다. 친밀한 관계에서 매우 일상적으로 발생하기 때문에 데이트 성폭력은 구조적인 문제보다 개인적 문제로 치부되고 은폐되기 쉽다.

## 4) SNS 성희롱

SNS 성희롱이란 SNS 공간에서 가해자가 고의적이고 반복적으로 언어적 · 시각적 성희롱을 타인과 주고받거나 피해경험자에게 직접 가함으로써 정신적 · 심리적 피해를 주는 행위이다. 2000년대 이후 SNS(사회관계망서비스)가 발달하면서 나타나기 시작하였으며 이른바 단톡방 성희롱뿐 아니라 최근에는 DM(다이렉트 메시지)을 이용한 성희롱 등이 다양하게 나타나고 있다.

대학의 경우 단톡방 성희롱 사건으로 이슈가 되기 시작했는데, 2014년 동국대 · 국민대, 2015년 서울대, 2016년 고려대 · 서울대 · 연세대 · 서강대 · 국민대, 2017년 홍익대 · 한양대, 2018년 항공대, 2019년 경북대 · 경인교대 등 특정 대학만이 아닌 대다수 대학에서 일어나고 있는 것이 현실이다. 2018년 8월에는 한 대학연합동아리에서 여성 회원 경매 단톡방을 열어 문제가 되었으며 초등학생들까지 단톡방 성희롱을 하는 등 상상을 넘어서는 수준에 이르고 있다.

SNS 성희롱은 통신매체를 이용한 음란행위 혐의를 받을 수 있으며 혐의가 인정될 경우, 2년 이하의 징역 또는 500만 원 이하의 벌금형에 처해질 수 있다. 뿐만 아니라 대학의 경우 성평등센터(또는 양성평등성상담실, 성폭력상담실)에 접수하여 학내 징계를 받을 수 있다.

## 3. 성폭력피해경험자에게 미치는 영향

성폭력피해경험은 성폭력피해경험자들에게 어떤 영향을 미칠까? 신체적 · 심리정서적 · 사회적 · 성적으로 어려움을 경험할 수 있는데 이러한 영향은 성폭력피해경험자마다 다르게 나타나며 동일하지 않다. 하지만 그 영향은 평생 지속되거나 극복할 수 없는 문제는 아니다. 어떤 성폭력피해경험자는 이전보다 문제에 적극적인 대처방식을 사용하기도 하고 또 더 활발하게 활동하면서 자기 삶을 살아가기도 한다. 어떤 성폭력피해경험자는 직업적인 또는 학업적인 성공을 이루기도 한다.

성폭력피해는 피해경험자의 의지와 주변 및 사회의 지지체계 속에서 분명히 치유 가능하다. 치유로 나아가기 위해서 성폭력피해경험자 스스로 성폭력으로 인해 받은 영향에 대해 자각하는 것이 도움이 된다. 만약 성폭력피해로 인해 어떤 영향을 겪고 있다면 그것은 나에게만 있는 이상한 것이 아니며, 치유는 반드시 일어남을 기억해야 한다.

### 1) 몸에 미치는 영향

몸은 즐거움과 쾌락의 지점이거나 자기 인식의 긍정적 장소이어야 하지만, 성폭력으로 인해 몸은 불안과 고통의 장소이거나 '자아로부터 유리된 몸'이 되어버린다. 그리하여 어떤 성폭력피해경험자들은 몸에서 일어나는 현상들에 눈감아 버리거나 자신의 몸을 받아들이기 어려워한다. 또 어떤 경우는 몸에 대한 다양한 감정을 느끼기 어렵거나 몸이 말하는 메시지를 알아차리지 못하거나 무시하기도 한다. 또는 몸의 위험에 지나치게 민감해질 수도 있다.

2018년 10월 1일 아시아경제는 미국 피츠버그 의과대학의 레베카 서스톤 교수 연구진이 40세에서 60세 사이의 중년 여성 304명을 대상으로 성폭력 경험을 설문으로 조사하였는데, 응답 여성의 19%가 직장 내 성희롱을, 22%의 여성이 성폭행을 겪었다고 보도하였다. 연구결과 성희롱을 당한 여성들은 그렇지 않은 여성보다 고혈압 증상을 겪을 확률이 4배, 수면장애가 나타날 확률이 2배에 달했으며 성폭행을 겪은 여성들은 수면장애와 불안장애, 우울증 증상이 더 심각했다고 한다.

## 2) 자존감에 미치는 영향

자존감은 자신을 수용, 존중하고 스스로 가치 있는 사람으로 생각하는 정도를 뜻하는 것으로 자신에 대한 부정적 · 긍정적 평가이다. 개인과 환경과의 상호작용으로 자존감이 형성되는데, 중요한 타인으로부터 인정과 칭찬을 받을 때 긍정적 자아상이, 거부당할 때는 부정적 자아상이 만들어진다.

성폭력피해는 긍정적 자존감의 성장을 방해한다. 성폭력피해경험 그리고 이후 발생하는 2차 가해는 스스로를 무가치하게 느껴 자존감이 저하되거나(신경민, 2014) 자신을 미워하거나 사람들이 자신을 떠날 것이라고 생각하거나 스스로를 믿지 못하게 만들 수 있다. 반면 자존감이 높은 경우, 성폭력피해 이후의 빠른 회복과 적응을 보여주기도 한다.

## 3) 정서에 미치는 영향

성폭력피해 이후 가장 많이 어려워하는 문제가 심리적 · 정서적 문제이다. 두려움과 불안 등 매우 다양하고 광범위한 정서적 문제들로 인해 성폭력피해경험자들은 정서조절에 어려움을 겪거나 삶에 집중하기 어려워지기도 하고, 혼란을 겪을 수 있다.

### (1) 두려움과 불안

성폭력피해경험자들이 경험하는 대표적인 어려움이 두려움과 불안이다. 가해자가 찾아올지도 모른다는 두려움에서부터 가해자와 비슷한 모습의 사람, 다른 일반 남성들, 피해 장소나 폐쇄된 장소나 어두운 골목, 혼자 있는 것 등 성폭력 사건과 직·간접적으로 관련된 것과 관련 없는 것에도 두려움과 불안을 느낄 수 있다. 때로는 이러한 불안과 두려움은 피해경험자의 생활 영역 전반에까지 영향을 주기도 한다.

> "그 일이 있은 뒤로 불안이 점점 자주 엄습하는데, 특히 밖으로 다닐 때 그렇다. 비행기처럼 폐쇄된 공간에 있으면 감옥에 갇힌 기분이 든다. 추락에 대한 공포가 아니라 나를 안에 가두고 문이 닫혀 버릴 것만 같아 두렵다. 다닐 때도 남들에게는 아무렇지도 않은 공간에서 공포스러워지는데, 터널, 다리, 그 밖에 내가 잘 빠져 나올 수 없을 만한 곳이면 어디든 마찬가지다."
>
> – 파리에서 보낸 한 시간(칼린 L. 프리드먼, 내 인생의 책, 2017)

### (2) 우울과 무력감

우울은 성폭력피해경험자에게 매우 일반적으로 나타나는 감정이다. 성폭력피해경험자는 활력 수준이 낮아지고 침체되며, 일과 자신의 미래에 대한 흥미를 잃을 수 있다. 피해경험자는 가해자에게 강제로 성폭력을 겪으면서 자기통제감을 상실하는 데서 무력감을 경험하게 된다. 이러한 무력감은 자신의 신체뿐 아니라 삶 전체에 대한 통제력을 상실했다고 느낄 수 있다. 우울은 성폭력 사건 초기에 현저하게 나타나고 때로 장기적으로 지속되기도 한다.

> "그 뒤 말이 더 없어지고 벙어리처럼 사는 습관이 몸에 배기 시작했고, 걸핏하면 여기 저기 아팠다. 다른 아이들이 힘들다고 징징대는 것들은 다 하찮게 보였고, 우스웠다. 그까짓 거 뭘 저러나 싶고, 세상만사가 맘에 들지 않았다. 학교에서는 날이 갈수록 더 왕따가 돼갔지만, 나는 오히려 그게 편했다. 이 학교에 나를 이해할 수 있는 사람은 아무도 없으니까. 지구에 혼자 사는 사람처럼 외롭게 하루하루 견디며 초등학교를 졸업했다."
>
> – 눈물도 빛을 만나면 반짝인다(은수연, 이매진, 2012)

### (3) 분노

많은 성폭력피해경험자들이 느끼는 감정 중 하나는 분노감이다. 가해자에 대한 적개심과 함께 자신에게 성폭력이 발생했다는 사실 자체에 대해 분노하며, 더 나아가 자신을 보호해 주지 못한 사회시스템에까지 분노감이 커진다. 피해경험자들이 느끼는 분노감은 때로는 자신의 생활이나 신체를 파괴하는 방식으로 공격적인 감정을 내적으로 방향을 돌려 표출되기도 한다(박옥임 외, 2004).

> "사람들이 많이 모인 백화점, 슈퍼마켓, 엘리베이터, 그리고 무대 등은 나를 질리게 만든다. 가슴이 뛰고 머리 속에는 군중들의 소음이 점점 증폭되면서 마침내 이유를 알 수 없는 분노가 치밀어 오르고 내 주위에 있는 사람들을 마구 밀쳐버리고 싶은 충동을 느낀다."
>
> – 딸(샤롯 알렌, 자유문학사, 1993)

### (4) 성폭력피해경험자에게 '만들어지는' 수치심과 죄의식

흔히 성폭력피해경험자는 성적 수치심이나 죄의식을 가진다고 하며 실제 그런 감정을 겪는 경우도 있다. 그러나 수치심은 규칙 위반에 대해 남에게 알려지는 경우에 느끼는 것이며(세계문화사전, 2019), 죄의식은 어떤 나쁜 일을 행하거나 중요한 사회규범을 위반한 사실을 인식한 뒤에 갖게 되는 감정적 반응이다(사회복지학사전, 2019). 즉 수치심과 죄의식은 응당 잘못된 행위를 저지른 사람인 성폭력 가해자가 느껴야 할 감정으로 이야기되어야 하는 것이다.

그럼에도 성폭력피해경험자가 이런 감정을 느끼게 되는 것은 사회적으로 그러한 감정을 느끼도록 구성되기 때문이다. '여성이 성적 수치심을 느꼈다고 하면 성폭력'이 성립된다는 식의 태도는 성폭력피해경험자들에게 수치심을 강요하는 것이다. 또한 정숙하지 못한 품행이 문제라는 식의 태도는 성폭력피해경험자에게 죄의식을 강요한다. 그러므로 죄의식과 수치심은 성폭력피해경험자가 느끼는 일차적 감정이 아니라 사회의 시선을 통해서 인위적으로 '만들어지는' 이차적 감정인 것이다. 피해경험자가 원인을 제공했을 것이라는 피해자유발론, 자신의 정조를 지키기 위해 강하게 저항해야 한다는 성폭력 통념이 성폭력피해경험자에게 강요되는 수치심과 죄의식의 원인이라고 할 수 있다.

수치심과 죄의식으로 인해 수많은 성폭력피해경험자들이 침묵을 강요받았고 고통받아 왔고 심지어 죽음에 이르기도 하였다. 최근에는 성적 수치심이라는 말 대신 성적 불쾌감, 굴욕감으로 사용하며 성폭력피해경험자에게 죄의식이란 말은 사용하지 않는 추세이다.

### 4) 친밀성에 미치는 영향

성폭력피해경험은 성폭력피해경험자의 친밀성에 영향을 미치는데, 특히 친밀한 관계에서 성폭력을 경험했을 경우 더욱 큰 영향을 받을 수 있다. 사람을 신뢰하기 힘들어지거나 친밀한 친구를 사귀는 일이 두려울 수 있다. 혼자라고 느끼거나 다른 사람과 연결되었다는 느낌을 받지 못할 수도 있다. 그러나 이는 주변과 사회적 지지체계를 통해 회복해 나갈 수 있다.

> "누군가 들어줄 사람이 없다면, 치유의 과정은 그 자리에서 멈추어 버린다. 인간은 해를 향해 몸을 기울이는 식물과 같이, 본질적으로 치유를 향한 굴지성을 가지고 타인을 향해 몸을 기울인다. 누군가 내게 먹을 것을 주는 것보다 내 말을 들어주는 것이 더

중요할 때가 있다. 애정 깊은 간호의 가장 본질적인 형태는 타인의 괴로움을 잘 들어주는 것이다. 아이들은 들어줄 사람이 있을 때에는 자신의 고통을 스스럼없이 말한다. 그러나 아무도 들어줄 이가 없을 때에는 그 아픔을 감추는 법을 배운다."

- 감정공부(미리암 그린스팬, 뜰, 2010)

## 생각을 나누어 봅시다

**10-1** 성폭력 피해로부터 치유되기 위해서 무엇이 필요한지 나눠보자.

2016년 미국 아카데미 시상식 공연에서 가수 레이디 가가는 오스카상 후보로 올랐던 [The Hunting Ground]의 삽입곡 "Till it happens to you"를 부르며, 생존자로 당당히 선 대학 성폭력피해경험자들과 함께 하는 감동적인 모습을 보여주었습니다. 더 헌팅 그라운드는 미국 대학성폭력에 관한 다큐멘터리 영화이며 레이디 가가 또한 19세에 프로듀서로부터 성폭력 피해를 경험했고 수년 동안 치료를 받은 적이 있다고 합니다.

# 4. 성폭력 대처하기

## 1) 지금 여기, 나의 상태 체크하기

### (1) 나의 건강 살피기

자기 몸의 상태를 체크한다. 출혈이나 외상이 있다면 산부인과, 외과, 내과, 치과 등에서 치료를 받고 법적 조치를 취할 가능성에 대비하여 의사나 간호사에게 성폭력 피해로 왔음을 알리고 진단서를 발급받아 놓는다. 눈에 보이는 멍, 상처 등 외상을 촬영해 둔다. 산부인과 증거 채취는 사건 발생 후 48시간 이내에 가능하며 시간이 지날수록 채취 확률이 떨어지므로 최대한 빨리 하는 것이 좋다. 습기가 차지 않는 코팅되지 않은 종이봉투나 신문지에 증거가 될 만한 옷 등은 보관한다.

### (2) 피해로 인한 사회적 영향 살피기

신체적 손상이나 심리적 영향으로 인해 학교나 회사 등에 나가지 못할 수도 있고, 학습 부진이나 대인관계에 어려움이 생길 수도 있다. 경제활동이 어렵거나 잘못된 소문이나 가해자의 거짓말로 주변의 좋지 않은 시선에 시달릴 수도 있다. 자신에게 어떤 영향이 있는지 살펴본다.

### (3) 사건 상황 정리해 두기

사건을 다시 떠올리는 것이 힘들지만, 기억이 흐려지거나 왜곡되기 전에 정리해 두는 것이 중요하다. 피해가 언제 어디에서 어떻게 일어났는지, 가해자와 어떤 관계인지, 몇 번이나 반복됐는지, 피해 당시의 상황을 기억나는 대로 자세히 기록해 둔다. 가해자가 한 말이나 행동, 인상착의나 신체 특징 등도 기록해 둔다.

#### (4) 법적 규정 알아보기

내가 겪은 피해상황에 관해 다루고 있는 법을 찾아본다. 성폭력 관련 법률에는 「성폭력 방지 및 피해자보호 등에 관한 법률」, 「성폭력범죄의 처벌 등에 관한 특례법」 등이 있고 국가법령정보센터에서 검색할 수 있다.

### 2) 내가 원하는 목표 세우기

#### (1) 나의 '원함' 목록 만들기

내가 지금 원하는 것이 무엇인지 스스로 질문해 보고 원하는 것의 목록, 즉 병원 치료가 필요한지, 상담이 필요한지, 법적 지원이 필요한지, 정보가 필요한지, 가해자를 처벌하고 싶은지, 가해자와 사건에 대해 사람들에게 알리고 싶은지, 피해 보상을 받고 싶은지, 소속한 곳에서 가해자에게 징계를 내리길 원하는지 등을 기록해 본다. 원하는 것에 정답은 없다.

#### (2) 방해 요인 검토하기

내가 원하는 목표를 향해 나아가는 데 가장 방해가 되는 것은 무엇인지 생각해 본다. 가해자가 아는 사람일 경우, 가해자와 나와의 관계가 걱정될 수도 있다. 나를 비난하거나 가해 사실을 부정할까 봐, 나에게 보복하거나 위협할까 봐, 또 주변 사람의 시선이 신경쓰일 수도 있다. 회사나 학교에서 부당한 처우를 받을까 봐 위축될 수도 있고 사건 해결에 필요한 시간과 돈, 체력이 모자랄 수도 있고 돈이 목적인 것처럼 오해받을까 봐 걱정될 수도 있다.

일어날 가능성이 적은 요인부터 지워 나가고 현실적 가능성이 있는 요인들을 남겨 원하는 해결을 연결하여 생각해 보는 것이 좋다. 걱정하는 일이 일어난다면 어떻게 할 것인가? 원하는 것 중 포기할 수 있는 것은 무엇인가? 방해 요인이 있어도 지키고 싶은 것은 무엇인가? 등등.

### (3) 해결 방법 검토하기

가해자와 개인적으로 해결하는 방법과 사법제도, 정부기관, 학교, 회사 등 소속 공간의 제도나 관련 기구를 이용하는 제도적 해결방법이 있다. 개인적 해결방안으로는 가해자 연락이나 접근 금지하기, 이사나 전근, 전학 요구하기, 소문내지 못하게 하기, 사과문 받기, 관련 사진이나 자료 파기하기, 가해자 교육이나 사회봉사 이수하기 등이 있을 수 있다. 학교 안에서 겪는 문제라면 학내 성폭력 관련 기구와 함께 해결해 나가는 것이 도움이 된다.

해결방법의 장점과 단점을 쓰고 비교해 본다. 끝까지 포기할 수 없는 몇 가지를 남기고 지워 나간다. 최선의 해결책이 좀 더 명확하게 정리될 것이다. 결정되면 그것을 위해 무엇을 해야 하는지 써본다. 증거 수집이나 가해자에게 요구할 것 정리하기, 변호사나 상담사를 찾아 상담하기 등 실행 방법을 찾을 수 있다.

**표 10-1. 성폭력피해경험자가 할 수 있는 선택**

| | |
|---|---|
| 무대응 | 그냥 참고 넘김 |
| 자조활동 | 행위자에게 문제 제기 하지 않음 ⇒ 치유상담, 심신수련 등의 활동 ⇒ 심신 안정, 일상 회복 |
| 행위자와 개인적 대응 | 피해경험자 요구안 정리 검토 ⇒ 피해경험자가 원하는 방식 결정 ⇒ 피해경험자 또는 주변인이 행위자에게 요구 전달<br>⇒ 행위자가 수용 ⇒ 요구안 이행 모니터링<br>⇒ 행위자 수용하지 않는 경우<br>⇒ 다른 방안 모색 |
| 소속단위 집단의 대응 | 피해경험자 요구안 정리 검토 ⇒ 지지집단의 자원, 성격, 영향력 검토 ⇒ 기존 집단 또는 새로운 집단 이용 ⇒ 피해경험자 지지집단 혹은 공신력을 갖춘 집단 ⇒ 행위자 또는 소속집단에 요구 전달, 소속집단 문화 개선 |

| 학교의 제도적 대응 | 상담 통해 상담기구 개입 하에 당사자 간 합의 중재 해결<br>신고 접수하여 조사처리<br>: 심의위원회 개입하에 당사자 간 합의조정 해결<br>: 심의위원회 의결에 따른 피해경험자 보호조치와 가해행위 징계발의 및 재발방지 조치 이행 의결<br>: 징계 요구에 따른 해당 징계위원회의 피해자 보호조치 및 가해자 징계 제재 |
|---|---|
| 교외기관 대응 | 국가인권위원회, 고용노동부, 교육부, 기타 관련 기관에 진정 |
| 사법적 대응 | 형사 고소 또는 고발 ⇒ 수사절차(경/검찰) ⇒ 공판절차(법원)<br>민사소송, 행정소송 |

출처: 김영희, 김진희, 노정민, 심정현(2017). 키워드로 만나는 대학 성희롱성폭력 사건처리 가이드.

### (4) 목표 설정과 한계 검토하기

구체적인 목표를 정한다. '가해자가 반성문을 쓰게 하자', '신체적 · 정신적 피해에 대한 피해 보상금을 내게 하자', '휴학을 요구하자', '내 주변에 나타나거나 연락하지 못하게 하자', '심리상담을 받자' 등 목표를 구체적으로 설정하는 것이다. 그리고 공소시효가 지났거나 현행법에 해당되지 않거나 가해자에게 재산이 없어서 보상이 어렵거나 또는 자기 내부의 걱정이 크거나 한계가 될 수 있는 것들을 설정해 본다. 한계는 나를 보호하기 위해 세우는 것임을 알아야 한다.

## 3) 자신의 '힘' 키우기

### (1) 사회적 지지체계와 나의 강점 파악하기

신뢰할 수 있는 주변 사람과 기관을 찾아 그리고 나에게 적합한 제도적 지원을 파악한다. 그리고 나만의 강점을 찾아본다. 이 문제를 해결할 힘이 나에게 있다고 믿는 것이 중요하다. 과거에 심리적으로 힘들고 해결이 어려웠던 문제를 자신이 어떻게 대처했는지 살펴보고 자신감을 가진다.

### (2) 나 자신에게 주는 메시지를 적어두기

가해자를 처벌하는 것보다 피해경험자인 자신이 회복되는 것이 더 중요할 수 있다. 나 자신에게 주는 격려의 메시지를 적어보고 또는 책이나 영화 속의 다른 피해경험자들의 메시지를 찾아보는 것도 좋다.

**생각을 나누어 봅시다**

**10-2** 대학 내 성희롱 성폭력 문제를 다루는 기구와 절차에 대해 조사해 보고 발표해 봅니다.

**10-3** 성폭력피해를 경험할 경우 나 자신에게 줄 메시지 또는 친구가 피해를 경험할 경우 지지해 줄 수 있는 메시지를 적어봅니다.

# 참고문헌


고혜경(2018). 외상 후 성장 집단상담프로그램이 성폭력피해경험여성의 정서조절, 성폭력 귀인 및 성장에 미치는 효과. 경성대학교 석사학위논문.

김민예숙(2016). 성폭력 '피해자'와 '피해경험자'. 한겨레신문, 2018.8.10..

김영희 외(2017). **키워드로 만나는 대학 성희롱성폭력 사건처리 가이드.**

박옥임, 김정숙, 강희순(2004). 성별에 따른 대학 내 성희롱에 관한 실태 및 인지도 분석: 대학생과 조교를 대상으로. **한국지역사회생활과학회지**, 15(3), 137-148.

배수희(2015). 데이트 성폭력' 피해경험 인식과 구성과정. 동덕여자대학교 석사학위논문.

부산대학교(2019). **인권 및 성폭력 상담 가이드북**. 부산대학교 인권센터.

샤롯 알렌(1993). **딸**. 전진영 역. 자유문학사.

신경민(2014). 성폭력 피해 여성의 심리적 후유증의 변화와 인지적 요인의 효과. 아주대학교 박사학위논문.

엘렌 베스, 로라 데이비스(2012). **아주 특별한 용기: 성폭력생존자들을 위한 영혼의 치유**. 이경미 역. 동녘 (원전은 2008년에 출판)

은수연(2012). **눈물도 빛을 만나면 반짝인다**. 이매진.

칼린 L. 프리드먼 (2017) **파리에서 보낸 한 시간**. 이민정 역, 내 인생의 책.

한국성폭력상담소(2011). **성폭력피해자를 위한 DIY 가이드: 보통의 경험**. 이매진.

# 찾아보기


**ㄱ**

가스라이팅 … 238
간성 … 48, 65, 116, 121
간성인 … 33
게이 … 122
경구 피임약 … 90
경청 … 176
고환 … 60, 61
공감 … 176
공허한 사랑 … 153
관계 내 투자의 크기 … 165
관음증 … 220
그루밍 성폭력 … 239
근접성 … 162

**ㄴ**

낙태 … 98
난관 결찰술 … 89
난관 … 53
난소 … 53
남성다움 … 36
남성성 … 31
낭만적 사랑 … 153
낯선 상황 실험 … 158
내적 작동 모델 … 159
내적 표상 … 159
노출증 … 221

**ㄷ**

다이아프램 … 93
단순노출효과 … 162
대안적 관계의 질 … 165
대음순 … 50
데이트 성폭력 … 242
데이트 폭력 … 241
도파민 … 161
동거 … 203
동물기호증 … 224
동성결혼 … 130
동성애 빈도 … 136
동성애 … 28, 128
동성애자 … 119, 121
동성애적 성향 … 200
동성애적 정체성 형성과정 … 124
동의 … 236
디지털 성폭력 … 237

ㄹ

레즈비언 … 122
루프 … 92

ㅁ

만족 수준 … 165
매독 … 107
몰입 … 124
몽정 … 64
무성 … 48
무성애자 … 119, 121
물품음란증 … 215
미혼 … 202
민감화 … 124

ㅂ

발기 … 63
방출 충동 … 199
배란 … 54
배설도착증 … 224
범성애자 … 121
보상충동 … 134
보존개념의 획득 … 196
본질주의 … 30
부고환 … 60, 61
불안 … 160
불안-양가형 애착 … 159
불안정 혼돈 애착 … 159
불안-회피형 애착 … 158
불응기 … 70
비혼 … 202

ㅅ

사랑 … 150
사랑의 삼각형 … 154
사랑의 세 가지 구성요소 … 150
사랑의 유형 … 152
사정 … 63
사춘기 … 199
사회구성주의 … 30
사회문화적 성 … 31
사회적 성 … 12
사회학 … 16
사회학습 이론 … 14
산후 조리 … 87
살정제 … 94
상호성 … 163
상황적 동성애 … 134
생물학 … 14
생물학적 성 … 12, 115, 116
생식선 … 33
성 발달 … 194
성 연구 … 17
성 염색체 … 33
성 인식 … 195
성 전파성 질환 … 103
성 정체성 … 115, 121, 122
성 지향성 … 121
성 호르몬 … 33
성 … 12

성감대 … 71
성도착증 … 212
성소수자 … 120, 121
성욕 … 166
성의식 … 198
성인 애착 … 160
성적 가학증 … 216
성적 놀이 … 196
성적 능력 … 195
성적 만족감 … 167
성적 욕망 … 28, 31
성적 의사소통 … 182
성적 자기결정권 … 187, 236
성적 자기주장 … 186
성적 접촉 … 167
성적 정체성 … 31, 116, 117
성적 존재 … 194
성적 지향 … 115, 116, 119, 130
성적 표현 … 119, 121
성적 피학증 … 217
성적 행위 … 28
성충동 … 199
성태도 … 184
성폭력 대처 … 250
성폭력 … 234
성폭력의 연속선 … 235
성폭력피해경험자 … 233
성행동 … 184
성행위 … 31
섹슈얼리티(sexuality) … 12, 32
섹스 … 32, 166
소아기호증 … 222
소음순 … 50
소파술 … 99
수정 … 80
수정란 … 81
수치심 … 247
시스젠더 … 117, 121
시체기호증 … 223
신상정보등록 … 238
신체 부분 도착증 … 224
신체적 매력 … 163
쌍둥이 … 81

ㅇ

안전기지 … 158
안정 애착 … 158
안정 … 160
애착 대상 … 158
애착 유형 … 158
애착 … 158
양성애 … 28, 138
양성애자 … 119, 121
양성체 … 32
어리석은 사랑 … 153
에로티시즘 … 31
에메르쟝스 재단 … 142
에스트로겐 … 198
엔도르핀 … 162
여성다움 … 36

여성성 … 31
여성주의 … 16
열병적 사랑 … 153
열정 … 150
영유아의 자위행위 … 196
오르가슴 … 70
옥시토신 … 161, 162
완경 … 56
완전한 사랑 … 154
외생식기 … 33
우애적 사랑 … 153
월경 곤란증 … 58
월경 전 증후군 … 57
월경 주기법 … 95
월경 … 55
유사성 … 163
유산 … 98
유정 … 64
융모자극호르몬 … 82
음경 … 60
음낭 … 60
음핵 … 51
응급 피임법 … 97
의사소통 … 174
의상도착증 … 216
이성교제 … 200
이성애 중심 사회 … 122
이성애 중심주의 … 140
이성애 … 28
이성애자 … 119, 121
이성애적 차별주의 … 141
이성애적인 성향 … 201
인유두종 바이러스 … 107
인지발달 … 195
인지이론 … 14
임신 … 80
임질 … 105


ㅈ


자궁 내 장치 … 92
자궁 … 52
자위 … 69
잠재성 동성애 … 129
재생산권 … 102
전립선 … 62
전화외설증 … 223
접촉 충동 … 199
접촉마찰 도착증 … 219
정관 결찰술 … 89
정상화 수술 … 34
정서적 결속 … 158
정서적 유대관계 … 158
정신분석 이론 … 13
정신적 표상 … 159
정액 … 63
정체성 가정 … 124
정체성 발달 … 123
정체성 혼란 … 124
젠더 고정관념 … 38
젠더 규범 … 36

젠더(gender) … 12, 32
젠더리스 … 37
좋아함 … 152
죄의식 … 247
중성적 … 121
진화이론 … 14
질 … 51

ㅊ

초경 … 56
출산 … 86
친밀감 … 150

ㅋ

커밍아웃 … 125, 127
커밍아웃의 과정 … 125
콘돔 … 91
쿠퍼액 … 97
퀘스쳐너 … 121
퀴어 … 120
클라미디아 … 104
킨제이 보고서 … 17

ㅌ

탈맨박스 … 38
탈코르셋 … 38
테스토스테론 … 198
투자 모델 … 165
트랜스젠더 … 117, 121
페닐에틸아민 … 161
페미니스트 … 31
페미니즘 … 16
포경 … 64
피임 … 88
피임법 … 88
피해자유발론 … 248

ㅎ

행동주의 이론 … 14
헌신 … 151, 165
호감 … 161
호모포비아 … 140, 142
황체호르몬 … 96
회피 … 160
후천성 면역 결핍증 … 109

0-9

1차 성징 … 46
2차 성징 … 47, 198
2차 성징과정 … 33

A-Z

AIDS … 109
G-spot … 72
LGBT … 120
SNS 성희롱 … 243
XY 염색체 … 46

## 저/자/소/개


**천성문** 부경대학교 평생교육상담학과 교수
전) (사)한국상담학회 학회장
스탠퍼드 대학교 연구 및 방문교수
서울대학교 객원교수

**김정남** 동명대학교 상담심리학과 교수
한국집단상담학회 이사
한국상담학회, 상담심리학회 슈퍼바이저

**남정현** 동명대학교 상담심리학과 교수
한국상담학회 수련감독자
한국미술치료학회 미술심리전문가

**전은주** 한국상담심리학회 상담심리전문가
전) 경성대학교 학생상담센터 전임상담원
울산광역시울주군청소년상담복지센터 센터장

**최희숙** 동명대학교 학부교양대학 외래교수
은재심리상담센터 대표
부산외국어대학교 학생상담센터 객원상담원

**심운경** SM심리건강연구소 객원연구원
은재심리상담센터 선임상담원

**설정희** 경성대학교 창의인재대학 교양학부 외래교수
부경대학교 학생상담센터 객원상담원
부산대학교 외래교수

**이금희** 경성대학교 창의인재대학 교양학부 외래교수
동명대학교 학생상담센터 객원상담원
협성문화재단 집단상담강사

**고혜경** 한국여성심리학회 여성주의상담연구회 감사
젠더&섹슈얼리티 연구교육집단 전문강사
동명대학교 학생상담센터 객원상담원

# 성심리의 이해

1판 1쇄 발행 2019년 8월 20일
1판 2쇄 발행 2022년 8월 5일

지 은 이 | 천성문 김정남 남정현 전은주 최희숙
심운경 설정희 이금희 고혜경
발 행 인 | 박철용
발 행 처 | 양서원
주 소 | 경기도 파주시 직지길 522 파주출판도시
전 화 | 031-955-8000(代)
팩 스 | 031-955-8005
홈페이지 | www.yswpub.co.kr
이 메 일 | yswgroup@naver.com
출판등록 | 1987년 11월 24일 제406-2003-037호

ISBN 978-89-994-0935-6

정가 16,000원